中国の伝統演劇

朱恒夫 著

目次

第1章 先秦から唐末へ
歌、舞、せりふ、物語——これらが個別に発展して総合芸術へ　　6

- 第一節　儺（ついな）、歌、俳諧——先秦時代の表現芸術　　7
- 第二節　百戯——漢代の各種伎芸の総称　　12
- 第三節　唐の芝居の主体者——物語を演じ述べる歌舞戯と参軍戯　　14

第2章 宋代の都市
——歌、せりふ、しぐさ、立ち回りなどの表現伎芸が溶け合って伝統演劇の形成へ　　18

- 第一節　商業都市は演劇を育む母体　　18
- 第二節　演劇の誕生——宋の雑劇　　22
- 第三節　宋の雑劇の形式と内容を継承した金の院本　　25

第3章 南方文化の芸術的結晶——南戯　　27

- 第一節　南戯の登場　　27
- 第二節　南戯の脚本について　　28
- 第三節　南戯の役柄　　30

第4章 元の雑劇——絢爛たる伝統演劇の花　　33

- 第一節　元の雑劇の興隆の原因　　33
- 第二節　元の雑劇の形式　　38
- 第三節　元雑劇の作家と作品　　39

第5章 演劇界を五百年リードしてきた昆劇　　47

- 第一節　南戯の後継者　　47
- 第二節　長い歴史を持つ昆劇　　50

第6章 美しい昆劇芸術　　86

- 第一節　たおやかで美しい昆劇の節回し　　86
- 第二節　歌、せりふ、しぐさ、立ち回りが有機的に溶け合った舞台芸術　　92

第7章　昆劇作品の美学と意味　　　**101**

- 第一節　『浣紗記』——国家至上精神の発揚 …………………… 102
- 第二節　『牡丹亭』——青春の覚醒と苦悩 …………………… 108
- 第三節　『玉簪記』——紅杏一枝寺を飛び出す …………………… 119
- 第四節　『爛柯山』——封建社会の悪女たちへの怨みつらみ …………………… 126
- 第五節　『清忠譜』——封建社会の士人の模範 …………………… 132
- 第六節　『十五貫』——正直で智恵に満ちた役人のイメージ …………………… 135
- 第七節　『長生殿』——皇帝と妃の恋と民族の災難 …………………… 142
- 第八節　『桃花扇』——亡国の教訓を総括した作品 …………………… 152

第8章　輝ける京劇の二百年　　　**158**

- 第一節　徽漢が合流して新しい演劇を生み出す …………………… 158
- 第二節　隆盛に向かう京劇——前後三傑と「四大名旦」 …………………… 162
- 第三節　完全に様相を変えた現代京劇 …………………… 179

第9章　京劇の名作の文化的意義　　　**184**

- 『捜孤救孤』 …………………… 185
- 『文昭関』 …………………… 186
- 『嫦娥奔月』 …………………… 187
- 『宇宙鋒』 …………………… 188
- 『覇王別姫』 …………………… 188
- 『貴妃酔酒』 …………………… 189
- 『将相和』 …………………… 190
- 『打漁殺家』 …………………… 190
- 『哭祖廟』 …………………… 193
- 『楊門女将』 …………………… 198
- 『紅灯記』 …………………… 200
- 『曹操と楊修』 …………………… 202

第10章 役柄・くまどり・音楽 ——京劇芸術の各要素について　203

- 第一節　役柄の分担　203
- 第二節　人物パターンを浮き彫りにするくまどり　209
- 第三節　西皮二簧を主たる音楽要素とする「板腔体」音楽　212

第11章 美を競う地方劇　215

- 第一節　莆仙戯は南戯のなごり　215
- 第二節　豫劇は梆子系の代表的劇種　218
- 第三節　五腔共存の川劇　219
- 第四節　民間小戯から黄梅戯へ　222
- 第五節　都市で発展した越劇　225
- 第六節　現代感覚を取り入れる地方劇の演目　226
  - 『団円之後』　226
  - 『女駙馬』　229
  - 『易胆大』　229

第1章

先秦から唐末へ

歌、舞、せりふ、物語——これらが個別に発展して総合芸術へ

　文字によって確認されている五千年余りの中華民族の文明史は豊かで燦爛たる文化を蓄積し、中華民族のみならず世界の他の民族にも巨大な物質的精神的財産をもたらした。苦難多い時代を生きた人々が暗闇を突き破り、険しい山を乗り越えて、社会と生活の文明レベルを高め続けることができたのは、この文化と緊密な関係がある。戯曲[1]——中国の伝統演劇は、まさにこの優秀な文化の表現形式の一つである。

　長い歴史を持つ中国の伝統演劇は今に至るも旺盛な生命力を持ち、全国のさまざまな劇種[2]に広がり、その数は三百余に上る。人々がよく耳にするものだけでも、「京劇」「昆劇」「越劇」「黄梅劇」「豫劇」「評劇」「粤劇」「二人転」「淮劇」など数十種がある。長江の南でも北でも、また都市でも農村でも、芝居を演じるドラと太鼓の音がそこから消えたことはなく、優雅で格調高い劇であれ、田舎のひなびた芝居であれ、そこではいつも新しい演目が上演されている。芸術が多様化している現代にあって、伝統演劇は20世紀60年代以前のようにその魅力で人々を引き付ける状況にはないが、それでも中国の成人で伝統演劇を見たり聞いたりしたことのないものはまれだろう。

儺の上演

　「戯曲」という言葉は中国の伝統演劇を指すが、現存する資料から見ると、これは宋代に始まった。しかし、宋や元の時代の人の言う「戯曲」と今日我々が言う「戯曲」とは意味がまったく同じというわけではない。訓詁学[3]で言うならば、「戯」の字は中国の演劇の発展史を極めて簡潔に示している。許慎は『説文解字』の中で「戯」について「戦争や軍隊を意味し、武器を持って戦うこと。文字の中に戈を含み、母音は虚と同じ音である」と解釈している。清末民国初めの姚華はさらに分かりやすく「戯という文字は二人の人間が武器を持って戦うことに始まり、後にはまた二人が力比べをすることを意味した。後に知恵比

1　ここでは伝統演劇を指す。　2　さまざまな伝統演劇を指す。　3　字義を研究した学問。

べや弁論の意味にも用いられた。戈という字を含むがこれは戦うという意味である」と解釈している。中国の伝統演劇の発展史を振り返ると、確かに口で戦い力で戦う過程を経てきているのである。

第一節
儺、歌、俳諧[4]——先秦時代[5]の表現芸術

　中国の伝統演劇の誕生から成熟までにはずいぶんと長いプロセスがあった。宋代以前、伝統演劇を芸術たらしめるさまざまな要素はそれぞれ別個に発展し、徐々に成熟するに至った。宋代以降になると、それら各要素は融合し始め、原初的な状態から始まって長期にわたる繁栄の段階へと向かった。生産力が極めて低く理性や知性に乏しい上古の時代には、中華民族は世界の他の民族と同様、宇宙に超自然的な力が存在することを敬虔に信じ、さまざまな自然災害を防ぐために、そして生活の糧を欠くことがないように、いつも天や地や祖先、鬼神を祭って神の助けを求めてきた。祭りを主宰するものは祈祷師であり、彼らは当時の社会において選ばれたる優秀な人材であった。彼らは部族の長であり軍事的リーダーであり、さらには芸術家で医師でもあった。彼らは自らを神と人との媒介者であるとし、伝説の中の上古の帝王はその多くがシャーマン、祈祷師である。これらは、今に残る神話からも見て取ることができる。例えば黄帝と蚩尤の戦いは、実はシャーマン同士の法術の競い合いであった。蚩尤は風の神や雨の神を呼んで暴風雨を起こし、天地を真っ暗にした。一方の黄帝は「魃」という名の女神に風雨を止めてもらっている。黄帝の後の少昊、顓頊な

儺の上演

どもみな祈祷師であり、尭や舜、禹や湯などは例外なく祈祷師としての技を使っていた。こうした祈祷師、シャーマンたちの祭祀には常に歌や踊りが用いられ、当時から長きにわたって規模の大きな「蜡」「雩」「儺」などの祭祀が執り行われた。「蜡」とは五穀豊穣を祈る祭りであり、祈祷師たちは動物に扮して霊神の言葉を受け取った。「雩」は雨乞いの祭りで、祭りの間巫女たちは頭に鳥の毛を挿し舞

4　古代の滑稽文。　5　秦による統一以前の時代。

を舞った。祭りの主催者は呪術の言葉を唱えた。その言葉とは「どうか神よ北に行かれ、川を開き、詰まった小川を通したまえ」というようなものである。「儺(ついな)」とは邪神や疫病を追い払い福を招く祭りである。この祭りは最も頻繁に行われ、また最も普及した。今でも全国の多くの地域でこの祭りの痕跡が見られる。周代には庶民による「儺」や朝廷や諸侯による「大儺」があった。「大儺」の際、祈祷師の頭は方相氏[6]に扮し、手には熊の皮を着け顔に四つ目の面をかぶって、黒い上着に赤いスカートを履いた。また、手には矛や盾などの武器を持ち、奴婢たちを引き連れて、家々を回っては叫び声を上げ、叩いたり突いたりした(『周礼』夏官)。近年、今に残るこうした古朴な「儺」の祭りの研究を通して、中国の伝統演劇の起源は「儺」にあると考える学者もいる。このような見方にはさらなる検証が必要だが、「儺」の祭りには確かに演劇的要素がある。彝族の「変人戯」(彝族語で「撮泰吉(ツオタイジー)」という)は古くから続く儀式であるが、今でいう演劇そっくりである。「阿布摩(アブモ)」という名の5人の人間が、頭に布を巻いてそれを円錐形にし、体と手足は白い布でぐるぐる巻きにして裸体を象徴する。さらに藤のツルで作った大きな面を着け、木の杖をつき、がに股のような歩き方で、我々の先祖が直立歩行を始めた時の姿勢を示す。そのしゃべり方は、息を吸う際に声帯を震わせて、動物のような声を出すというものだ。

　このような伝統演劇に似た祭りの儀式は「目連救母[7]」の物語が作ったさまざまな習俗にもよく見られる。例えば福建省の莆田の祭礼には、演じる要素が大変多い。

庭に地獄を模した舞台を作り、僧が目連に扮して、まず紙で作った神々や使者、祭りのテーブルの上の神や地獄界の神に向かって祭祀を行い、その後地獄を叩き潰して死者の魂が助けを得て天に昇っていく様子を演じる。

　原始的な祭りの儀式が演劇を生み出すという説は中国の学者だけのものではなく、海外の学者もそうした見解を持っている。アメリカのBrockett,O.G.は著書『世界の演劇芸術鑑賞——世界演劇史』の中で「原始的な祭りの儀式が演劇の揺籃の場になったのは、音楽や踊り、扮装、仮面そして衣装などが儀式に欠かせないからである。さらに、祭りの儀式には適当な場所が必要で、祭りの参加者が全員参加することはできないことなどから、「芝居をする場所」と「観客席」がはっきり分かれる。なお

6　方相という官職を与えられた巫師、シャーマンのこと。　7　目連は釈迦十大弟子の一人。地獄に落ちて苦しむ亡き母を釈迦の助けで救う。中国では広く知られた物語。盂蘭盆会の起源ともなった。

かつ、祭りは大切な行事で、いささかも手落ちがあってはならない。祭りを司る者は、部族全体を代表して行う。彼らは衣装を着け面をかぶり、人や獣、鬼神などに扮する。また祈りの結果としてもたらされるもの、例えば狩りの成功や恵みの雨、日食の再来なども演じる。これらの行為は俳優となんら変わることはない。人類の知性がさらに進化し、このような祭りの儀式という宗教活動から演劇的な部分だけを独立させることで、今日でいう演劇が出現した」と書いている。中国伝統演劇の起源を100％儺に求めるのも正しいとは言えない。それでは形にとらわれすぎで、今日見ることのできる儺の中の素朴で稚拙なありようは、その保守的な性格を物語っており、そこから人を喜ばすための世俗的な演劇に発展したとは考えにくい。一部の儺が演劇に似ているのは、ある地域の祈祷師たちが営利目的で、多くの信者たちを得ようとして、儺の声音を使って世俗的な演目を演じたからだ。これは後世の演劇が儺に影響を及ぼしたということにすぎないのである。

祈祷師たちが祭りの儀式の中で歌や踊りなど音楽を使ったほか、俗界の民衆もよく歌や踊りで人を楽しませ自分も楽しんだ。世界中どの民族においても、言語が未発達な段階では、歌や踊りといった音楽的なものが発展する。中華民族も同様であって、民衆の側が音楽で生活を充実させようとしたばかりでなく、支配者の側も音楽活動を重視した。『呂氏春秋・仲夏紀・古楽』に、「帝尭立、乃命質為楽。質乃効山林渓谷之音以歌、乃以麋鞈置缶而鼓之、乃拊石撃石以象上帝玉磬之音、以致舞百獣」とある。これは尭帝の時、質という名の者に音楽や楽器を作らせ、百獣に扮した者たちを引き連れて踊らせたという意味である。また『尚書・虞書・益稷』に「演奏を始めると鳥や獣が音楽に合わせて踊り出した。笙を用いて韶を演奏すると鳳も飛んできた。そこで夔は感嘆の声を上げ、私が石鼓を鳴らし美しい音を立てると、百獣がやってきて音楽とともに踊り出すと言った」とある。このくだりの神話はさらに意味が深い。楽師が演奏する楽の音が美しいので、鳳凰や百獣がみなやってきて音楽に合わせて踊ったというのである。いずれにせよ、上古の人々がずいぶん早くから歌舞を重んじていたことは確かである。

中国最古の詩歌集『詩経』は実は歌謡集である。最初から楽譜があったかどうかは分からないが、しかしどの歌も歌われていたことは事実である。『左伝』によると魯の襄公29年に、呉国の公子季札が魯国にやってきた。この公子の願いに応じ魯国では大音楽会を催した。季札は魯国に保存されていた周代の歌舞、

十五国風を含む『大雅』『小雅』『商頌』『魯頌』『周頌』などを鑑賞した。歌われたものの多くは『詩経』の中のものである。季札は鑑賞しながらこれらを評し、例えば『周南』『召南』に

舞楽百戯

ついては「優美なことよ！周朝の教化は土台ができつつある。まだ一般には広まらず浸透もしていないというが、しかしこれらが作り上げた、この国の民が非常に勤勉で不満を持たないという社会の風潮を目にすることができる」と言った。『詩経』の中のある１篇もまた当時の人々の歌舞への愛着を伝えている。例えば『陳風・宛丘』では、陳国の庶民が宛丘城下で太鼓を叩き音楽を奏で、手に鷺の羽を持って歌い舞う様子を描写している。「坎其撃鼓、宛丘之下；無冬無夏、値其鷺羽」というのがそれである。

屈原の『九歌』の楽曲そのものは沅湘のあたりの民謡だが、これは祭祀に使われたものである。屈原が沅湘に追われた時にこの歌を聞き、その詞が粗野であったため民間の宗教神話や物語、祭りの歌の形式を使って新たに言葉を当てはめ、現在残っている作者の思いや気持ちを託した『九歌』ができたのである。このことからも楚国の当時の音楽歌舞がかなり発達していたことが分かる。

先秦時代に生み出された音楽に関する伝説には『高山流水』や『響遏青雲』、さらに「孔子は韶楽を聞くと、その楽の音に浸りきって、３カ月というもの肉を食べてもその味が分からない」などがあり、そのどれもが当時の音楽レベルがすでにかなりの高さに達していたことを示している。さらにある典型的な事例がこのことをよく説明している。孔子の少し前に生まれた晋の国の師曠は盲人の楽師で、晋国の音楽関係の責任者であったが音を聞き分ける能力が極めて高かった。魯襄公18年に斉と魯が戦を始め、晋の平公は諸侯の軍を率いて魯国の助太刀に行った。その年

の陰暦10月29日夜、暗闇の中斉国の軍隊はひそかに撤退した。晋国軍はそのことに全く気付かなかったが、師曠はこれにいち早く気付いた。彼は晋の平公に言った。「鳥が朗らかに囀っております。斉軍はすでに敗走したと思われます」と。そこで二日目の朝夜が明けるや、晋侯は軍を率いて敵を追った。また『呂氏春秋・長見』篇の記載によると、晋の平公が大きな鐘の楽器を鋳造した。楽器工はこの鐘の音を聞いたあと口々に音色は合っていると言ったが、師曠だけは韻律に合っていないと感じた。その後、別の天才楽師涓の検証により師曠が正しかったことが分かった。ちなみに有名な楽曲『陽春』『白雪』は師曠の作であるという。

倒立陶俑桶（1972年河南省洛陽市澗西出土）後漢

　先秦時代には音楽や歌舞以外にせりふを主とした演劇芸術があり、これは主に「俳優」によって演じられた。古代の帝王は娯楽やひまつぶしのために、道化や、滑稽を演じることを仕事とする宮廷俳優をかかえ、彼らは「俳優」「弄人」「倡優」などと呼ばれた。清の段玉裁が注した『説文』に「演じる者を俳と呼び、歌う者を倡と言う。また優とも言う。いずれも同じものである」とある。多くの「俳優」は侏儒で、例えば秦の有名な「優人」旃も侏儒であった。「俳優」という職業は遅くとも夏朝には現れた。「俳優」のしぐさは人を楽しませるためのものであり、滑稽話が得意な者もいたし、楽器の演奏をしたり、歌うだけ、あるいはおどけるだけの者もいた。しかし歴史にはすでにせりふ、扮装、演技、歌が一体化した表現芸術が現れていた。『史記・滑稽列伝』にこういう記述がある。「優孟は楚の庄王の時の宮廷役者で、人柄は正直で人に親切だった。宰相の孫叔敖は自分が死んだ後何の才覚もない息子はきっと困窮するだろうと思い、生活に困ったら優孟に助けを求めるよう息子に言い残した。その後息子は果たして窮迫し、薪を取って糊口をしのいだ。ある日優孟に会ったので父親の遺言を伝えると、優孟は彼のために方法を考えてくれた。その後1年余り、優孟は孫叔敖の衣服や冠を身に付け彼のふるまいを真似た。準備が整ったと思った優孟は、孫叔敖に扮して楚の庄王の酒宴の席に出た。庄王はこれを見てひどく驚き、孫叔敖が生き返ったのかと思って再び宰相の職務に就くよう求めた。優孟は、自分一人で決めることはできない、家に帰って妻と相談してから決めたいと言った。三日後、優孟は庄王に、妻が楚の宰相になることに賛成してくれない。妻は、

清廉潔白で有能な孫叔敖はあれほど楚の国のために尽くしたのに、死んだ後その息子は零落して薪取りで生計を立てている。夫を楚の国の宰相にさせるくらいなら自殺した方がましだと言っていると告げ、歌を歌った。その歌詞の意味は、腐敗した役人は犯罪を犯し、清廉な役人は困窮する。役人にはならない方がよい、というものであった。庄王はそれを聞き、優孟の真意は清廉な役人の死後、残された遺族への扱いについていさめるものだったと気付いた。そこでさっそく孫叔敖の息子を呼び、食邑を領地として与えた」。

　この物語からは、当時の舞台用扮装や演技がかなりのレベルであったことや、演技の中にさまざまな芸術的要素が含まれていたことが分かる。ここから、演劇史家の中には中国の伝統演劇の起源は「俳優」にあるというものもいる。しかし史料の中にこのような例はこれ一つだけであり、これをもって証拠とするには十分とは言えないであろう。

第二節
百戯──漢代の各種伎芸の総称

　漢代になると、文景の治のおかげで人々はほっと一息つける暮らしを得、経済は発展して国力も増した。とりわけ武帝の時代になると漢代は最盛期を迎え、国の経済は富み、生活にゆとりができて、倉庫の穀物はうず高く積まれ、辺境の地でさえ豊かになった。首都長安では、宮殿は華やかで街は繁栄し、どの家も豊かになって人々は生活を楽しんだ。経済の発展と生活の安定は必然的に文学や芸術の進歩をもたらし、こうして中国最初の通史『史記』が生まれた。また、文章の華麗な大賦[8]も現れ、音楽担当の役所が全国各地の民謡を採集するようになった。一方、音楽や歌舞、表現芸術も先秦時代に比べ

8　漢文の文体の一つ。

て長足の進歩を遂げた。

　漢代の演劇は「百戯」と呼ばれ、一般に民間の各種伎芸を指し、主なものとしては「角抵戯」と「歌舞戯」がある。

　角抵戯が生まれたのは蚩尤と関係がある。梁代の任昉の『述異記』によると、古代の蚩尤の鬢の毛は剣や矛のように鋭く頭には角が生えていて、軒轅氏と戦う時はその角で抵抗し、軒轅はこれに立ち向かうことができなかったという。秦や漢の時代になると、冀州の民衆はこの伝説に基づいて蚩尤という名の芝居を演じた。演じる際、人々はそれぞれが頭に牛の角を付けてぶつかりあった。漢代の角抵戯は実はこのような演劇芸術のなごりである。この角抵戯で演劇性が一番際立つ演目は『東海黄公』である。この芝居は中国の演劇史において一定の意義を持つ。この芝居は張衡の『西京賦』の中で取り上げられ、晋代の葛洪はさらに詳しい記述を残している。それによると、秦代末、東海地方に黄という名の老人がいた。若い頃は法術をよくし、毒蛇やトラを打ち負かすことができた。彼はいつも赤金の刀を差し、紫紅の布で髪をまとめていた。彼が呪いの言葉を二言三言口にするや、たちまち雲が湧き霧が立ち込め水が溜まって川となった。老年になると気力が衰え、また飲酒が過ぎたこともあって、法術の効き目がなくなった。この時、東漢郡（今の江蘇州連雲港一帯）に白いトラが現れた。黄公は民衆のためにトラの害を取り除こうと、腰に赤金の刀を差した。しかし法術の効き目がないためこのトラに殺されてしまった。都の郊外の人々はこの出来事を「角抵戯」の演目に仕立て、これが人気を博すと後に朝廷が宮廷役者に演じさせた。この芝居が演劇の特性を備えているといえるのは、これが物語としてのプロットを持ち、固定化した役柄を演じる二人の役者がいて、黄公は赤い布で頭を巻き手に赤金の刀を持ち、白いトラはトラの形に扮するなど扮装があるからである。しかもこの芝居はこれ以外の「角抵戯」のように自由に演じることはできず、黄公は必ず負け、白いトラは必ず勝つという約束のもとで演じられる。『東海黄公』の芝居は中国伝統演劇の成熟を物語っていると書く演劇史家もいるが、この後数百年にわたって『東海黄公』に似た芝居の演目は現れなかったため、この1例だけではこの点はなんとも言えない。

　漢代の歌舞戯は先秦時代とは大きく異なる。張衡は『西京賦』の中で、長安の都での盛大な歌舞の上演について以下のように描写している。

　「役者の数は多く陣容は強力。女性歌手が独唱する際は動物に扮装した役者がそれに合わせて踊る。旗を振る者は洪崖[9]である。彼は動物の毛や鳥の羽で作っ

9　伝説上の仙人。

た舞台衣装を着ている。舞台装置や音響効果も時代を超えた素晴らしさである」。

20世紀の演劇史家任二北はこの史料に非常に興味を持ち、上演の舞台は「山や草木が大地の景色としてあり、風雲雨霧が天空の景色としてある。さらに稲妻や落雷の音があり、音と光の効果を見せている。天と人が渾然一体化し、その光景は実に素晴らしい」「舞台上の芝居のセットと効果ははっきりしている」、よってこれは「動きがあり行進があり、立体的で総合的、感動的な演劇である」と述べている。

魏晋南北朝は混乱の時代であり、人々は死の影におびえながら暮らしていた。経済は衰えて飢饉が相継ぎ、こうした状況が芸術の発展にも影を落とした。史書を見る限り、宮廷で行われた漢代からの表現芸術形式以外に新しいものは生み出されていない。

第三節
唐の芝居の主体者——物語を演じ述べる歌舞戯と参軍戯

唐代三百年は平和の時代であったと言えよう。社会は安定し、経済は繁栄し、版図は拡大し、国内の各民族間には幅広くかつ深い文化交流があった。国外の周辺国家とも密接な関係を持ち、これらは明らかに芸術の発展に良い影響を与えた。

唐代の帝王の多くは音楽や歌舞、その他の表現芸術を重視した。中でも玄宗皇帝李隆基は太常寺の大楽署のほかに左教坊右教坊を設置し、太常寺坐部伎の子弟三百人を選んで自ら「糸竹の戯[10]」を教えた。また、役者を宮廷庭園の梨園のそばに置き、彼らを「梨園弟子」と呼んだ。さらに数百人の官女を宜春北院に置き、これも「梨園弟子」と呼んだ。玄宗皇帝がこれほどまでに芸術を重んじ役者を大事にしたため、後世、戯班[11]の役者たちは玄宗の位牌を飾ってこれに祈りを捧げるようになったが、この習俗の起源はここにある。

物質的な条件が備わり権力者の後援を得て、唐代の表現芸術は、詩、文、詞、小説などの文学と同様に大きく育った。歌舞は歌いながら舞うだけでなく、歌舞によって物語を表現するものとなり、そのために「歌舞戯」と呼ばれるようになった。歌舞戯は代表的な演目を持ち、唐代の正史はしばしばこのことに触れている。

---

10 楽器あるいは音楽のこと。　11 劇団

その一つは『大面』である。段安節は『楽府雑録』の「鼓架部」においてその起源を述べている。それによると、北斉の蘭陵王、高長慕は、勇敢で恐れを知らず戦いに長けていたが、その風貌は女性のようで敵を威圧するには物足りなかった。そこで頭に獰猛で恐ろしげな仮面を着けて出陣し戦うと百戦百勝であったという。この物語は当時軍隊によって歌謡や踊りになり『蘭陵王入陣曲』と名付けられ、調べが優美であったため名曲と称されるようになった。宋詞にも『蘭陵王』があり、宋代になっても蘭陵王の曲が人々に歌われていたことを伝えている。しかしより広い地域で頻繁に演じられていたのはおそらくやはり唐代であろう。『大面』は中国にはもう残っていないが、日本の宮廷雅楽に残っている。このことからも『大面』という歌舞戯の影響力が分かる。

　二つ目は『鉢頭』である。この歌舞戯は西域の亀茲で始められた。杜佑の『通典』巻146に「『鉢頭』は西域で始められた芝居である。西域のある人が猛獣に襲われたため、その子供が猛獣を探して殺そうと舞ってその姿に似せた」とある。段安節の『楽府雑録』ではその起源を紹介するだけでなく、上演の形をも描写している。「昔ある人の父親が虎に食われた。そこで山に行き父親の屍を探した。山には八重に重なっていたので、8曲繰り返す。演じる者は髪を振り乱し白衣を着て泣き顔の面を着ける。父親を喪った時の状況を表すものであろう」とある。ここから推測するに、『鉢頭』という歌舞戯は八つの音楽と踊りを一つの単位として山ごとに一度回り、父親を虎に食い殺された悲しみと、虎を必ずやうち殺してやるとの決意を表している。『鉢頭』は唐代においても盛んに上演された。『全唐詩』によると、憲宗の時宮廷付き役者の容児が『鉢頭』を上演し、有名な詩人の張祜がこれを見て感動した詩が残っている。

　「黒山の観衆が牛車を走らせて上演に駆け付ける。笑いながら歴史の物語をあれこれ論じ合う。芝居を見た後は通りの両側で人々が有名な俳優の容児が演じた『撥頭』の演技の真似をしている」。

　三つ目は『踏揺娘』である。この芝居はさらに見応えがあり広く人々に愛されたため、史書の中のこの歌舞戯に関する記載は『大面』や『鉢頭』より多い。唐の崔令欽の『教坊記』ではこの演目について非常に詳しく説明している。

　「北斉に蘇という名の人がいた。顔にあばたがあり、仕官していないのに郎中[12]と称していた。大酒飲みで、酔っ払って家に帰ってはその妻を殴っていた。妻はこれを悲しんで近所の人に訴えた。当時の人がこれを芝居にした。男が女装しゆっくり登場して歩きながら歌を歌う。1番ごとに周りの人が、踏揺よ、踏

揺、おかみさんはつらいよと声を揃えて和す。歩きながら歌うので踏揺という。ゆえなく殴られるからつらいという。その夫が出てきて殴る様子を演じると観客が笑う」。

　この芝居が演じるストーリーは複雑なものではない。酔っ払いが女房を殴り、女房が夫の暴力に耐えかねて近所の人に訴えるという話である。しかし歌と踊り、話の三者が合わさって大変よくできている。「踏」というのは踊りのことである。「歩きながら歌う」というのは歌いながら踊ることである。歌は独唱だけでなく幇唱[13]もある。「1番ごとに」とあるのは歌が1段だけでなく、何段かあったことを示している。『踏揺娘』では「男が女装している」以上、その歌も「代言体[14]」なのかもしれない。この演目は中国の表現芸術がこの段階までレベルアップしたことを物語っている。

　唐代の詩人常非月の『詠談容娘』は、庶民の中で演じられた『踏揺娘』がどんなものであったかを描写してくれている。

　「手をあげてかんざしを直し、身をひるがえして錦の舞台で踊る。
　立ち見の客や馬に乗ったままの客で舞台の周りは黒山の人だかり。
　嫋嫋とした声は苦しみを伝え、彼女が歌うたびに客もそれに合わせて歌う。
　談容娘の心がどれほど大きかろうと、こんなに多くの観客の同情を入れることはできまい」。
談容（「踏揺」と似た音）娘に扮した役者の歌声は悲しげで、観衆は彼女の不幸な運命に涙したことであろう。

　いつもこの芝居を見たので後に自分でも演じることができるようになった人がたくさんいた。例えば唐の中宗景龍年間（707－710）工部尚書張錫は『談容娘舞』を演じることができたという（『旧唐書・郭山惲伝』参照）。もちろん、時が経つにつれ、多くの芸人が観衆の要求に応えてこの劇に手を加えるようになった。やや保守的な崔令は『教坊記』で文句を述べている。「今は女性がこれを演じ、それで郎中とは呼ばず阿叔子と呼ぶ。ひどく滑稽で以前の趣きを失ってしまっている。談容娘と呼ぶ者もいるがそれも間違っている」。

　伝統演劇発展史の中で比較的高い位置を占める「参軍戯」も、唐代に生まれた。「参軍戯」のいわれについては、唐代欧陽詢の『芸文類聚』が『趙書』の内容を引いて次のように紹介している。後趙石勒の時、周延という参軍が館陶県の県令を拝命したが、後に公の物を横領した。事が発覚した際、皇帝はその才を惜しみ死罪は免じた。しかし宴会のたびに横領した黄色の絹で作った単衣の衣を

---

[13] 俳優が舞台の袖などに立ち、独唱の声に合わせて歌い、独唱を引き立てる。　[14] 一人称語り

着せられ、頭は黄色の絹で縛られ、俳優[15]にこう聞かれる。「お前はいったいどんな官職で私たちのような俳優といっしょにここにいるんだ？」すると周延は黄色い服を震わせてこう答える。「私はもとは館陶県の県令だった。これのためにここに来るはめになったのだ」。それを聞いて道化役はひとしきり罵る。唐代になるとこの芝居の内容は固定化され、一つの演目になって上演されるようになった。開元年間にはこの参軍戯を得意とする者として、すでに黄幡綽や張野狐、李仙鶴などがいる。その後、芸人はこの演目の形式を用いてほかの内容を演じるようになり、それは徐々に一つの型となっていった。つまり二つの役柄のうち一人は参軍で、もう一人は蒼鶻である。また演じる内容は滑稽、ふざけ、嘲笑であり、最後はいつも蒼鶻が参軍を罵り、殴って終わる。

　参軍戯の上演の具体的な内容と上演形態について唐代の記載は少ないが、おおよその輪郭を教えてくれる資料もある。高彦休『唐闕史』ではこのように「三教を弄ぶ」参軍戯を描写している。

　「咸通年間（860－874）、道化李可及は、滑稽芝居において独自の境地を開拓した。……かつて皇帝の誕生日に僧侶と道士が議論をした様を、道化が演じることになった。可及は儒服を着て頭巾をかぶり、裾（すそ）が幅広の衣に太い帯を締め、台座に上がって儒教、仏教、道教三教の優劣を論じようと言った。向かい合って座っていた者が、三教に通じているというのなら釈迦如来とはどういう人かと聞くと、女性であると答える。質問した者が驚いて、なぜか？と聞くと、『金剛経』に敷生而生とある。女性でなければどうして敷[16]が座ってから而[17]が座ろうかと答えた。皇帝はこれを聞いて笑った。また、太上老君[18]とはどういう人かと聞くと、これも女性だと答える。質問した人が分からないでいるので、『道徳経』に私が患うのは有身だからだ、私が無身だったらどうして患おうかとある、女性でなければどうして有身[19]を患うだろうか？と言う。皇帝が面白がって、では文宣王[20]とはどういう人か？と聞くと、『論語』に売ろう、売ろう、私は賈を待っているとある、もし女性でなければどうして賈[21]を待とうか？と答えたので皇帝は非常に面白がって褒美をたくさん与えた。

　ここから参軍戯のいくつかの特徴を見ることができる。一つはせりふが主であるということ。この芝居は完全なせりふ劇で、一問一答式になっている。二つ目は滑稽を身上としていること。三つ目は一定の扮装があること。例えば芝居の中で李可及は「儒服に頭巾」を付けている。四つ目に、演じる内容は決してその場のアドリブではなく準備されているということだ。この芝居は三教経

15　朝廷の道化役　16　音から「夫」の意味をかけている。　17　音から「児」の意味をかけている。児は女性の自称。　18　老子のこと。　19　音から「妊娠」の意味をかけている。　20　孔子のこと。　21　音から「嫁」の意味をかけている。

典の中の言葉を利用し、似た音を取り上げることで誤解を生じさせている。こうして「皇帝が大いに面白がる」効果を生んでおり、こうしたことは工夫なしにはできない。上述した参軍戯は宮廷でも演じられたが、民間ではもっと頻繁に演じられた。さらに女の役者も演じた。唐の範攄の『雲渓友議』によると、元稹が浙東にいた時、周季南、季崇、その妻劉採春という役者がおり、彼らは淮甸からやってきた。陸参軍を演じるのを得意としていたが、その上演の内容は望夫石[22]の物語などだった。元稹はこれを見た後に詩を作って贈った。その詩にいわく「言葉は優雅で風情がある。挙措は行きつ戻りつ美しい。悲しみの場面では言葉を選んで望夫歌を歌う」とある。子供たちはよく町で参軍戯を見たので劇中人物の真似をして楽しんだ。李商隠の『驕児』という詩に、自分の子供が家に帰ってくると「突然また参軍を真似し、その声色で蒼鶻を呼んだ」とある。

　参軍戯は宋代の雑劇に決定的な影響を与えた。宋の雑劇のせりふと滑稽味や役柄はすべて参軍戯を受け継いでいる。

第 2 章

宋代の都市

歌、せりふ、しぐさ、立ち回りなどの表現伎芸が溶け合って伝統演劇の形成へ

第 一 節
商業都市は演劇を育む母体

　我々はしばしばこのような問題を論じ合う。「中華民族の文明進化の速度と文明レベルは決してヨーロッパやインドなどに劣っていないのに、演劇が成熟する時間において、なぜ中国は古代ギリシャや古代ローマ、古代インドに大きく遅れをとったのだろうか」。もしも中国の演劇が宋代に形成されたというのであれば、古代ギリシャで成熟した悲喜劇が生み出された時代から数えて15世紀もの差がある。この問題について多くの演劇史家は、中国では宋以前に都市住民

22　夫を待つうちに岩になったという伝説。

を主要な人口とする都市がほとんどなかった、あるいは市民階層がまだ生まれてなかったことが主な原因であると考えている。

　中国は農業を主要な経済手段とする社会であり、農作物の出来の良し悪しは直接庶民の生死や社会秩序の乱れ、国の政権の土台に直結した。そこで支配層は農業に対して気を緩めることなく一貫して農業を国の最重要事とした。農業の方でも大量の労働力を必要とし、またその労働力は1年を通じて土地から離れることが許されなかった。一方で商業や手工業はまさに人口の流動や商売人が利を追いかけて市場を求めることが必要となる。そのため、田畑を確保して開墾を可能にし荒地を防ぐ目的で、支配者は厳しい戸籍制度を採り人口の流動を厳格に管理した。また重農政策を採り、商業をコントロールして商人や手工業者には多くの差別的な政策を取った。このような方針はおのずと都市の数量的拡大や規模の拡大を阻害することになった。宋以前にももちろん都市はあったが、「市」の活動は制限を受け、例えば唐代の長安や洛陽の行政管理は市の発展に著しく不利であった。市と「坊[23]」は隔てられて建設され、坊は城内の城内ともいえた。人々はそうした居住区に住み、さらに夜になると城門は閉じられて住民が勝手に動くことは許されなかった。市は商業区であり寺院の周囲など居住区の外に設けられた。市には時間の規定があり、『唐会要』巻86「市」では「市は昼二百回太鼓を打った時に集まり、日没三刻前三百回を打った時にお開きとなる」とある。規定に反して市に出入りし市を行う者は、法律によって罰せられた。このような規定のもとでは商業が栄え都市住民が増えていくことはないであろう。

　宋代になると支配者たちは商業が国家に巨額の税収をもたらすことを知り、商業や手工業を奨励するようになった。具体的な方法としては、坊里制を廃止し街や坊の間の垣根を取り払い、市の禁令を解いて市と坊の間の取引に時間的な制約を設けることをやめた。このような政策によって多くの人は商業に身を投じるようになり、市民の数は飛躍的に増えて都市の規模も急速に拡大した。宋の孟元老の『東京夢華録』巻2の『東角楼街巷』によると、北宋後期になると汴梁[24]に多くのにぎやかな商店街が現れた。街に面する建物は立派で間口も広く、金や銀、カラフルな絹織物の取引が1回ごとに何千何万となることも珍しくなかった。都市人口が増えたので物品も豊富であった。取引時間の制約はなく「夜市」すらあったという。孟元老は同書の『馬行街舗席』の中で次のように紹介している。「夜市は夜中まで営業し、明け方になるとまた市を開く。こ

23　住民居住区。　　24　北宋の都。東京ともいった。現在の河南省開封を指す。

のような歓楽街は夜っぴて人通りが絶えない」。汴梁だけではなく、杭州、揚州など大都市はどこもこのような状況であった。

　都市には商売人、職人、使い走り、使用人、占い師、遊女などが増え、市民階層を形成していった。この階層のものの考え方や道徳観、美意識は官僚地主とも農民とも異なった。経済のありようは彼らに自由と平等意識、個人の生命を重んじる倫理観や利益を最大限に獲得しようという価値観をもたらした。それに相呼応する形で、彼らは以前のような義や道理をすべての上に置き、人間の欲望を一切認めない文芸作品を嫌った。彼らは市民階層を尊重して自分たちの倫理観や価値観を肯定してくれる、そしてまた形式（言葉や芸術上の技巧など）においても彼らの目や耳を楽しませる新しい文芸を必要とした。そしてそれらによって彼らの精神的なニーズを満たそうとした。こうして、説話[25]、芝居、説唱[26]などの通俗文芸が誕生した。

　芸術市場という観点からすると、市民階層の誕生なくして演劇の出現はありえない。旅の一座が村や町を巡業して歩いた程度で経済的にどのくらいの収益が上げられるであろうか？農村地帯は果てしなく広く、村里や集落はそこここにポツリポツリと点在し、村や集落の人口は百人、千人といったところである。一日、二日の日数をかけて大規模な村や集落にたどりついても上演はせいぜい１〜２回あるのみで、終わるとまた旅立つのだ。農民は貧しく、受け取れる報酬も多いはずがない。したがってこうした流動的な上演では高い経済収益を望むことはできない。高収入が得られなければ、そうした業界に入っていく者などあるはずもない。またほんのわずかな芸人たちでは一つの芸術形式に質的な変化をもたらすことなどできはしまい。しかし、宋代は違った。汴梁は北宋末期、戸数26万、１軒当たり５人家族として計算してもその人口は百万人を超える。南に移った後の都臨安の人口については、呉自牧『夢梁録』巻19『塌房』に「約百万余軒」とある。そうすると少なくとも二百万人を擁するわけで、自分たちの階層に属する通俗文芸を愛する市民の数はこれほど多かったのだ。そこで多くの人が通俗文芸の熱心な観衆になった。観衆が多くなると芸術市場は供給不足となり、芸人たちはもはや巡業に出る必要がなくなる。こうして固定的な上演の場所を持つようになったのである。

　宋代の都市における芝居の上演場所は「瓦舎勾欄」といった。「瓦舎」はまた「瓦子」「瓦市」「瓦肆」とも呼ばれた。一つの瓦舎にはいくつかの、あるいは十いくつかの勾欄があり、それぞれの勾欄でさまざまな伎芸が演じられた。それは、

---

[25] 市井で職業的講唱者によって物語を演じるもの。　[26] 語り物の一種。詩と散文を交互に交えながら物語を語る。

語り物、曲芸、競技、滑稽話、歌舞などの類で、もちろん毎日異なる出し物をやる勾欄もあった。ちなみに、なぜ瓦子というかというと、さまざまな技芸がここで一堂に会したからである。ともに上演するのは瓦が集まっているかのようであり、また分かれていくのは瓦がばらばらになるかのようである。また勾欄と呼ぶのは、柵で上演の場所を囲うからである。もちろん上演する場所は露天ではなく、柵の中は簡単な小屋掛けになっていた。「瓦舎勾欄」は一般に市民の集まる場所に設けられていた。特に豪商たちが集まり、商売が繁盛しているところである。

　こうした伎芸の上演によるあがりは多かったに違いない。このことは瓦子の数や営業時間から知ることができる。『東京夢華録』によると、汴京には新門瓦子、桑家瓦子、朱家橋瓦子、州西瓦子、保康門瓦子、州北瓦子などがあった。しかし南宋の臨安の瓦子はさらに多く、『西湖老人繁勝録』では 23 を数えている。上記した瓦子は今日の劇場のようなものではない。今日の劇場は宋代の勾欄に相当し、瓦子はかつての北京の天橋[27]、上海の大世界[28]に相当する。つまり、臨安には当時二十数個の天橋ないしは大世界のような歓楽街があったのである。営業時間についていえば、『東京夢華録・京瓦伎芸』の中で瓦子について「天気の如何にかかわらず、これらの小屋の見物人の状況は毎日このようであった」とある。

　歌、せりふ、しぐさ、立ち回りを総合する演劇の誕生は、瓦舎という上演場所と密接な関係があった。前述したように、歌、せりふ、舞、音楽、扮装などは単独の芸術としてそれぞれ高い水準にあった。しかし基本的にそれらはばらばらに発展していたのであって、それらが一つに融合されていく傾向を見せてはいたが、そうなったものは少なくて融合の程度も十分ではなかった。しかし宋代では各種の伎芸が瓦舎で上演され、時には同じ勾欄で上演されることもあり、お互いの長所を吸収しあうようになった。こうしてそれぞれの伎芸が融合され、いくつかの役割が代言体を用いて歌や舞で物語を演じるという新しい芸術形式が生み出され、それは当時の人々によって「雑劇」と呼ばれるようになった。

---

[27]　かつて北京にあった庶民の一大娯楽の場。　[28]　20 世紀前半上海に作られた娯楽センター。

第二節
演劇の誕生——宋の雑劇

　宋代の「瓦舎勾欄」におけるさまざまな伎芸の融合には、当然初級レベルから高級レベル、未成熟な段階から成熟した段階へとさまざまなプロセスがあった。このプロセスについては現存する資料から知ることができる。最近まとめられた『宋代歌舞劇曲録要』に収録されている宋史浩『鄮峰真隠大曲』は、歌舞ではあるがストーリーもある演劇で、「二人の漢装の者が現れ向かい合って座りテーブルには酒や果物があり」と、項羽と劉邦が宴席にいる情景を表現している。この時「竹竿子」という指揮者がそばに立ち、このようなせりふを言う。
　「大沢に蛇を断ち、中原に鹿を追う。赤帝の真符を佩き蒼姫の正統を継ぐ。皇威すでに振るい天命帰する。力量は項羽に劣るが、徳は項羽に勝る。鴻門の会で范増が謀るが陰謀は成功せず、劉邦は項伯と樊噲に助けられ命拾いをする。役者たちは舞の形でこれら英雄の神勇を演じ、観客はそれをおおいに堪能する」。これは「画面外の音」のようで、演じ述べる情景を簡潔に紹介している。明らかに、項羽、劉邦に扮している者の表現だけでは当時の状況を再現できないのだ。でなければどうしてこのような物語の説明がいるだろうか？ 1985年に山西潞城県崇道郷南舎村で見つかった万暦2年の写本『迎神賽社礼節伝簿四十曲宮調』に記載された鴻門宴の隊戯と上述の剣舞はよく似ている。例えば『樊噲脚党鴻門会、一単、舞』の内容はこうなっている。「範曽が策を立て、陳平が酒を注ぎ、丁麼、雍歯、項壮、項伯は二人ずつ剣舞を舞う。この時樊噲が宴席に闖入し、韓信は戟を手に張良とともに劉邦を守りその場を去る。散」とある。扮装あり、舞踏あり、物語の展開もある。もちろん成熟した演劇にはまだ距離があるが、これらはみな、さまざまな要素が融合していく過程における原初的な形である。
　融合された重要な伎芸の中に傀儡戯（かいらい）[29]がある。宋の高承『事物紀原』は『列子湯問』を引いてこう言っている。「傀儡戯の歴史は周の穆王の時代まで遡れる。初めて傀儡を作ったのは偃師という者だった。傀儡の首をひねると韻律に合い腔に依った歌を歌い、手足を引っぱると踊った。千変万化し、人形師の思いのままに操られた」。
　一般に宋代以前の傀儡戯は比較的単純なものであったが、宋代の瓦舎勾欄の中で急速な進歩を遂げた。『東京夢華録』によると、南北宋の時代にはすでに懸

---

[29] 人形芝居。

糸傀儡、杖頭傀儡、薬発傀儡、水傀儡、肉傀儡などがあり、しかも人形の演技はすでに物語と結び付いたものであったという。例えば『夢梁録』では、「傀儡戯は、ラブストーリー、オカルト、戦記もの、裁判もの、史書の歴代君臣や将軍、大臣の話本を演じた。歴史物語を語ったり、雑劇にしたり、崖詞[30]にした」と言っている。

傀儡戯以外に皮影戯もあり、これには手影戯と大影戯の二つがある。これらは羊の皮で形を彫り、それに着色して作った。

傀儡戯と皮影戯はその融合の過程の中で演劇に良い影響を与えた。演劇史家の孫楷弟は『傀儡戯考原』の中で、その影響についてこう言っている。「北の雑劇は初めから終わりまで一人の役者が歌を歌うが、南戯では多くの役者に分かれて歌ったり合唱したり歌い合ったりする。また役者が自分の出身を伝えたり、顔にくまどりをしたりする点、将軍などの人物の足の運びなどはみな、傀儡戯や皮影戯から受け継いだやり方である」。このような見方はまだ学会の共通認識にはなってはいないが、しかしこれら戯曲と傀儡戯との相似性は争えない事実である。

宋代の演劇は雑劇と呼ばれた。しかし「雑劇」という名称は唐代にはすでに存在する。西川節度使の李徳裕は皇帝への奏章『第二状奉宣令更商量奏来者』の中で、「南蛮が成都を攻略した後、連れ去られた者九千人。うち一人は子女の錦錦[31]、ほか二人は雑劇丈夫[32]」（李徳裕『李文饒文集』巻12）とある。しかし初期における「雑劇」の概念は「雑技」であり、説唱、競技、音楽、踊り、参軍戯、傀儡戯などの伎芸を意味し、漢代の「百戯」と同義であった。それに対して宋の「雑劇」は演劇のみを指し、すでに「雑」という意味はなくなっている。

宋の雑劇の形式は次のようなものである。

「雑劇においては末泥という役柄を長とし、4人か5人で登場する。まずよく知られた内容を1段演じ、これを艶段という。次に正雑劇両段を演じる。末泥は観客に上演内容を説明し、引戯は役者の登場の順番を手配し、副浄は滑稽なしぐさや言葉で相手をからかい、副末はそれに続けて滑稽なしぐさをしたりおかしな言葉を言ったりする。またプロットによっては役人の扮装をした装孤という役柄が加わる」（耐得翁『都城紀勝』「瓦舎衆伎」条）。役者は5人、末泥、引戯、副浄、副末そして時に装孤が加わった。末泥は上演を企画する劇団のトップである。おそらく上演時は演目のあらすじを述べたであろう。引戯は具体的

30　戯曲と小説の間に位置する説唱の一種。　　31　女性の役柄を演じる者。　　32　男性の役柄を演じる者。

に上演を手配し女性の役を兼ねる。副浄は参軍戯における参軍役であり、後世の道化役であろう。一方、副末は参軍戯の蒼鶻かもしれない。後世の勇ましい男役である。「艶段」とは前口上であり、演じられるのはよく知られたさわりの部分の雑劇段子である。正雑劇はこのように二つの部分に分かれていた。

　雑劇の特徴については、呉自牧『夢梁録』に「雑劇は物語を演じ、滑稽味を主とする」と書かれている。現存の資料もこの点を証明している。例えば北京故宮博物院が所蔵する宋代の雑劇絹画『眼薬酸』に描かれているのは以下のようなものである。二人の役者がおり、一人は目薬を売る医者で大きな袖の長い着物を着用し、高く曲がった帽子をかぶっている。腰には大きな一つ目を描いた青い布をまとい、体にはひょうたんのように丸い目薬が入っていると思われる容器を多数ぶらさげて、老農民に目薬を売り付けている。農民は頭に渾裹[33]をかぶって丸首のシャツを着用し、そのすそを巻き上げ腰の帯にはさみこんで下着を露わにし、指で左目を指して医者に眼を患っていると訴えている。彼らが何を話しているのか、どんな動作をしているのかは我々には分からない。ただその衣装から滑稽な様子が見て取れる。

　雑劇の演目は多く、南宋の末年周密『武林旧事』巻10によると、南宋の『官本雑劇段数』には280種あった。もちろん中には相当短いものもあるし、ふざけた類のもの、また演劇として相当成熟したものもあった。

　例えば『目連救母』については、孟元老『東京夢華録』巻8『中元節』にこういう記述がある。

　「7月15日は中元節。その数日前から町ではお供え物の靴、頭巾、帽子、金や犀の皮のまがいの帯、五色の衣服を売る。……また『尊勝経』と『目連経』の刷本を売っている。竹ざおを割って4〜5尺の高さの三脚を作り、その上に灯心皿の形に編んだものを盂蘭盆といい、それに衣服や紙銭を掛けてその上で焼く。劇場の役者たちは七夕が終わった後から15日まで『目連救母』の芝居を上演し、観客の入りは普段の2倍になる」。

　目連救母の物語はもともと『仏説盂蘭盆経』にあるもので、目連はその母親が地獄に落ちているのを知ってひどく苦しんだが、後に仏の力によって母を地獄から救うことができたという話である。この仏教故事は儒家の孝道思想に合っていたので、二十四孝以外の冥界における孝行の模範となった。そこでこの物語は晋以降の人々の興味をおおいにそそり、人々は仏教経典の物語の中の目連救母のやり方を真似、中元節に亡き人の魂を祭って盂蘭盆会というものを始め、

33　古代の帽子の一種。

僧侶を招いて法事などをしたものが、やがて習俗となっていった。今でもこの習俗は続けられており、東南アジアの華人居住区や日本、韓国などでは今も毎年盂蘭盆会を行う。唐代の僧侶は通俗的な言葉を用いてこの仏教故事を広め、人々を引き付けた。そこでこの目連救母の故事は、変文[34]の重要な内容になった。宋の雑劇が形成された後、伝統演劇に改編されて早期中国伝統演劇の演目の一つとなった。

このほか、『鶯鶯六麼』『裴少俊伊州』『相如文君』『崔智韜艾虎児』『王宗道休妻』『李勉負心』『裴航相遇楽』などがある。

第三節
宋の雑劇の形式と内容を継承した金の院本

北宋が滅亡すると国土は南北に分かれ、南は宋、北は金となった。両国間には一定の文化交流はあったが、統一されていた時とは広がりや深さにおいて比べものにはならなかった。別々の統治が数十年過ぎた頃には、その演劇文化は風習や語彙の変化に伴っていささかの違いが出てきた。元末の陶宗儀『南村輟耕録』によると「宋には戯曲、唱諢、詞があり、金には院本、雑劇、諸公（宮）調があるが、院本と雑劇は同じものである」とある。「宋には戯曲がある」ということの意味は以下で再度述べ、院本に対してもう一度ざっと紹介しておこう。

社会秩序が比較的安定し、戦争の影響を受けなかったため経済が相対的に豊かであった黄河東部の山西と河北では、金の院本が割合多く上演された。演劇文化財の専門家廖奔氏は、現存する壁画や彫像、レンガなどの研究を通して、汴京の雑劇は黄河東部に伝わった後「汴京のように多くの市民観客を擁する大都市はなかったので、瓦舎勾欄のようなものは乏しかった。ただこうした地方には、結婚式を祝ったり年の節句に社火[35]をするなど民間色の強い娯楽的な習俗があった」という（『中国演劇発展史』）。金代の院本の上演は主として二つの方法でなされた。一つは民家の堂会[36]で上演する方法、もう一つは廟などで祭りの時に上演する方法である。

院本の上演の具体的な状況は杜善夫『庄稼不識勾欄』の散套[37]にこう描写されている。

「【四煞】[38] 若い女性が舞台の上でぐるぐると円を描くように何度か回り、しば

---

34 唐代、仏教宣布のために用いられた語り物の底本。　35 祭りの出し物。　36 慶事の際、個人の家に役者や芸人を呼んで演じさせること。　37 「散套」と呼ばれる歌の形式。　38 セットになった歌の中で最後から4番目の歌。

らくして数人を舞台の上に連れてくる。彼らの一人は小丑で、頭に黒いタオルを巻いて、てっぺんに筆を挿している。顔は石灰で塗られ、そこに何本かの黒い線が描かれている。これではどうやって人前に出るのかよく分からない。着ている服の上下はけばけばしい。

【三煞】[39] この小丑は舞台で詩歌を吟じ、続いて面白い話をする。話のスピードはやたらに速いが言い間違えたりはしないので客は大笑いをする。最後に客に向かってお辞儀をし、その後でまた楽器を奏でる。

【二煞】[40] 舞台で一人の役者が張大公という者を演じる。先に挙げた小丑は小二哥という者を演じる。彼らはおしゃべりをしながら町へ向かう。何人かの若い娘が入り口のところに座り込んでおしゃべりをしている。張大公は小二哥に娘たちとの仲立ちをさせる。そのうちの一人が彼の妻になる。

【一煞】[41] 小二哥は張大公に報酬をとして、まず食糧を求め次は布を求める。張大公は小二哥に仲人を頼むため彼の言うとおりにする。自分の前を歩かせたり後ろを歩かせたりするので張大公が苛立ち、皮でくるんだ棍棒で彼を叩くと、棍棒が真っ二つに折れてしまう」。

　まず一人の若い娘が登場して踊りを踊る。そのあと何人かの「央人貨」(副浄)が出てくるが彼らは奇抜でおかしな格好をしていて、詩や詞、歌賦を語り歌う。その内容はミニストーリーとでもいうべきもので、宋の「雑劇」の「艶段」に相当する。「院本」ではこれを「爨」という。「爨」が終わると、「正劇」が始まり、舞台に出ている役者によって演じられる。それぞれ、張太公、小二哥、若い女の三人の人物である。三人がお互いに話す内容は男女間のからかいや結婚の仲立ちなどの話である。

　金の院本は宋の雑劇とは少し違った部分がある。院本の演目からは大曲、法曲、詞調などの名前がだいぶ減っている。このことは院本はストーリーを重んじ、演じる物語は宋の雑劇より中身が濃く複雑になっていることを意味する。院本の正劇の「艶段」も、宋の雑劇のように単純なものではなく、「衝撞引首」[42]「拴搐艶段」[43]「打略拴搐」[44] などの形式を持ち、また役者たちも、艶段と正劇の間に関連性を持たせようと努めた。

　金の院本の演目については、陶宗儀の『輟耕録』巻25「院本名目」によるところが大きい。陶のこの本は713の演目を収録している。しかし陶宗儀という人は元末の人で、この本から元の滅亡までわずか十年である。したがって彼の言う「院本名目」には多くの元代の「院本」が混じっていると思われる。後世

39　同上において最後から3番目の歌。　　40　セットになった歌の中で最後から2番目の歌。
41　同上において最後の歌。　　42　舞台における最初の演目。　　43　同上で真ん中の演目。
44　同上で最後の演目。

への影響が大きいものには『範蠡』『淹藍橋』『蘇武和番』『刺董卓』『赤壁鏖兵』『大劉備』『月明法曲』『庄周夢』『入桃園』『王安石』『鬧元宵』『変柳七覥』『蘭昌宮』『調双漸』『月夜聞筝』『張生煮海』『蔡伯喈』などがある。

第3章
南方文化の芸術的結晶
——南戯

第一節
南戯の登場

　「院本」が北方で流行していた時、南方でも新しい演劇形態が活躍していた。当時の人はそれを永嘉雑劇あるいは温州雑劇、もしくは南戯、南曲戯文などと呼んでいた。現在学界ではこれを「南戯」と呼ぶのが主流である。

　南戯の発祥地は温州で、現存する文献では宋の劉塤による『水雲村稿』巻4、明の人葉子奇『草木子・雑俎』や祝允明『猥談』、徐渭の『南詞叙録』などはみなこのことを言っている。なぜ温州からこのような大劇種が生まれたのであろうか？有名な南戯の研究者で亡き銭南揚南京大学教授は『戯文概論』の前文第2章でこう述べている。「温州は歌舞の故郷であり文化の国である。王羲士や謝霊運がこの地で役人をしていた時にはいずれも文教を重んじた。温州は文化の香り高い町であり、南宋時には小鄒魯[45]と称された。宋代になると、温州は重要な通商の港となり、朝廷はここに市舶司[46]を置いて、商業が非常に発展した。また温州は北方のように民族間の戦争による破壊がなく、江南のように農民の決起で社会秩序が乱れるようなこともなかった。落ち着いていて穏やかであり、経済が発達して文化的伝統もあった。こうした背景があったからこそ新しい劇種が生み出されたのである」。

　さて「南戯」はいつ頃生まれたのか？これは昔から論議が続くテーマである。今日の学界では多くの研究者が、南宋末北宋初の頃ではあるが具体的な時代

45　小鄒魯。孔子や孟子の故郷のようだということ。鄒は孟子の、魯は孔子の故郷。　46　宋代に船舶の製造や水運を管理した役所。

は特定が難しいとしている。一つの劇種が形成されるには長い時間を必要とする。民間の舞踊や語り物に始まり、二小戯、三小戯などを経由して大戯[47]に至る過程を経なければならなかったかもしれない。その中ほには停滞の時期もあったであろう。明の徐渭は『趙貞女』と『王魁』の演目が光宗の時に現れたという事に基づいて、「南戯は宋の光宗年間に始まった」としている。この見方はやや断定的すぎる。『趙貞女』『王魁』という大型の演目はすでにかなり成熟した芝居で、「南戯」誕生時に生み出されるようなものではない。

第二節
南戯の脚本について

「南戯」の脚本は一般に長く、早期の脚本は区切りがなく初めから終わりまで長くつながっていく。しかし実際のところ、やはり区分というものはあり、その区分は音楽の単位で決まっているのである。早期「南戯」の『張協状元』は現在53齣(せき)[48]あるが、これはその音楽構成に基づいている。「南戯」の脚本にはそれぞれ題目がある。例えば『小孫屠』の題目には、
「李瓊梅は麗春園と孫必達が夫婦になるよう画策し
朱邦傑は法を知りながらそれを犯し酷刑に処される」
とある。
　題目の役目は、これをポスターに書いて広告とし、勧誘の言葉で観客を誘うことである。
　南戯の第一幕では副末が出てきて前置きを述べる。副末が詞曲を述べ、作品の意図とおおよその筋が伝えられる。例えば『琵琶記』の前置きは次のようなものである。
「(末が登場して語り始める)
【水調歌頭】[49] 秋の夜、灯火がカーテンを照らします。私は灯火の下で昔の物語を読みます。昔からたくさんの喜びや悲しみに満ちた出来事が起きました。その中には才子佳人のラブストーリーもあれば、神仙鬼怪の物語もあります。しかしこれらの物語には人の品性を高めるような要素がないので何の価値もありません。芝居というのは人を面白がらせるのは簡単ですが、人の心を感動させるのは大変です。私の書いた脚本は面白がらせたり歌で感動させるためのもの

47　登場人物が多く、プロットや伴奏なども多い大がかりな芝居。　　48　「幕」に当たる。
49　詞の曲名。

ではなく、国に忠、親に孝なる品性を描くためのものなのです。こうした脚本こそ天下一流と言えましょう。

【沁園春】[50] 私が書いた『琵琶記』の中で、趙五娘は大変美しく蔡邕は豊かな知識を持っています。しかし彼らが結婚して二カ月経つ頃、朝廷は国中の文人たちに都に出て試験を受けるよう命じます。蔡邕の父親は息子がこの試験にパスすれば役人になれると考え、息子をむりやり都へ行かせます。蔡邕は都で試験を受け一番の成績を修めます。彼は皇帝と牛宰相に宰相の娘との結婚を無理強いされ、しかも故郷に帰って両親と趙五娘に会うことさえ許されません。ちょうどこの時、彼の故郷を飢饉が襲い両親は食べ物がなく餓死してしまいます。趙五娘はしゅうと、しゅうとめを埋葬し、乞食をしながら一路都へ向かって夫蔡邕を探し出します。最後に趙五娘と牛宰相の令嬢はともに蔡邕に仕え、故郷に帰って亡き両親を弔います。彼らの行為は皇帝の褒め讃えるところとなります」。

作者は【水調歌頭】の詞の中でこう述べている。「私は夜の灯火のもと多くの愛情物語や幽霊話を読んだが、どれもつまらなかった。文芸作品がもし人民教化の役割を果たせなければ、書いたものがどんなに良くても意味はない。私のこの作品は孝行息子と賢妻について書いたもので、同輩の作を超えたものと自負している」。

もう一つの【沁園春】ではストーリーを簡単にまとめ、出来の良い傾向のはっきりした評論を述べている。

南戯の歌唱は複数の役柄が受け持った。対唱[51]、輪唱、合唱という形式は少なく、独唱が多かった。時には数人が一つの曲牌[52]を引き継いで歌った。さらには舞台裏からの大勢の歌で締めくくられることが多かった。例えば『張協状元』第32場の『雁過沙』[53]第1曲は

(後[54]は王勝花を演じる。外は王夫人を演じる。浄は小間使いの少女を演じる。「丑」は王徳用を演じる)

(後が唱う)【雁過沙】あの日、仲人が状元のところに結婚話を持っていき、人はみな私とあの人をお似合いのカップルだと褒めた。大勢に囲まれたあの人の顔は緑色の衣に映えてまるで桃の花のよう。でもあの人は私との結婚を断った。私の夢はかなわなかった。(後、低い声で) きっとみんなに笑われる。私は状元のところに嫁に行けなかったと。(合唱) きっとみんなに笑われる。私は状元のところに嫁に行けなかったと。

---

50 詞の曲名。　51 二人の歌手または二組の合唱隊が交互に歌うこと。　52 曲調の名称。
53 曲名。　54 「後」は役柄のこと。「外」、「浄」、「丑」もそれぞれ役柄の一つ。

まず写実的な方法で「後」(すなわち貼角)が低い声で、状元から結婚を断られた恥辱や苦痛を訴える。続いて「画外音[55]」の手法で舞台裏の大勢の役者たちに王勝花の心の声を歌わせ、抑えられた怒りや悲しみを誇張する。一般に「南戯」の歌唱方法はストーリーの必要性に応えており、かつ舞台を活気付かせるものである。

　南戯の音楽は唐宋の詞楽、大曲、鼓子詞、諸宮調、纏達、唱賺そして南方の民間で流行していた民謡などからできていた。曲数は多く、『張協状元』だけでも325曲用いられている。しかし早期南戯は音楽構成上のルールがまったく守られていなかった。曲に詞を付ける時もいいい加減であったため、徐渭は『南詞叙録』の中で、「宮調に合っておらず」、「これは百姓や女たちが口からでまかせに歌った遊びだ」と書いている。後期になると、劇作家たちは譜にしたがって詞を書き韻律にも合うようになり、粗野なものからきめ細やかなものになった。元の統一によって北方の音楽が数多く南方に入ってくるようになり、曲牌に南の音楽と北の音楽を組み合わせる形式も現れた。高らかに歌う北方の曲と綿々とした情緒たっぷりの南の曲、これらが音楽に変化の妙をもたらした。

第三節
南戯の役柄

　「南戯」の役柄は七つに分けられる。生、旦、浄、末、外、貼、丑である。これらは宋の雑劇の役柄を継承し、そこに新しいものが加わっている。生角は一般に劇中の男性主人公である若い書生を演じる。例えば『張協状元』の張協、『琵琶記』の蔡伯喈、『王魁』の王魁、『荊釵記』の王十朋などである。旦角は若いヒロインを演じる。例えば『張協状元』の王貧女や『琵琶記』の趙五娘、『王魁』の殷桂英、『荊釵記』の銭恵蓮などである。貼は旦角の侍女役で、小姐に付き添うことから貼という。浄、丑が演じるのはみな滑稽な人物である。丑角の顔にはおかしな隈取があったかもしれない。浄角は一色だけ塗り、白か赤、または黒を用いる。末は南戯では副末と呼ばれていた。二番手の男性役を演じるとともに、おおよそのあらすじを最初に説明する役目も担う。副末の言葉と動作は時に浄や丑に似ている。外は老人役の名称であり、老人や老女を演じる。『張協状元』の父親役や王勝花の母親役、『宦門子弟錯立身』の延寿馬の父親などはみ

55　ナレーション。

なこの外が演じる。

　南戯の脚本は非常に多かったようだ。流行時から衰退期まで二百年以上の時間があり、伝えられた地域も長江以南の各省にわたる。しかし南戯は長い間文人や官僚、インテリたちから軽んじられてきたために印刷されて伝わることがなかっただけでなく、上演禁止のおふれさえあった。そのため脚本の流失が多く、伝わっている演目名はわずかで完全な形で残っているものなど無論望むべくもない。『永楽大典』、徐渭の『南詞叙録』、沈璟の『南九宮十三調曲譜』、鈕少雅の『南曲九宮正始』、張大復の『寒山堂南曲譜』などの本や記録によると、著者たちが目にした演目は238である。しかし今日全本[56]が保存されているものはわずかに『張協状元』『宦門子弟錯立身』『小孫屠』『荊釵記』『白兎記』『拝月亭』『殺狗記』『金釵記』『趙氏孤児』『破窰記』『牧羊記』『東窓記』『黄孝子尋親記』『蘇秦衣錦還郷記』『馮京三元記』『琵琶記』など16種のみである。銭南揚は南戯の脚本資料を捜すことに心血を注ぎ、各種資料をふるいにかけて119の部分脚本を取り出し、『宋元戯文輯佚』を出版して我々が南戯を研究するための基盤を作った。

　ところでこれほど多くの南戯の脚本はいったい誰が書いたのだろうか？それは書会の才人の手によるものである。「才人」とは当時の通俗文芸の編著者に対する呼び名である。これらの人々の多くは科挙受験の不合格者であった。しかし膨大な読書量を誇り古今の出来事に詳しく、また本人も社会の下層に位置するところから、底辺に生きる庶民の不幸な運命や辛酸を極めた生活を熟知していた。また彼らは長く勾欄に身を置き、芸人たちとも親しかった。時に顔に化粧をほどこして舞台に出ることもあった。そこで彼らの書く通俗文芸の脚本は観衆の心理的な期待や美的感覚に合致し、実生活を反映して時代の特徴を捉えることができた。また舞台のルールに沿って書くことも可能であった。彼らは庶民の世界ではエリートであり、そこで人々は彼らを「才人」と呼んだのである。

　「才人」には組合があり、それを「書会」といった。通俗文芸が発達した場所ならどこにでも書会があり、例えば温州には「永嘉書会」や「九山書会」が、杭州には「古杭書会」や「武林書会」が、都には「玉京書会」があった。さらに地名を名前に入れない「元貞書会」や「敬先書会」などというものもあった。書会の「才人」で通俗文芸の脚本の執筆だけを仕事としている者はそれほど多くはなかっただろう。「才人」の身分はさまざまで、下級役人もいれば、医者、方術士、商人、またいくらか文は書けるが基本的には芝居を主とする芸人もいた。才人の書くものは、脚本、話本[57]、諸宮調[58]、鼓子詞[59]、宝巻[60]などで、その

56　演目の全内容が書かれている脚本。　57　宋、元代の語り物の底本。　58　多様な声調で作られた多くの歌で歌われる長編物語。　59　太鼓の伴奏が付く長編物語。　60　「説唱」の形式で歌われる仏教に関わる物語。

うち脚本や話本などは比較的難しい。

　現在、南戯の作品で他への影響が大きいものとしては、『永楽大典戯文３種』（『張協状元』『錯立身』『小孫屠』）と『荊、劉、拝、殺[61]』および『琵琶記』がある。
　『琵琶記』の作者高則誠[62]は元末の人である。彼は役人をやめて隠居の身となってから、寧波で早期南戯の作品『蔡伯喈』に基づき、これを『琵琶記』に改編した。書生の蔡伯喈は父親にむりやり新婚の妻である趙五娘と別れさせられ、科挙を受けるために都へ上る。状元[63]となった蔡伯喈は、時の大臣に娘婿になるように迫られ、皇帝もまた彼が職を辞することを許さなかった。彼が都で役人をし大臣の婿になっていた３年間、故郷の陳留郡はまれにみる干害に襲われていた。趙五娘は一人で舅姑（しゅうとしゅうとめ）の世話という重荷を負い、衣装や装飾品を質に入れ粗末なものを食べて、嫁としての責任を果たしていた。しかし誤解がもとで舅姑（しゅうとしゅうとめ）から責められ、やがてこの二人は病気でこの世を去ってしまう。彼女は髪を売って棺を買い、衣で遺体を包んで二人を葬った。一人ぼっちになった彼女は、琵琶をかかえ歌を歌って食べ物を乞いながら都に上った。こうして都から離れることを許されないでいた夫を探し当てることができ、夫婦はハッピーエンドを迎える。この芝居は元の知識人たちの独立性を失った軟弱な性格を表すとともに、趙五娘の屈辱を忍び負担に耐えながらも親に尽くし自分を抑える女性像をしっかりと描き出している。明の太祖朱元璋は蔡伯喈の従順さを忠とし、趙五娘を封建社会の道徳規範に合った模範的人物として大いに讃え、これを上流社会の人々に推奨した。そして「四書五経は衣服や食べ物のようなものでどこの家にもあるが、高明の『琵琶記』は山海の珍味であり、上流家庭ならこれを欠かすわけにはいかない」と言った（『南詞叙録』）。
　南戯は明代の半ばを過ぎるとその勢いは衰えたが、しかしこの南戯から質的変化を遂げて現れた伝奇は活力に溢れていた。南戯のDNAが伝奇に受け継がれたと言ってもいいだろう。

61　いずれも有名な南戯の脚本。『荊釵記』、『劉知遠白兎記』、『拝月亭』、『殺狗記』を指す。
62　則誠は高明の字（あざな）。　63　科挙の試験でトップ合格した者。

第4章

元の雑劇
――絢爛たる伝統演劇の花

第一節
元の雑劇の興隆の原因

「南戯」が大流行していた頃、金の統治下にあった北方でもまさに新しい劇種が生まれようとしていた。これが「北雑劇」である。「北雑劇」の流行した時期は中国伝統演劇の成熟期と言ってもよく、中国伝統演劇発展史における最初のピークである。それは綺羅星の如く輝く作家たちを擁し、中国文学史上ゆるぎない位置を占める一流の作品を有し、大勢の優れた役者たちを輩出した。

一つの時代の芸術と経済の発展は釣り合うものだという文芸理論を用いて元の雑劇の繁栄を測るのであれば、この繁栄は奇妙なことだと感じられるかもしれない。元の支配者は北方草原のモンゴル人である。彼らは遊牧生活をしており、その社会制度はなお奴隷制度にあるか、奴隷制度から初期封建制度への移行期あたりという遅れた状態にあった。モンゴル族の元は中原[64]に入った後、多くの遅れた生産関係や社会制度を持ち込み、中国人の社会生活の時計の針を逆戻りさせた。例えば漢族の農民を大量に農奴に変えて耕地を牧場にし、法ではなく人治による社会体制を強化し、民族や階級における不平等な法律を平然と実施した。また政権を取った元の支配者は、ぜいたくな生活をし享楽をむさぼり庶民を骨の髄までしゃぶるかのように搾取して、元代の人口を大幅に減らし農業の生産力を衰退させ都市の商品経済を停滞させた。

しかしこのような荒涼たる砂漠に、馥郁と香り高い雑劇の花が咲いたのである。その理由を分析するとおおよそ以下の四つにまとめることができる。

一つ目は長期にわたって科挙制度が行われず、やむなく大勢の文人たちを脚本の製作に追いやったこと。かつての中国において、人々は勉学を自分や家族の社会的地位を押し上げ、人生の価値を最大限実現させる重要な手段ととらえていた。とりわけ宋代では、支配者の文化教育を重んじる態度と文人優遇策が

---

64 黄河中下流域にある平原のこと。

社会全体に学習熱を巻き起こした。いわゆる「この世の仕事は全て下賤である。学んで役人になることだけがまともな道だ」[65]である。多くの人が科挙という道を通って一躍大出世を果たし、高級官吏の豪華な服を着て歴史に名を残した。元代になると、支配者は彼らの子弟を国家の要職に就けるため、漢族が五百年以上続けてきた官僚選抜制度——科挙を基本的に廃止した。史書によると、元の太宗9年（1237）、金滅亡から3年目に一度科挙を実施した以外、その後77年の長きにわたって科挙は行われなかった。仁宗の延祐元年（1314）に科挙制度は復活されたが、試験の内容と採用の基準において漢族の受験者にはさまざまな差別的規定があった。こうして事実上多くの文人にとって、出世のはしごは失われてしまった。25年をもって一世代とするなら、77年という時間は、三世代の文人たちから科挙によって出世するという人生の夢を奪った。これまでの習慣もあり、またインテリたちの期待も消えることなく、朝廷が来る年も来る年も科挙再開を宣言することはなかったにもかかわらず、彼らは機会がやってきた折には自分の才能を天下に示そうと依然として苦しい勉学に励んだ。しかし3、40歳になると上には面倒を見るべき老いた親がおり下には養うべき妻子をかかえて、全身これ詩や書の知識のかたまりでありながら手に職もなければ肉体労働をする力もない彼らは生活に窮迫した。そこでしばらく学問を通しての出世の夢をあきらめ、医者になったり占い師になったり、あるいは身を屈して小役人になったり塾を開いて勉強を教えたりした。また一部の人たちは、勾欄瓦肆に身を置き、書会の才人となって芸人たちのために芸の脚本を書くようになった。その中には演劇の脚本を書く者もあった。彼らには豊かな歴史と文学の素養があったので、彼らの書く物語は人の心をとらえ、かつ歴史と現実の本質をも反映していた。彼らはまた支配層に対して大いに不満があり、庶民の苦しみや生活への願いもよく知っていた。そのため彼らが書く脚本では社会の暗黒面や人間の罪深さがえぐり出され、民衆に代わって道理を求める明白な傾向性を帯び、追いつめられる庶民の苦しみに同情し人々が生存と自由を求めて権力に抵抗することを応援した。こうしてその脚本はおのずと大勢の観客から熱狂的に愛されるようになった。また彼らは役者たちと一緒に暮らしており、ある者は自ら化粧をして舞台に上がり、ある者は楽器を吹き奏で歌を歌った。だからこそ彼らは舞台の特徴を熟知しており、彼らが創作する脚本はそのまま上演できるまさに舞台用の脚本であり、読み物として供される戯曲ではなかったのである。こうして多くの輝かしく質的に極めて高い脚本が生まれた。脚本

---

[65] 万般皆下品，唯有读书高。

とは舞台で演じるための本である。それは演目の基礎であり、出し物の成功の成否を握る鍵でもあった。

　その二。経済の衰退と伝統的な倫理観念の断裂が色町を繁栄させ、そのことが演芸の世界に多くの優れた女優たちを送りこむことになった。宋代の中原や江南などの地域は農業や手工業、商業が比較的発達したが、宋と金、モンゴルと金、宋と元等の戦いはこれらの地に深刻な破壊をもたらした。モンゴル・金戦争が勃発すると「河南、河北、山東の数千里にわたって人民は殺戮され、財産、子女、家畜などもこれに巻き込まれ、家屋は焼き尽くされ、城郭は廃墟となった」(『両朝綱目備要』巻14)。元と宋が長年対峙し、戦後両淮地域は閑散として、「城は廃墟となり、つる草が壊れた垣根をはい、狐が仲間を呼び合う」(陸文圭『常州先哲遺書』本) 状態であった。さらに支配者の暴政と地主の搾取により、無数の貧しい人々が飢えと寒さにさらされ、生死の境をさまよった。王冕の『江南婦』では「飢えと寒さに耐えてぼろ家にうずくまり」「わずかに麦の入った野草の汁をすする」と描写している。凶作の年には農民たちは腐敗官僚からさらに搾取された。元の雑劇『陳州糶米』ではかんばつの地の人々の苦難を描いている。貧しさに苦しむ民は税金を納めて何とか生き延びるために、田や家だけでなく、子らをも売った。元の散曲家劉時中は『正宮・端正好・上高監司』の中でこのような様子を「田畑や家屋敷を売り、生活のために子供まで売って、親と子が東西に離れた星のように会うこともかなわない」と述べている。娘たちが売られると、女中、めかけ、娼婦などになるしかなかった。多くの良家の娘たちがこうして春をひさぐ娼婦となった。さらに支配者たちは男女がみだりに慣れ親しむことを気にとめないモンゴル人である。彼らは草原の倫理を中原に持ち込んだ。そこで漢人の国家に行き渡っていた儒家の礼教は打ち捨てられ、多くの貧しい家の母親たちは娘に娼婦になるようそそのかすことさえした。元の雑劇『金線糸』の母親がまさにこういう母親であった。さらにモンゴル人は戦争中や建国初期、頻繁に女性をさらってきては性奴隷として娼館に売り飛ばした。こうしたことも元代に娼婦が異様に多い理由の一つである。元好問はモンゴルによる侵略戦争を自ら体験した詩人だが、彼の『癸巳五月三日北渡』3首の一つは彼がその目で見た凄惨な情景を描いている。

　「道端の至るところ疲れ果てた囚人たちが縛られたまま横たわっている。戦利品を山と積んだ車が川の流れのように行き交う。異民族の兵士の隊列について捕虜となった女たちが泣きながら振り返り振り返り歩いていく」。

当時の娼婦の数は驚くほど多く、ヨーロッパからの旅行者マルコ・ポーロはその旅行記の中で、大都で「働いている娼婦は2万人もいる」と書いている。元の夏庭芝の以下の言葉はマルコ・ポーロの記述が正しいことを裏付けている。「中国の統一以来百年の年月が経つが、歌舞に携わる妓女の数は百万を下らない」(『青楼集志』)。

　暗黒の社会が多くの女性を娼婦稼業へと追いやったのは極めて残酷なことである。しかし芸能という視点から見ると、なり手のなかった役者を舞台のために提供したということになる。こうして元代の役者、とりわけ女優については優秀な役者が次から次へと現れた。夏庭芝の『青楼集』には百十人が記録されているがそのうち雑劇の役者と確認された者の数は六十余人であった。例えば才色兼備の曹娥秀やあでやかで美しく演技も優れており、「駕頭」[66]「花旦」[67]「軟末泥」[68]などさまざまな雑劇の役を楽々とこなした朱簾秀、「容姿、歌舞すべて素晴らしく」伎中楽部のトップだった順時秀、ふくよかで優雅、芝居が飛び抜けてうまく雑劇作家の白朴に賞賛された天然秀、中年になって両目を失明したがそれでも雑劇の舞台では「家から出たり入ったり、針仕事の様子など少しも間違えることはなく」、また歌を歌わせれば「声は行く雲を遮る(さえぎ)ごとし」であった賽簾秀などなど。彼女たちは都の内外で賞賛された女優である。夏庭芝の『青楼集』が彼女たちを記録しているだけでなく、多くの文人がその詩や曲に歌った。

　これらの優秀な女優たちは芝居の意図を理解し、演技の際は生き生きとして、舞台芸術を完璧なものへと押し上げた。さらに彼女たちの舞台姿は美しく、人々の心をとりこにする魅力を讃えていた。

　その三。都市の奇形的な繁栄は、演劇に多くの固定的な観客をもたらした。元代の広い地域、とりわけ農村では経済が疲弊し、民衆は苦しい生活にあえいで精神的な楽しみを求める暇もゆとりもなかった。しかし大都、真定、東平、平陽、開封、杭州など元代のいくつかの都市は極めて繁栄していた。大都はもと金の中都であり、1217年戦火に遭って焼け落ちた。元の朝廷は1216年にこの都市の修復を決めた。当時元の政府は「新しい都市に家を建てる者は、1軒当たり8畝[69]とし、8畝を越えるものやそれだけの家を建てられない者は建ててはならない」と規定した。8畝の敷地に家を建てることのできる者は貧民でも中レベル以下の金持ちでもない。その結果新しい都市に住む者はすべて新旧の富豪や権力者であり、大都はいわば消費性都市となった。暮らしぶりのぜいたくな富豪たちは誰もがお金を使うことにけちけちしなかった。さまざまな人々

---

[66] 役柄の名称。　[67] 役柄の名称。　[68] 役柄の名称。　[69] 1畝は6.667アール。約200坪。

が金をみせびらかそうとここに集まり、商業、手工業、風俗業、演芸などが日を追って繁盛していった。真定は今日の河北省真定県であるが、今日では昔の面影は想像するのも難しいであろう。元の葛羅禄乃賢は『河朔訪古記』巻上で「真定路の南門は陽和門といい、……通りは二つの瓦市に囲まれ、芝居小屋、遊郭、酒場、茶店や大きな商店がここに集まっていた」と言っている。杭州の当時の豊かさも想像するのが難しい。陶宗儀の『南村輟耕録・杭人遭難』では次のように紹介されている。この市の金持ちたちは「普段の食事も新奇と値段の高さを好み、けちけちすると軽蔑される。ほしいまま出費するのも近所に笑われるのが怖いからである」というありさまで、これほどのぜいたくな生活ができるのだから、声良く姿また良しの雑劇には夢中になるはずである。とりわけ多くのモンゴル人や色目人[70]は、漢族の文化に対する教養レベルが低く、儒教などの経典や聖賢の書物などは見ても分からなければ見たいとも思わなかったが、通俗的で分かりやすく音楽が耳にあふれる雑劇には夢中になった。記録によると権力者の一人阿合馬の母親は大変な雑劇ファンで、朝は目を覚ますや芝居のことを思い、夜は夜でドラや太鼓が響く中で眠りに落ちるほどだったという。また彼女は何人もの女優を義理の娘にしたという。新旧の権力者や豪商や金持ちの市民が雑劇にのめり込んだ。客観的に言うならば、このことが演劇の発展に豊かな物質的基盤を用意し、演劇芸術を日増しに素晴らしいものにしていった。その時代は演劇が比較的もうかる業種になったため、多くの人が演劇の創作や上演、音楽演奏などに身を投じるようになった。それは業界内部に激しい競争を引き起こした。各一座は競争の中で淘汰されないように、脚本や演技、様式などの面で不断の努力をして向上を図り、その結果、雑劇全体のレベルも上がっていった。

　その四。女真、モンゴルなど北方民族の曲が中原に伝わってからというもの、これらの曲は中原や長江、淮川以南の人々に愛されるようになっていった。そしてこれらの曲を使って芝居をする北雑劇も人々の人気を博すようになった。これ以前、中原の人々が聞き歌う曲の多くは詞楽、大曲などや当地の民謡、小唄であった。これらの音楽は美しくないことはないが、音楽というものは衣服同様いつも新しさを追いかけ、飽きっぽく珍しいものにひかれる人間の本能に応える必要がある。しかしながら、宋の時代における音楽の変化は実にゆっくりしたもので、これをずっと聞いてきた人々はその音楽がたいくつで間延びしており、だらだらとしてリズムが遅く、そのねっとりした感情ももはや心の奥

---

[70] 元朝統治下における西域出身者。

底から出たものとは思えず、わざとらしいと感じるようになっていた。草原の曲調が伝わると、人々は春風に頬を一なでされたような心地よさを感じ、その結果として大曲や詞楽、転達や中原、江南の民謡や小唄はきれいさっぱり捨てられてしまった。散曲が金や元の時代「詞」にとって代わり流行したのも、おおよその原因はここにある。

　もちろん、以上四つの理由は雑劇が隆盛へと向かう外的条件にすぎず、さらに演劇自身の内的条件があった。宋や金の雑劇の数百年の発展の中で才人や芸人たちが積み重ねた豊かな創作と演技の経験が、ここに至って隆盛へと導いたのであろう。

第二節
元の雑劇の形式

　一つの雑劇は通常4折で構成される。1折は今の演劇の1幕に相当する。それは筋が発展していく上での段落であり、音楽が作る単位でもあった。折ごとに同じ宮調の曲牌で1組の曲が作られた。上演の際、1本4折の芝居は一人の役者が最後まで歌った。もし女の主役が歌うならそれは旦本と呼ばれ、男の主役が歌うなら末本と呼ばれた。芝居によっては、芝居の前または折の間に人物や筋のおおよそを紹介するため、4折のほかに楔子というものを増やしてそれを前に置いたり間に入れたりした。

　人物の対話は賓白といった。元の雑劇の賓白の形式は多様で、定場詩、独白、旁白（脚本における背雲）、唱中帯白（脚本における帯雲のこと）などがある。

　元の雑劇の役柄には、末、旦、浄、雑の4種類がある。末は正末、衝末に分かれる。旦は正旦、外旦、副旦、小旦、搽旦（または色旦）に分かれる。正末とは雑劇の主演男優の役であり、正旦は主演女優、ヒロインである。浄角は一般に主人公と対立する悪役、敵役を演じる。丑は浄のための脇役で滑稽を持ち味とする。雑の大部分は金の院本に出てくる人物が扮する呼び名を継承したもので、ある一つのタイプの役柄をいうものではなく、劇中の人物の身分をいうだけである。

　元の雑劇が使う曲調はすべて北曲で、北曲の各宮調の声情は南戯とほぼ同じだが、北曲は南曲より変宮や変徴という二つの半音が多く、そのため音楽の全体的な雰囲気は朗々として高らかである。北曲の曲の組み合わせには一定のルー

ルがあり、一般に套曲、つまり組曲のようにセットになった曲の最初の曲の調べは固定的で、例えば「正宮」は【端正好】を用い、「黄鐘」は【酔花陰】を、「仙呂」は【点絳唇】を、「双調」は【新水令】を用いる。一方、後の方で使う曲の調べは比較的自由である。雑劇の動作と舞台効果は科といい、役者にある動作をさせる時には脚本に「××科」と表記する。例えば「嘆科」と書いてあればため息をつく動作を演じ、「飲酒科」とあれば酒を飲む動作を演じる。そのほか、劇中の効果も科と呼び、「風を起こす科」などと書かれる。

　一つの雑劇の最後にはいつも４句か２句の七言詩があって、芝居の内容がまとめられ、また最後の１句は一般に劇名を含む。これが題目正名であり、例えば『竇娥冤』の題目は
「後添えの姑はひどく心偏り烈女のように意志が堅い」
であり、この正名は
「風に吹かれ雪に打たれ、頭のない幽霊が天地を揺り動かす竇娥の冤」
である。

第三節
元雑劇の作家と作品

　元雑劇作家の作品は非常に多く、近代の傅惜華『元代雑劇全目』の統計によると、脚本は全部で723部（そのうち一部は元末明初の作品）あり、現在読むことのできるものは160余部である。作家については、元代の鐘嗣成『録鬼簿』と元末明初の賈仲明『録鬼簿続編』の記載によると約二百人がいた。

　元雑劇における傑出した代表的作家は「関、鄭、白、馬[71]」と王実甫である。彼らの脚本は元雑劇の題材の内容とその芸術的なレベルを反映している。

　関漢卿は号を己齊叟と称し、籍貫は不詳で、大都、解州、祁州など諸説ある。1210年に生まれ1280年に没している（それぞれ1220年、1300年という説もある）。彼の経歴に関してはわずかな情報があるのみで、あまりきちんとした資料は残っていない。元の熊自得は『析津志』の中で彼について「おしゃべりで博学、文才があり、ユーモラスで機知に富む。言葉に含蓄、風情があり、時代に君臨している」といっている。彼は脚本を書くだけでなく、「舞台化粧をして舞台に出た」（『元曲選序』）。

71　それぞれ関漢卿、鄭光祖、白朴、馬致遠を指す。

関漢卿はその一生の精力の大部分を雑劇の創作に費やした。現在調べられる演目は60種以上あり中国伝統演劇史上彼に比肩しうる者はほかにない。多産作家であったシェークスピアと比べても作品数は優に2倍を超え、元雑劇の演目全体のかなりの部分を占める。ただ残念ながら今に残るものはわずか18種のみである。

彼が雑劇で描く世界は非常に広く、時事劇あり歴史劇あり、ラブストーリーや裁判劇もある。しかしどんな題材でも、彼の作品は時代の命脈と密接なつながりがあり、強烈なリアリズム精神を表している。

彼は多くの脚本の中で元代社会の暗黒面を容赦なく暴露し、彼の筆のもと官僚たちの汚職や違法行為、土地のならず者のやりたい放題、さらに善良な人たちがあちこちでいじめられ圧迫される様子が描かれる。『魯齊郎』の中の魯齊郎は人妻を奪い、『竇娥冤』の張驢親子は人の困難につけ込み、太守桃杌は訴える者を金づるにする。『望江亭』に出てくる貴族の子弟、楊衙内は謀(はかりごと)をして無辜の人を陥れ、『救風塵』の周舎は弱い女性を勝手気ままに苛め抜く。封建王国には一点の光もなく全くの暗黒である。

関漢卿の作品では下層の女性が描かれた。特に娼婦の生活が作品のかなりの部分を占める。関漢卿は彼女たちがさまざまな抑圧を受ける一面を描くと同時に、正義のためには死も厭わないその性格を褒め讃える。竇娥は法廷に連れ出されても張驢児の脅しに屈服しない。譚記児は男の謀(はかりごと)などに負けてはいられないと、夫を謀殺(ぼうさつ)し自分を手に入れようとするごろつきたちを打ちのめす。燕燕は侍女という低い身分でありながら勇敢にもプレイボーイの小千歳と戦い、みんなの前で恥をかかせる。関漢卿は疑いもなく、横暴で欲深な社会への厳しい批判者であり、同時に封建制度に打ちひしがれる女性たちへの忠実な同情者であったと言えるだろう。しかし、彼はひ弱な者を社会の中から選び取って、そうした者を通して女性の苦難を表現し、封建制度の不合理を暴露したわけではない。そうではなく、ある種の刺(とげ)を持った女性たちを心をこめて興味深く選び、自分の作品のヒロインにしたのである。従って関の劇中では、苦悶の声はほとんど聞こえず、聞こえてくるのは罵り声だ。哀怨の言葉は少なく、憤慨や

怒りの言葉が多い。喜劇であれ悲劇であれ、頑迷な封建的権力者がこれら甘く見るとひどい目にあう女たちと出会う時、鉄板に鉄の釘を打ち付けるように激しい火花が散る。関漢卿は大勢のこうした刺を持つ女たちを描くことに力を注ぎ、激しい怒りをもって封建制度下の不合理な生活を否定しようとした。

関漢卿の歴史劇には『西蜀夢』『単刀会』『哭存孝』『裴度還帯』などがあり、その中では『単刀会』が最も優れている。

関漢卿作品の芸術的成果としては主に以下の２点をあげることができる。一つは脚本の構造が舞台上演用としてよく考慮されており、隙がなく十分練られていることとともに戯曲性に富んでいること。もう一つは言葉の面で、書面語と民衆の口語の中の優れた表現をうまくすくい取り、生き生きと滑らかで実生活を反映した演劇言語になっていること。曲やせりふも自然かつ素朴で、よけいな言葉や飾ったところがない。王国維は『宋元戯曲考』の中で「関漢卿は何かを手本にすることなく自分の力で優れた詩句を作り、その言葉は人情の委曲を尽くして１字１字が本物であり、ゆえに元雑劇の第一人者といえよう」と褒め讃えている。

鄭光祖は元代の劇作家、生年没年ともに不詳である。字は徳輝、平陽襄陵（現在の山西臨汾市）出身。杭州で路吏、道路を管轄する役人をしていたこともある。杭州で病没後西湖霊芝寺で火葬。雑劇作品は18種、現存するものは『迷青瑣倩女離魂』『酔思郷粲登楼』『㑴梅香騙翰林風月』など８種。

『迷青瑣倩女離魂』は有名なラブストーリーである。張倩女と王文挙は親が決めたいいなづけ同士。王文挙の家は両親が亡くなると没落してしまった。王文挙は17歳の時に科挙を受けに都に上り、その途中で張倩女の家に立ち寄る。張の母親は王の家が没落したことを嫌って娘の婚約を解消したいと思っている。「我が家は三代にわたって身分のない書生は結婚相手にはしていない」と言って王を急ぎ試験に向かわせる。王文挙が船に乗ると、倩女の魂がその体から離れ、水辺に彼を追いかけて自分を都に連れていくように懇願する。王はこれが魂魄であるとは知らず、初めは都は風紀が悪いからと言って止める。しかし倩女のたっての頼みで、二人はともに上京する。やがて王は一番の成績で科挙の試験に合格し、衡州の長官に任ぜられて倩女を伴って帰郷し彼女の魂も体に戻る。この劇は不可思議な筋を使って、年若い男女の愛情はいかなる力をもってしても邪魔をすることはできず、たとえ体は束縛できても愛情や自由への熱烈な憧れは抑えることはできないという考え方を表している。「魂が体から抜け出る」

という関目[72]における設定は、儒教の礼教観念のむごさとその支配の厳しさを暗黙裡に伝え、現実の生活の中に恋愛の自由などかけらもなかったことを表している。礼教のタブーのもとで男女の愛への渇望を描くには、作者はこうしたロマンチックな手法を取るしかなかったのである。

　白朴は1226年生まれ、没年は1310年頃。字（あざな）は太素、または仁甫、号は蘭谷、隩州（現在の山西省河曲県）出身。7歳の時、モンゴル軍が金の都開封を攻略して一家は離散。彼は父親の友人で著名な詩人元好問について山東に暮らす。元好問の指導のもと、学問は日ごとに進歩し声望も高まった。金の滅亡後、彼は雑劇の盛んな真定地区に居を定め演劇芸術の薫陶を受けた。元代になると官僚に推挙されたが、山水を愛する彼は宮仕えの道を選ばなかった。雑劇の作品は全17種。伝統演劇の優れた作品と讃えられる『裴少俊牆頭馬上』『唐明皇秋夜梧桐雨』などがある。

　『裴少俊牆頭馬上』で描かれる裴長官の息子裴少俊はすっきりとハンサムな若者で、馬に乗って洛陽の町を走っていた時、家の庭の垣根によじ登っている李管理人の娘李千金と出会って惹き付けられる。彼らは手紙を交わし庭園で会うようになり、ついにはお互いに心を決めて駆け落ちし裴屋敷の裏庭に隠れ家を持った。その後7年の間に男の子と女の子を一人ずつもうけたが、やがて裴長官に見付かってしまう。長官は李千金を売女と罵って彼女を家から追い出してしまう。その後少俊は科挙にトップで合格し、洛陽県の長官に任ぜられる。彼は父親からの再婚の勧めを聞き入れず、千金と正式に結婚しようとするが千金はこれを断る。そこで長官自ら千金のもとに出向いてわび、二人の子供たちも戻ってくるよう懇願したため千金はやっと戻ることにする。この劇で最も魅力的な人物は李千金である。半商半官の家に生まれた彼女は礼教の束縛から比較的自由であったため、その自由な天性が完全に圧殺されてしまうことはなかった。思春期になると彼女は親が娘の気持ちを汲んではくれず、美しい青春の日々をむだに費やし花のような年月をいたずらに失ってしまうことをうらんだ。そこで目を塀の向こうにやり意にかなう男性を自ら探そうとした。愛を求めるこのような行動は、親の命令で結婚が決まる封建礼教を大胆に否定するものである。彼女は裴屋敷の裏庭に7年間もひそみ二人の子供を生み育てたが、その生活は妻として堂々と生きられない囚人さながらの生活であった。どうしてこのような苦悩に我慢などできようか。しかし愛情があったからこそどんなことにも彼女は耐えることができたのだ。彼女が頑迷な礼教の擁護者裴長官に見付け

---

[72]　芝居の山場の筋立て。

られてしまい、人格への侮辱を受けると彼女は屈服して下がろうとせず、自分の愛情と結婚生活を守るために封建家長と激しく対立した。まずは大胆に「私は少俊の妻です」と名乗りを上げた。長官が彼女を売女と罵るとすぐさま「遊郭や茶坊、酒場などどうして私が存じましょう。長官は私の足をへし折るとのことですが、私は遊び女(め)などではありません」と反駁する。長官が彼女に「まだ出ていかないのか」と引導を渡すと、「この縁は天から賜ったものです」と言ってのける。千金を最も苦しめたのは、彼女の夫裴少俊が父親の圧力に耐え切れず、軟弱にも屈服し三くだり半を書いて彼女を捨てようとしたことである。このこともその後の彼女がなかなか少俊を許そうとしなかった理由である。裴家が彼女を再び家に迎えようとした時、これは彼女にとっては夢にまで見たことであったにも関わらず、彼女は「ノー」と言う。その理由は人格への侮辱を受け、とりわけ純粋な愛が愛する人によって汚されたからである。彼女は少俊を笑う。「私が妻になどなったらあなたの前途を壊し、裴家の祖先に顔向けできないでしょう」と。この言葉からも、彼女にとって愛情というものが至上の位置を占めていたことが分かる。愛のためには家を捨て長官という偉い人に抗うこともできる。自分の将来を投げ捨てることもできるのである。

　馬致遠の生年は1250年頃、没年は1323年。号を東籬といい大都出身。若い頃「江浙行省務官」をしていたが、後に政治の舞台で高い地位に就くという理想実現の可能性はないとみて、役人の世界に見切りをつけ、山や川、そして勾欄の中で気ままに生きた。雑劇の作品は15種、現存するものは『漢宮秋』『青衫涙』『黄粱夢』『薦福碑』『岳陽楼』『陳搏高臥』など8種あり、もっとも有名な作品は『漢宮秋』である。

　『漢宮秋』は「王昭君異境に赴く」の故事に託して、馬致遠の漢民族意識と故国への思いを描いたものである。宋朝において文武のトップたちが平和な時期には自分は国家を支える人物であると口々に言っていながら国を守る責任を果たさず、ある者は敵に降伏して売国奴となった。このことが宋朝の金元戦争敗北の根本的な原因だったとこの作品で結論付けているのである。作者は元帝の口を借り、身勝手で臆病な臣下たちを激しく叱責している。「泰平の時期には宰相としての功績をさかんに吹聴していながら、事が起こると我が側室を異国に追いやる。お前たちは皇帝の禄を食(は)んでいるのだから何とかしてわしの憂いを晴らすのじゃ」。この劇の第3折は元帝と昭君の別れの場面で大変感動的である。元帝は愛妃との別れにひどく苦しみ、といってなす術もなく、できることとい

えば時間を引き延ばして昭君をそばに置いておくことだけである。この作品には1文字1文字が血と涙が固まってできたかのような2曲がある。

【梅花酒】
ああ、遠く野を見渡せば悲しいかな。草はすでに枯れ、早くも霜を迎えている。草の色は黄色く変わり、犬の毛も抜け変わった。人は房の付いた槍を立て、馬車は旅の荷物を引いていく。狩人は馬を駆って獣を追う。あの女(ひと)は悲しみにくれながら私に別れを告げ、あの荒涼たる砂漠の果てに向かう。私は河の堤の高みに立って彼女の隊列が遠ざかるさまを眺める。咸陽に戻って宮殿に入り、回廊を巡って我が愛しい人の部屋を訪ねれば、主は去り建物はひっそりと、ただ一輪の月がぽつんと天空にかかる。夜すでに更け空気は冷え冷えと、寒風の中をこおろぎが鳴く。あの緑の紗の窓辺。どうして彼女を思わずにおれよう。

【収江南】
ああ、あの女(ひと)を思わずにいられるのは鉄の心の持ち主のみ。鉄の心の持ち主であろうと哀しみの涙を流さずにはおれまい。今宵美女の絵を高々と掲げ、明かりを灯してしみじみと彼女を眺めよう。

　帝王でありながら自分の愛する女を守ることができない。これはどれほど苦痛に満ち、屈辱的なことであろうか。彼は君主である。彼の喜怒哀楽は国家民族の強弱の現実と結び付いている。彼の苦痛はそのまま民族の苦痛であり、彼の屈辱もまた民族の屈辱である。歴史上の王昭君異国と和す話は、実は漢朝が強大で匈奴が衰えていた時期に起きた。作者は史実には基づかず、この芝居によって北宋と南宋の末年の、大漢民族の骨に突き刺さり心破れる苦しみを表したのである。

　王昭君がたどった人生もまた史実ではなく虚構である。劇の中で昭君は匈奴の王に嫁すことなく辺境の地で川に身を投げて自殺する。このように話を変えた目的は、決然と敵と対峙するキャラクターを作り上げ、そのことで民族の筋を通し作者の民族倫理を伝えようとしたのである。

　『西廂記』の作者王実甫に関する資料は乏しく、元の鐘嗣成の『録鬼簿』には「名を徳信といい大都の人」とあるのみである。賈仲明は『録鬼簿続編』の追悼の言葉として「芝居小屋の舞台には色とりどりの旗がはためき、剣や矛が並んで猛々しい智謀をめぐらしている。唱もせりふも風雅で味わい深く、文人同輩はみな敬服している。新雑劇、旧伝奇の中で『西廂記』は天下一である」と述べている。

第4章 | 元の雑劇

　『西廂記』に関する物語で早い時期のものとしては、唐代の詩人元稹の伝奇小説『鶯鶯伝』がある。この中に張生が作り、その続きを元稹が作った「会真詩」があるため『会真記』ともいう。

　元稹の『鶯鶯伝』は通俗文学の表現形態を採ったため、物語そのものに一定の筋がある。そのためこの物語は民間において広く伝わり、多くの文人や民間の芸人たちがこの物語をさまざまな文学形態に改編した。例えば秦観、毛滂は調笑転踏[73]の手法を使ってこの物語を書き、趙徳璘も『商調・蝶恋花・会真記』を書いた。また南宋の周密の『武林旧事』によると、当時宮本雑劇に『鶯鶯六么』という演目があったそうだ。しかし現在読むことができるものは、秦観、毛滂の『調笑転踏』と趙徳璘の『商調・蝶恋花』だけである。彼らはみな肯定的な態度でこのラブストーリーを取り上げ、元稹のように張生のその後の軽薄な行為については弁解をしていない。しかし総じてこの三者は基本的に原作から離れてはいない。王実甫以前に、初めて『鶯鶯伝』の内容に徹底的に手を入れ、芸術的な面で改良したのは金代の董解元の『西廂記諸宮調』である。

　これは『鶯鶯伝』を下敷きにしてはいるが、内容的には『鶯鶯伝』の思想的な傾向を変え、封建の世の男たちの女性に対するいい加減で冷酷なふるまいが作り出す悲劇を、鶯鶯と張生という若い男女が結婚の自由を勝ち取り、ともに封建的礼教の束縛に抵抗してハッピーエンドに終わる喜劇[74]に変え、初めてこの物語に反封建礼教思想を盛り込んだ。芸術的に見た場合、この『西廂記諸宮調』は『鶯鶯伝』に登場する人物をそのまま残すとともにさらにふくらませ、またこの物語に必要な新しいキャラクターを増やしているが、これらの登場人物はみな個性があり生き生きとしている。また物語の筋も原作より豊かで変化に富み、このことは後に王実甫が雑劇『西廂記』を書くための土台となった。

　王実甫の『西廂記』（俗に『王西廂』という）の物語は、唐の徳宗の時宰相である崔鈺が病死し、その夫人鄭氏が娘の鶯鶯とお付きの侍女紅娘、子供の歓郎を連れて、埋葬のために博陵に帰るところから始まる。一行は河中府に着いたが、このあたりは危険なのでしばらく普救寺の西の部屋に滞在することにする。洛陽の秀才[75]張珙は科挙の受験で上京の折、

---

[73] 歌舞を主とした芸術様式の中での滑稽、お笑いの要素。　[74] ここでの「喜劇」は喜び、ハッピーエンドで終わる劇のこと。コメディーではない。　[75] 科挙の受験者。一次試験は合格している。

途中河中府に立ち寄って普救寺をぶらりと訪ねた時、偶然鶯鶯に出会って一目ぼれしてしまう。鶯鶯にはすでに母親によって決められたいいなづけ、いとこの鄭恒がいたが、鶯鶯はこの結婚話を喜んではいなかった。張生は静かな環境で勉学に励むことを口実に寺に部屋を借りた。ある晩、鶯鶯は裏庭で香を焚き張珙と壁を隔てて詩を互いに吟じ合い、二人の想いはいっそうつのった。亡き宰相の追善供養をする際、張珙はまた口実を作って寺の住職に彼の亡き両親の供養をしてもらい再び鶯鶯と会う。しかし鶯鶯の美貌が盗賊の首領孫飛虎に知れ、孫飛虎は彼女を無理やり嫁にしようと寺を兵で取り囲む。夫人は驚きあわててどうしてよいか分からず、賊の兵隊を追い払うことのできた者には娘を嫁にやろうというふれを出す。張生はすぐさま住職恵明に手紙を持たせ鎮守蒲関の将軍でかつての同窓杜確に会いに行かせて、兵を出して賊を追い払ってくれるよう頼む。こうして兵がやってきて賊を追い払うと、夫人はまた後悔して前言をひるがえし、張生と鶯鶯は失望し苦悩する。後に張珙は鶯鶯を想うがあまり病に倒れ、鶯鶯はなんとかして一度張生に会いたいと願ったが、その場になると勇気がなえる。最後に紅娘が励まし助け、こうして二人は想いを遂げた。夫人はこれを知って紅娘を拷問にかけるが、彼女は臆せず夫人の忘恩と約束を破るふるまいをただす。夫人は返す言葉もなく、といって彼女の言うとおりにしたくもないため、張生にすぐ科挙の試験を受けに上京するよう急かす。そしてもし科挙に通って名を上げたら鶯鶯を嫁にやろうと言った。張珙は試験に赴きトップの成績を収めた。すると鄭恒がやってきて、張珙は衛長官の娘婿になったと告げ口をして夫人を怒らせ、夫人はまた鶯鶯を鄭恒に嫁がせようとする。幸いこの時張珙が河中府の長官職に任命されて故郷に錦を飾ったことで鄭恒の詭計は見抜かれる。鄭恒は恥じ入り、木に頭をぶつけて死んでしまう。張珙と鶯鶯はこうしてめでたく夫婦になることができた。

『王西廂』を『董西廂』と比べると、反封建の姿勢においてさらにその傾向ははっきりする。『王西廂』はこの二人の恋愛の過程を描写することで「親の言葉がすべて」という封建時代の婚姻制度に対する不満を述べ、正面から「愛し合う者が想いを遂げるよう」主張したのだ。

これらの作家の作品以外に、有名なものとしては紀君祥の『趙氏孤児』、康進之の『李逵負荊』、作家不詳の『陳州糶米』などがある。

俗に「花に百日の盛りなし」というが、モンゴル族の元が南宋を滅ぼし全国を統一した後、元の雑劇は衰退していった。衰退の原因として主なものは以下

の2点である。一つは、雑劇作家や芸術家たちが次々に南に移ってしまったこと。南方の方が生活環境も経済レベルも上なので、長江と淮河の国境が撤去されると人々は続々と南下し、一流の劇作家や役者たちの多くが南で活躍の場をさぐった。しかしはっきりした地方色が中国演劇の特徴として挙げられるように、演劇が表す風土や人情、生活の物語や曲調、言葉にはみなそれぞれの地域の刻印が打たれている。普通一つの地域が一つの劇種を育てる。北の雑劇の表すものは北方人の生活や物語であり北方人の性格である。歌もまた北方人の愛する朗々たるものであり、詞が多く腔が少ないという歌い方である。せりふも北の言葉、ひとたび南に移れば南方人たちが育て守ってきた劇種「南戯」に太刀打ちすることはできなかった。そこでしかたなく「南戯」のやり方で雑劇を表現し「南戯」に近付けようとしたが、その結果として北の雑劇はアイデンティティを失うこととなった。もう一つは、元の雑劇が頂点に達した時、それが持つさまざまな芸術的様式が芸術の発展を束縛するこわばった「型」になってしまったことである。例えば芝居一つが4幕という構造や、一人で独唱する形態、緊密な曲牌聯套体[76]の様式などの型が、社会の多彩な生活のありようを捉えきれず、さまざまな観客の美意識を満たすことができなくなった。こうしてあでやかに咲き誇った雑劇という花は、あるいは他所に移されたことで、あるいは新しい栄養分を欠いたことで、だんだんとしおれ枯れていったのである。

第5章

演劇界を五百年リードしてきた昆劇

第一節
南戯の後継者

　北の雑劇が精彩を失った時期、南戯は驚くべきスピードで発展していった。質においては四大南戯と高明の『琵琶記』が現れ、このことは南戯がすでに幼稚で荒削りな段階を超えて成熟段階に至ったことを意味する。数の上でも、南

76　いくつかの曲を一定の決まりのもとに組み合わせる形式。

戯は福建、浙江、江蘇、安徽、江西など広い範囲に伝わって多くの劇種を育てた。南戯の形式の縛りはゆるく長短もき決まりがなく、あるいは五十数齣、あるいは二十数齣とばらばらであった。また曲調も比較的自由で宮調に合わせなくてもよく、節回しや拍子が乱れてもかまわなかった。このように融通性が高かったため、どこに持っていってもその土地の方言や俗謡に応用が効き、たちまちその土地に根を下ろして地元の人々に愛される新しい演劇形態になったのである。

明代伝奇の上演場面

明代嘉靖以前、南戯はすでに海塩、余姚、弋陽、昆山の四大声腔、すなわち四つの代表的な節回しができていた。昆山腔の出現は遅かったが、前三つの節回しはおおよそ元末明初にできていた。明の成化2年に進士となった陸容は、『菽園雑記』巻10で「嘉興の海塩、紹興の余姚、寧波の慈渓、台州の黄岩、温州の永嘉はどれも習って芸人となる者があり、これを戯文子弟という。良家の子弟であってもこれを恥じることはない」と言っている。

海塩腔は浙江の海塩から名前を取っている。南戯が海塩に伝わった後、その土地の方言、民謡、俗謡と結び付き、当地の生活の中の物語を語り、やがては演劇の母体へと変化して新しい劇種となった。海塩腔はかつては一度南戯の主要な節回しへと発展し、江蘇、山東、北京へと流布していった。その歌いぶりの特徴は柔らかく繊細で、滾調[77]を間に挟み、楽器としては太鼓、板、ドラなどの打楽器を用い、管弦は用いなかった。官話[78]を用いたためよその地方の観衆でもよく分かり、言語的な壁がなかったことで広く愛された。万暦時代の北の社会風俗小説『金瓶梅』の第63回、64回ではこの海塩劇の上演に触れている。

余姚腔の発祥地は浙江の余姚で、この節回しは南戯の素朴な特徴を一番受け継いでいるかもしれない。海塩腔のような繊細さはなく、したがって士大夫層にはあまり受けなかった。明末の『想当然』伝奇巻首に蚕室主人が『成書雑記』の中で「(余姚腔)は民間の言葉を使って曲を作り、舞台では雑白混唱[79]であり、唱で言葉に代えるかのようだ」と述べている。余姚腔のその後の状況はというと、銭南揚が『戯文概論』の中で以下のように述べている。「余姚腔の江蘇におけるその後については調べてはいないが、安徽では青陽腔に変化発展していった」。

弋陽腔はまた弋腔ともいい、発祥の地弋陽にちなんでいる。それが形成されていく過程は前二者と似ている。明の嘉靖年間に弋陽腔はすでに全国的な影響

---

77 速いせりふ回し。　78 当時の共通語。マンダリン。　79 曲に7字句を主とする「滾白」を多く混ぜること。

力を持っていて、戈陽腔の戯班の上演は北は首都、南は雲南、貴州にまで広がっていた。嘉靖時代の人魏良輔は『南詞引正』の中で、「徽州、江西、福建、ともに戈陽腔で演じる。永楽年間、雲南、貴州もこれで演じる。非常に美しい」と言っている。また同じく嘉靖時代の徐渭はその『南詞叙録』の中で「今、戈陽腔を歌える者は江西、北京、南京、湖南、福建などずいぶん広範囲にわたっている」と言っている。戈陽腔の芸術面での特徴は、原始的かつ粗野で、弦の音色はなくただ太鼓でリズムを取るだけである。歌唱については清代の李調元が『劇話』の中で以下のように紹介している。「元代以降戯曲の歌はすべて民間から採っており、一人が唱うと大勢がこれに和した」。戈陽腔は方言を使い、曲牌はあってもきちんとこれに基づいてはいなかった。ただ分かりやすく、土地の習俗がふんだんに使われていたため、一般の民衆に大変人気があった。昆山腔が現れた後は、一方は雅で一方は俗、一方は細やかで一方は荒削り、一方は社会の上流階層の緋のじゅうたんの上で上演され、もう一方は廟の縁日の草むらで演じられた。しかしこれら二つの腔は人気を競った。戈陽腔は、海塩や余姚のように人気が出たと思ったらたちまち衰退していくというようなことはなく、この人気は清末まで続いた。その間これは「楽平腔」「徽州調」「青陽腔」「池州調」「四平腔」などに発展していった。戈陽腔の脚本は今も残っており、有名なものとしては、『織錦記』『同窓記』『金貂記』『珍珠記』『何文秀』『鯉魚記』『白袍記』『古城記』『草蘆記』『白蛇記』などがある。

　昆山腔については次の章で詳しい説明をしたい。ここでは次のような問題について説明するにとどめておこう。これまでずっと南戯から発展した芝居の形態を海塩、余姚、戈陽など××腔と呼んできたが、なぜ明初の後南で上演された芝居を「伝奇」と呼ぶ人がいるのだろうか？

　「伝奇」とは唐代に文人が書いた小説を指すが、宋代になると小説だけでなく、諸宮調など物語を語り物や芝居にしたものまでも指すようになった。南宋の末年、張炎は『満江紅』という詞の序に「『韞玉』を贈る。伝奇は呉中の子弟を第一とする」、すなわち伝奇は蘇州の人たちが創作するものが一番優れている、と書いている。『韞玉』は演目名である。元代になると雑劇を伝奇と称するものもいたし、南戯を伝奇と称するものもいた。元の鐘嗣成の『録鬼簿』は元の雑劇作家と作品の分類標目をまとめ、それを題して「すでに亡くなっている著名な劇作家で、伝奇を書いて世に問うた人々」とした。また早期南戯の脚本『宦門子弟錯乃身』第5幕の歌詞に「今流行している伝奇を、……最初から私とまた

練習をしよう」とある。その後4曲並べ、女優の王金榜が『王魁負心』など29本の南戯の演目を紹介している。明代になると、南戯のいくつかの節回しが物語る筋はみな長く複雑で、関目や登場人物のキャラクターがミステリアス、また観客もそうした不可思議な起伏に富んだ物語を好むようになり、こうしてそうしたものこそ南戯とされる状況となった。李漁は『閑情偶寄』の中でこれについて具体的に「古人が脚本を伝奇と呼んだのは、その物語が不可思議で人が見たことのないことを伝えたからで、ミステリアスでなければ伝奇でないという状況がよく分かる」と書いている。しかし「伝奇」は脚本を意味するだけでなく、声腔、すなわち節回しも意味する。南戯の4大声腔を広く「伝奇」と呼んで差し支えない。

第二節
長い歴史を持つ昆劇

　昆山腔、また昆腔、昆調ともいう。この名称はもちろんその発祥の地　江蘇昆山と関係がある。昆山は蘇州にあり、蘇州は南宋時代以降物産の豊かさ、人口の多さで有名であった。「上に天堂あり、下に蘇杭あり」、つまり天には天国があるが、この世にも蘇州、杭州という素晴らしい場所がある、という言葉のとおりである。元代になるとその経済の発展ぶりは国の先頭を走り、マルコ・ポーロは『旅行記』第75章で以下のように述べている。

　「蘇州の美しさは驚くほどであり、その面積32平方キロ。住民は生糸から作った絹織物の生産にたずさわっており、自分でも絹織物を消費し人にもそれを着せ、市場にも卸し、彼らの一部はすでに富商や豪商となっている。ここの人口は極めて多く、その人口密度も驚くばかりだ。しかし民衆の性質は善良かつ臆病で、工業や商業にのみ従事し、この方面では確かに有能だ」。

　蘇州の街はこのようであったが、城外の県や鎮、郷村も同じように豊かだった。昆山、太蔵、呉江、常熟、いずれも歌舞や舞にふさわしい土地で、農村でも人々を酔わせずにはおかないような美しい景色が広がっていた。青瓦に白壁、川にかかる小さな橋、田畑は緑豊かに、山青く木々緑に煙るがごときであった。霧にかすんだ水面に船を描き、古刹に鐘の音が響く。唐代では白居易、韋荘などが心奪われ、元代になってもここは人々をいざなう楽土であった。

経済が発展すれば芸術も発展する。南戯が盛んになると蘇州はこれを取り入れ、南戯のドラや太鼓の音が常に響きわたった。宋末元初の詞人張炎は『山中白雲詞』の【満江紅】序の中で

　「『韞玉』伝奇は呉中、すなわち蘇州人の作を第一流とする。いわゆる音楽のリズムというものを知っており、正確に読み、歌う際は詩的な表現が可能で、しかも適切である。こうしたことすべてをこの伝奇の中で目にすることができる」と言っている。

　この記載は蘇州の人が元初よく南戯を演じ、かつ高い歌唱拍曲などの技術を持ち、とりわけ『韞玉』の芝居において優れていたことを物語る。また元代の多くの著名な南戯脚本はみな呉人の手によるものであった。清初の張大復が編集した『寒山堂新定九宮十三撮南曲譜』の紹介によると、『王十朋荊釵記』は呉門学究敬先書会の柯丹邱の作、『張協状元』は呉の中九山書会の才人の作、『蒋世隆拝月亭記』は呉の門医隠施恵、字君美の作。呉の人の書いた脚本はこれら上述の３本にとどまらないが、この３本だけでも呉の人々の南戯に対する並々ならない愛着が見て取れる。この３本はいずれも名作かつ写本で、このことから作者はみな脚本の手だれであることが分かる。もし脚本を書く層が背後に存在することもなく、長年の創作の蓄積もなく、何人かがたまたま書いたにすぎないとしたら、これほど高い水準の作品になるはずはない。つまり昆山腔が形成される以前に、蘇州においてはすでに南戯の芝居をする劇団や脚本などがあったのだ。一言で言うならば、南戯はこの地において豊かな土壌があったのである。

　「昆山腔」の名がある以上、それは普通の人が歌う民謡や俗謡とは異なり、歌うにはやや難しい節回しがあった。曲調が柔らかく美しいので江淮[80]で評判が高く、江淮一帯で暮らし戦乱に明け暮れていた朱元璋でさえこれを知っていた。明の周元暐の『涇林続記』によると

　「洪武６年、朱元璋は昆山の長寿の老人周寿宜を都に招いた。寿宜はかくしゃくとして石段の下に拝した。年を聞くと107歳だと言う。普段どのように鍛錬するとこんなに元気でいられるのかを問うと、心が清らかで欲が少ないからと答える。皇帝は笑って『昆山腔は大変良いものだと聞く。これを歌うことはできるか』と聞くと、『それは歌えませんが呉の歌なら歌えます』と言うので命じてこれに歌わせる。歌詞は、月は弓のように国中を照らし、ある者はそれを見て喜び、ある者はそれを見て悲しむ、何組かの夫婦は同じとばりの中に、何組かはよその国に離ればなれになっているというものだった。皇帝は手をたたき、

80　一般に長江以北、淮河以南の平原を指す。

さすがは農村のご老体だと言って酒や料理を賜った」と言う。

　周寿宜は昆山に住む100才を超える老人であった。しかし昆山腔が歌えないということは、これが初めは大衆のものや土着の民謡が発展したものでもないということを意味する。これは芸人や音楽家が南戯の節回しを改造して作ったものであり、その来歴については明の魏良輔が『南詞引正』で簡単に紹介している。

　「元朝に顧堅という者がいた。昆山から30里離れた千敦に住んでいたが、南詞に詳しく、よく古賦を作ることができた。拡郭帖木児[81]はその歌を聞こうとしばしばこれを招いたが、招きに応えようとはしなかった。楊鉄笛、顧阿英、倪元慎を友人をとし、自らを風月散人と号した。その著書に『陶真雅集』10巻、『風月散人楽府』8巻がある。南曲の何たるかをよく知っていたために昆山腔という名で呼ばれるようになった」。

　顧堅は元末の人で、交友のあった楊鉄笛（1296－1370）、顧阿英（1310－1369）、倪元慎（1301－1374）とほぼ同世代である。このことは昆山腔が元末に生まれたことを意味する。また「精於南詞」「発南曲之奥」と言われていることから、昆山腔が南戯の節回しから生まれたことを物語る。

　もちろん昆山腔は顧堅一人が作ったものではない。胡忌、劉致中の『昆劇発展史』第1章第2章はこの問題に対して有力な論証を行っている。それによると、楊鉄崖、顧阿瑛、倪瓚などはみな昆山腔の誕生に関わっていた可能性がある。例えば楊鉄崖は鉄の笛の名手として知られているが、彼が作った套曲「夜行船序」『呉宮吊古』（夜行船序→前腔→頭蝦蟇→前腔→錦衣香→漿水令→尾声）は、昆曲腔の清唱[82]のためのものであった可能性がある。この曲は、明代中期になって昆曲段子の『呉歈萃雅』などの本に収録されており、また昆劇の脚本、梁辰魚の『浣沙記・泛湖』でも踏襲され使われている。もしこの曲が昆山腔の曲に合っていなければ収録されたり踏襲されることはないだろう。

　昆山腔は元代に始まった。この時期の南戯はすでに温州から外へと広がり、その母体からはさまざまな節回しが生まれていた。ではどのような節回しが昆山あるいは蘇州全体に伝わっていたのだろうか？銭南揚は『戯文概論・海塩腔到昆山腔』の中で、それは海塩腔だとの判断を示すとともにその理由として次の3点を挙げている。「第一に、海塩腔は成立が最も早く、その時期すでに外部に伝わる条件を備えていた。第二に、海塩と蘇州は距離的に近く、江南の運河で結ばれており交通が便利だった。しかもどちらも呉語に属し、方言による隔

81　ココ・テルム。元の将軍。　82　扮装やしぐさなしで歌だけを歌う。

たりがなかった。第三に、明の中期に呉の人々はまだ海塩腔を歌っていた」。

かつて学界の多くは、顧堅などが昆山腔を作り上げた後、長期にわたって清唱つまり演劇用の節回しではない歌い方がされていたと考えていた。しかし『昆劇発展史』の作者はこれに異議を唱え、昆山腔ができた後は清唱と演劇用の節回しの両方があったとしている。『琵琶記』はこうした歌い方で歌われた可能性が高い。

明初から明中期の150年間は通俗文芸が停滞した時期であった。元末に『三国演義』『水滸伝』など大傑作が現れた後は小説が途絶えてしまい、その後、万暦年間になってやっと『西遊記』『金瓶梅』などの芸術的レベルが比較的高い長編小説が現れた。演劇も同様で、演劇史上にその名を残すような作品はほとんど現れなかった。これは一つに支配者による思想統制が強化されて演劇の題材が限定されてしまったこと、例えば永楽7年に朝廷が出した布告に「今後俳優が雑劇を演じる場合は、法律や神仙道にのっとって義夫、節婦、孝子、順孫[83]に扮し善行を行い泰平の世を楽しむことを勧めるもの以外上演を禁じる」とある（顧起元『客坐贅語』巻10『国初榜文』）ほかさらに、帝王や大臣、才子佳人、市民道徳について表現することもすべて禁止され、違反者は厳しく処罰された。そのため感動的で歴史と現実生活を反映した作品はすべて圧殺され、演じることのできるものは封建的な説教や腐臭ただよう脚本ばかりであった。成化、弘治年間の大官、丘濬による『五倫全備記』の副末による芝居の幕開けのせりふは、この時代の支配者の演劇に対する態度を実によく表している。

「この三綱五倫理というものは誰でも持っているし、どの家でも行われています。しかしこの世の物欲に引きずられ私心で覆われてしまい、子でありながら孝行ができず、臣下でありながら不忠者に成り下がり……そこで聖賢の登場をもって経書で人を教え詩書で人を歌わせ、世の人を教化し人々に五倫を教えるのです。……近世以来南北の演劇は人に演じられ、古礼にあらざれど大勢の人がこれを見て人口に膾炙し、やすやすと人の心を動かし、舞わせ踊らせ、しかもそのことを自覚しません。その多くは男女の淫らな歌で、もっぱら好いたほれたという話。人心を感化するには足りないというより風俗を乱しているのです」。

このような文化統制の状況ではとても優れた作品は出てはこない。

二つ目としては漢民族による支配が復活した後、文教重視策が採られ、八股文の科挙制度が採用されたことが挙げられる。多くの文人はみな書物に頭を埋

---

83 「義夫〜順孫」まで、いずれも人の道に沿った立派な男女、子供、孫のこと。

めて勉学に励み、わき目もふらず一心に功名を求め、通俗文芸を創作しようという情熱はもはや消えてしまった。このことは明代中期以前の社会が相対的に安定し階級相互の矛盾が緩和され、インテリたちの心理がやや落ち着き、演劇や小説などの文芸形式によって激しい苦しみを吐き出す必要性が低くなくなったことを物語る。

　三つ目は文字獄[84]が頻発し、高圧的な政治に知識人たちは口をつぐみ、誰かに自分の言葉や書いたもののしっぽをつかまれて処刑されることを恐れるようになったこと。明初から明中期にかけての百余年、儒家の経典への注釈などの書籍を除くと個人的な著作は他の時期に比べて極めて少なかった。一方で演劇や小説は自らの政治観や社会、歴史に対する見方などを表さないわけにはいかず、支配者の怒りに触れずにすむことはほとんどありえない。できるだけ時の政権を褒め讃え泰平の世を装うこと以外できず、しかしそうすれば読者や観客の人気を博することはできなかった。

　演劇の復活は明の嘉靖年間からである。この時期には社会のさまざまな欠陥が露わになり始めた。皇帝と官僚の間の矛盾、官僚間の矛盾、宦官と清廉な役人の間の矛盾、庶民と官の矛盾など、矛盾が次々と生まれ、危機が四方八方から押し寄せた。そこで支配階級の独裁の歯車はもはや効果的に回ることができず、綱紀は緩み思想の束縛は有名無実化し、健全なものにも不健全なものにも芽生えや発展の機会がもたらされた。このような社会背景のもと、商業、手工業が活発化し、沿海地域には自然発生的に資本主義的な生産関係が生まれ、市民階層が厚みを増して彼らの声は次第に大きくなった。彼らの美意識に沿ったニーズは通俗文芸の発展を前に推し進め、昆山腔はこのような環境の中でチャンスをつかみ改良を経て質的に飛躍した。

　昆山腔は改良前もその節回しの美しさで海塩、戈陽、余姚を凌駕していた。徐渭は『南詞叙録』の中で
「昆山腔が呉のあらゆる所で流行しているが、実に流麗で悠揚としており他の3腔に勝る。これを聞くと心が揺さぶられる。妓女たちはとりわけ昆腔を巧みに歌い、宋代の小唄のようで古い歌に艶を与えている」と言っている。

　しかし嘉靖年間に魏良輔という芸術家がこの節回しに不満を持ち、自分の卓越した音楽的才能でこれを全面的に改良した。

　魏良輔は尚泉と号し、原籍は江西豫章、太倉に住んでいた。明の張大復は『梅花草堂筆談』の中で、彼は太倉の南関に住んでいたと書いている。彼はもとも

84　言論弾圧。

と北曲を学ぶ歌い手で、当時のもう一人の北曲の名人、王友山を越えることができず南曲に鞍替えしたのだという。うまく歌えるようになろうと、彼は当時改革の志を持った音楽家や歌い手、演奏家と交友を結ぼうとした。例えば蘇州の洞笙の名手である張梅谷、昆山の有名な笛師謝林泉、蘇州の老楽師過雲適などはみな彼が虚心に教えを請うた人々である。明朝は太倉に守備隊を置き、衛という制度を敷いた。その中で西関に駐屯した者は武術を重んじ、南関に駐屯した者は演奏や歌を重んじた。兵士の中には南方から来た者も、北方から来た者もいる。そこで彼らが演奏し歌うものには南曲も北曲もあった。その中に張野塘という名の若者がいて、河北滄州出身で罪を犯し太倉の守備隊勤務を命じられていた。この男は北曲に造詣が深く、魏良輔はそれを知るとわざわざ張野塘の歌を聞きに行った。張の技量は非凡なもので、魏はこれを絶賛し三日三晩聞きに通って張野塘の無二の親友になった。当時50歳を越えていた魏良輔には非常に歌のうまい娘が一人いた。多くの名家から嫁に望まれたが、良輔はそれには同意せず、張野塘に愛娘を嫁がせた。張野塘は結婚後、南曲の歌い方と演奏のしかたを妻に学び、「北方楽器弦索の音節を新たに定めてこれを南音に近付け、かつ三弦の楽器様式も改善して細く丸くし、文木で作り弦子と称した」(明の宋直方『瑣聞録』)。こうした人々の努力で昆山腔は改良に成功した。

　新しい昆山腔は南曲の土台の上に北曲を吸収してできあがった。歌い方では宮調、リズム、平仄を重んじ、南曲の「随心令」の唱法や「転喉押調」、「字正腔円」を完全に変えたが、本来の「流麗にして悠遠」という特徴も保っていた。魏良輔は歌い手に「舞台ではドラや太鼓の勢いを借りるようなものであってはならない。閑雅静粛、清俊温潤であるように」と求めた(『曲律』)。その時代の人たちはこの節回しを「水磨調」とか「冷板曲」と言った。明の沈寵綏は『度曲須知』の中で、改良後の昆山腔について次のような分析をしている。

　「役者の唱は非常に柔らかく、水車で回る臼のようで耳に快い。伴奏の楽器に鑼鼓はなく、時に板が叩く音が聞こえるだけである。役者はどの唱も音楽的ルールを厳正に守り、平声は平声、仄声は仄声、去声は去声、入声は入声と、すべての音は非常に滑らかで、出す声に俗っぽさがなく、歌い終わりは消え入るようでその口元も優美である。魏良輔は南方の芝居の音楽を研究してから、その音楽原理を完璧に把握したのだと言えよう」。

　魏良輔は伴奏の面でも大きく手を加えた。昆山腔の祖である海塩腔は楽器にドラ、太鼓、板を使ったかもしれないが、魏良輔はそこに笙管や弦を加えた。

当時は伝統を変えたことで首を傾げる者もいたが、徐渭はこれを高く評価している。彼は「今昆山は笛、管、笙、琵琶などでリズムを取って南曲を歌い、字音と音楽が完全に一致しているわけではないのに聞くと調和が取れ大変美しい。これもまた蘇州一帯の人にとって不思議なことだった。こうしたやり方をいい加減だと非難する人もいるが、それならお聞きしたい。【点绛唇】【新水令】はいったいどんな聖人が作ったものなのか？」。

　総じて魏良輔などの苦労によって、昆山腔は歌にしても伴奏の楽器にしても以前とはずいぶん変わり、新しく生まれ変わってたちまち時の上層階級や多くの市民層を驚かせるようになった。彼らはこれを聞くや口々に褒め讃えた。しかし昆山腔が全国に行き渡ったのは、それが演劇と結び付いたからである。

　あるいはまさに一部の学者が言っているように、昆山腔は元末にできてすぐ演劇の節回しになったのかもしれない。しかし魏良輔らが新しい節回しへと改良していた時期にはそれが芝居の舞台と結び付いていなかったことは断言できる。改良が済み周囲から良い反応を得た時も、それはまだ清唱だった。初めて「新しい節回し」の昆山腔を舞台に乗せたのは梁辰魚である。

　明の張大復は『梅花草堂筆談』の中でこう紹介している。「梁辰魚は新しい節回しを聞いてひどく興奮し、この新しい節回しを使って『浣紗記』の脚本を書いた。この作品は上演されるや大成功を収めた。」『浣紗記』の歌い方を役者たちに覚えてもらうため、梁辰魚はしばしば自ら教授し、「その教え方は大きな机を置いて西向きに座り、左から右へと順々に伝え、後ろの人が前の人について歌うというもの」であり、役者たちから重んじられた。さらに「歌い舞う者たちは、彼の姿を見ないと不吉だと感じるようになった」（徐又陵『蝸亭雑訂』）。節回しが美しく芝居も素晴らしいので、貴族の家では争って『浣紗記』を上演させるようになった。

　『浣紗記』は1572年以前に芝居として上演されていたことは確かである。その証拠として万暦元年（1572）に刊行された戯曲集『玉谷調簧』の中に、すでに『浣紗記』の一部が収められている。『浣紗記』上演後はセンセーションを巻き起こしただけでなく、それが何年も続いた。『顧曲雑言』によると、屠隆が青浦県の県令だった時、梁辰魚が青浦に遊びにきた。屠隆はこれを賓客として迎え、

戯班に『浣紗記』を上演させた。屠隆が青浦にいた期間は1577年から1584年であり、『浣紗記』の一部が収録された時期から屠隆が初めて青浦の県令として赴任した時までには5年という時間が経過しているが、実際の時間はおそらくそれ以上であろう。このことは人々の新版昆山腔への熱狂と『浣紗記』人気を物語っている。

では梁辰魚とはどのような人物であったのだろうか？『昆新両県続修合志』巻30では以下のように詳述している。

「梁辰魚、字は伯竜、泉州同知[85]梁紈の曾孫。父介は字石重、平陽の訓導、文才と人徳で知られる。辰魚は身長8尺余、眉は薄くひげは縮れている。任侠を好み、科挙のための試験など一顧だにせず学校で学ばせようとしても行こうとはしなかった。豪華な家に才能ある人々を招きともに遊んだ。嘉靖年間、7人の有名な文学者たちはみな敬意をもって彼と交際し、尚書の王世貞、大将軍戚継光も訪れた。辰魚は屋形船に響く音曲の中天を仰いで放歌放吟し、傍に人なきがごとしであった。はるか遠くの玉、絹織物、犬、馬、名香珍玩を集め、剣客、力持ち、文人墨客、道士、僧侶で辰魚の門下に入らない者はいなかった。旅を好み、呉と楚の国をくまなく歩いた。時に酒は1石飲んでも酔わなかった。とりわけ歌を愛し、魏良輔の技を得てからは喉を転がして発声し、素晴らしい声で歌った。その風流豪傑ぶりを元の顧仲瑛にたとえる論者もいる」（趙景深の『明清曲談・方志著録明清曲家考略』からの孫引き）。

彼の生没年はおおよそ1520年から1591年、作品としては『浣沙記』以外に、『紅線』『紅綃』の二つの雑劇、『江東白苧』散曲と詩文集『鹿城集』『遠游稿』などがある。前文で述べたように、当時彼は名声を誇り、高位高官、文士、役者たちがこぞって彼を敬愛し、交友を求めた。曲学家の潘之恒は彼より30歳以上年下だが、かつて『白下逢梁伯龍感旧』という詩に当時の人々の彼に対する評価を書いている。

「ひとたび別れるやすでに10年、その作品は万人に伝えられる。梁辰魚とともに歌ったツバメの巣もすでにない。梁家は晋代の王、謝一族の烏衣巷[86]ではないが、思い出せばなんとも悲しい」。

昆山腔はこれより舞台の上演と密接なつながりを持つようになり、完全に一つの劇種となって「昆曲」「昆劇」という名称が使われるようになった。正確な記述を期して、これより以下はすべて「昆劇」とこれを呼ぶ。

嘉靖後期から隆慶、万暦年間の間に昆劇は隆盛期に入り、そのことは以下の

85　官職名。　　86　南京にある。栄枯盛衰を象徴的に表す場所。

4点に現れている。

　その一は、全国に流布したことである。明代の北京はすでに政治の中心であると同時に、芸術文化の中心でもあった。どんな芸術であれ、人々をとりこにする芸術的な魅力がなければ、北京に根を下ろすのは容易なことではなかった。しかし昆劇は北京に入るやたちまち演劇界の覇者になった。

　史玄は『旧京遺事』の中で万暦時事について「今北京で流行している劇はなんといっても昆劇である」と言っている。袁中道の『游居柿録』巻4の記載によると、彼は北京で『八義記』『義俠記』『曇華記』などの昆劇を見たという。広東は呉からずいぶん離れているが、しかしここでもやはり昆劇が上演された。

清代戯曲泥人形『浣紗記』

明の馮夢楨は『快雪堂日記』の中で、万暦30（1602）年9月25日に呉の呉之情の家で張三の上演を見ていた際、「呉の徽州班[87]が『義俠記』を上演した時、旦役の張三が広東から帰ってきて演じたが、この演技は実に素晴らしかった」と書いている。張三というのは昆劇の有名な役者で、かつて宰相の申時行の家班[88]で旦役を演じ、その後は申家班を離れて広東で芝居をするようになり、その後再び蘇州に戻って呉の徽州班に入った。広東の言葉は呉の言葉とかなり違っており、普通ならば広東人が昆劇のファンになるということはありえないが、しかし広東には多くの昆劇ファンがいた。張三がたまたま演じたというようなことならそのことの証明にはならないが、広東に昆劇の名優がいたとなると、確かに広東での昆劇を支える多くの人の存在を説明することになる（廖奔等『中国戯曲発展史』第3巻）。

　二つ目として、班社[89]がとても多かったこと。嘉、隆以後、官僚制度が緩み、役人たちは賄賂が習慣化し、高官たちは広い土地を持ち家屋は屋根を連ね、奴婢は何百何千といた。一方で呉中、すなわち蘇州の文化的蓄積は厚く、勉強に勤しんで仕官の道へと進み、高官となる者も多かった。経済は豊かで金持ちの地主たちも多く、彼らの大部分は役者を家に養って家班を組織し、芝居を教え込んで自ら楽しみ、またそれで客をもてなした。明の陳龍正は当時数少ない保守派で、「士大夫の家に楽しみがないと子供を買ってきて歌などを教え込み、こ

---

[87] 徽州（現在の安徽省南部から江西省北部一帯）における伝統演劇の劇団。　[88] 金持ちの家が持っている個人所有劇団。　[89] 伝統演劇の劇団。

れを『家楽』と称す。役者たちを家に呼ぶとほとんどの家に淫乱の気が生まれる。……だからそんなことをしてはいけない。ましてや役者を家に置くなどとんでもない」(『幾亭全集』巻22『政書』)。

　呉の地における家班の盛況については、二つの資料からその様子を知ることができる。黄印の『錫金識小録』巻10『優童』は無錫の状況を紹介している。「明代の都市の役人や素封家の屋敷では少年役者を養っている。鄒東湖という貴族の家には24人いて、その中では柳逢春、江秋水が最も優れている。東湖の話によると、彼らがかつて都の遊郭に行くと、多くの遊女たちが彼らに夢中となり扇などを贈って記念にしたという。月夜に雨花台で歌を歌うと、これを聞きにきた者が何万もおり、もう少しで魏国公に奪われそうになった。これより金持ちや地位の高い人々は少年役者を養うようになり、観察使の馮龍泉が養っている少年役者は桃花雨という名である。知県の苗生庵には天葩、陳参には玉交枝、曹梅懐には大温柔、小温柔という少年役者がそれぞれいた。……同じ時代の顧恵岩の家の少年役者はとりわけ多く、俞是堂、安膠峰の家も多い」。

　無錫のある家班では多くの有名な男の役者をかかえていたが、有名な役者というものは数に限りがあるわけで、このことからも当時の家班の隆盛ぶりが分かる。上記の資料が伝えているのは、大地主の家ではまず若者を買ってきて彼らに役者としての訓練を施し、家班を組織するというものである。さらにすでにできている班社をまるごと買ってきて家班にすることもあった。侯方域の『壮悔堂集』巻1『贈江伶序』にはこう記されている。

　「江生、呉の人。歌で雪苑の呉君に使える。江生はまず常州の長官郭使君に仕え、郭使君は故郷に戻る際江生やそのほか十余人の役者たちを一緒に連れて戻った。江生はまた睢陽の馮将軍に仕え、その後また郭使君のもとに戻って最後には宋君に仕えた。江生はこう私に言ったことがある。1カ所に留まることなくあちこち駆けずり回った人生だった。歌で人に奉仕することを生業とし、一人の主に従いたかったが、不幸にもそうした主人を持つことができなかった。現在の宋君は宰相の弟君だから、一人で私を雇うことができるのだと」。
江生が属する班社は、買ったり売られたりと絶えず主が替わり、彼ら自身には選択の自由がなかった。

　一般家庭の戯班の多くは女色を求めたために女楽班だった。全員が女性で美貌の上に歌もうまく、日がな一日着飾って主の周りにはべった。鈕琇の『觚勝』巻7『雪遘』では海寧査継佐家の女楽班について以下のように紹介している。

「海寧の孝にして清廉な査培径 は字を伊璜と言い……、詩に思いを託し酒に情を放ち、ありったけの金で美しい小娘12人を買ってきて、彼女らに歌舞を教えた。……そこでこの査氏の女楽は浙中、すなわち浙江中部でも評判になった」。当時、蘇州は昆劇の深い影響を受け、人々は一般に昆曲を歌うことができた。また昆劇はせりふや歌に呉の言葉が必要だったので、家班を家に置く者は呉に行って男女の子供を役者用に買ってきた。康熙年間になっても依然としてその風習は続いていた。『紅楼夢』には賈薔が蘇州から12人の少女を買ってきて賈家の家班を作る様子が描かれている。そこで多くの庶民の家では金を目的に子供たちに小さい頃から芝居を習わせ、金持ちの家に売った。

　三つ目としては、作家の創作熱が高まったことだ。作品は続々と現れ、その質も高かった。万暦年間の呂天成の『曲評』では、新旧の昆劇作品への評価が記されている。その中では嘉靖29年以後の作品を「新伝奇」と呼び、優れた作品として710種を選んでいる。その中には沈璟の『紅蕖記』『埋剣記』『十孝記』『分銭記』『双魚記』『合衫記』『義侠記』『鴛衾記』『桃符記』『分柑記』『四異記』『鑿井記』『珠串記』『奇節記』『結髪記』『墜釵記』『情笑記』、湯顕祖の『紫笙記』『紫釵記』『還魂記』『南柯夢』『邯鄲夢』、陸采の『明珠記』『西廂記』、張鳳翼の『紅拂記』『祝髪記』『窃符記』『虎符記』『灌園記』『炭廖記』『平播記』、顧大典の『青衫記』『葛衣記』『義乳記』『風教編』、梁辰魚の『浣紗記』、鄭若庸の『玉玦記』『大節記』、梅鼎祚の『玉合記』、卜大荒の『冬青記』『乞麈記』、葉憲祖の『玉麟記』『双卿記』『鸞鎞記』『四艶記』『金鎖記』、単本の『蕉帕記』、屠隆の『曇花記』『彩毫記』『修文記』、陳蓋卿の『長生記』『投桃記』『種玉記』『三祝記』『獅吼記』『二閣記』『威風記』『彩舟記』『義烈記』『飛魚記』『重訂天書』、龍贋の『藍橋記』、鄭之文の『白練裙』『旗亭記』『芍薬記』、余津雲の『賜環記』『量江記』、馮夢龍の「双雄記」、颯鳩孫の『題塔記』『宵光記』、陽初子の『紅梨花』がある。これらの作品のうち多くが四百から五百年という時の試練を経て名作の評価を得、演劇史上素晴らしい位置を占めている。上述した71種のほかに、徐霖の『繡襦記』、高廉の『玉簪記』、史槃の『桜桃記』『夢磊記』『唾紅記』、周朝俊の『紅梅記』、許自昌の『水滸記』『桔浦記』などがある。

　四つ目として、多くの人が演劇の芝居理論に関する研究や演目に対する評価に力を注いでいたこと。この方面の代表的な著作に王驥徳の『曲律』と呂天成の『曲品』がある。

　王驥徳（?－1623）は字を伯良と称し、号を方諸生、王陽生と称する。彼の

代表作『曲律』は全部で40章、南北の曲の源流、南曲の声律、伝奇の創作方法、伝統演劇の創作と理論など多くの重要な問題について考察するとともに、元明両時代の演劇の作家や作品について幅広い批評を行っている。彼は演劇というものは生活のリアルを大切にすべきであり、「物情を模写し、人理に思いを寄せる」べきだと考え、脚本は舞台の要請に沿うべきであり机の上で作ったものであってはならないとした。脚本を書く時は舞台セットと編集を重んじ、ストーリーが荒唐無稽であってもならないし、二番煎じであってもいけない。リズムは流れるごとく、物語は無味冗長であってはならず、折[90]と折の間につながりの欠如があってはならず、そこには緊密なロジック関係があるべきだとした。『曲律』には理論体系、斬新さ、実践的な教えがあり、当時や後世の演劇の創作と理論に大きな影響を与えた。

呂天成（1580－1618）は字を勤之といい、号は棘津、または郁藍生という。浙江余姚の出身。彼の『曲品』は伝奇作家とその作品への評論である。嘉靖年間以前の作家と作品はすべて、神、妙、能、具の4品に、以後の作者と作品は上中下の3品に分け、それぞれの品ごとにさらに上中下の3級に分けた。彼はこの本の中で多くの優れた見解を述べている。例えば題材は奇抜なものを選び、人物とストーリーは「伝奇法」によって芸術的な虚構を作り上げるべきであるが、それらは情理にかなってなければならないとしている。演じ方については、せりふに生活言語を用いるだけでなく「機神情趣」を含むべきだとした。これは今日の言葉で言うなら、言語で人物の鮮明で独特な性格を表すということである。また演劇言語に関する要求だけでなく、劇の編者に対しては演劇構造や演劇言語、演劇人物の造形などの法則性や特徴をしっかり掌握することを求めている。

晩明の天啓、崇禎年間になると、政治危機や民族階級の矛盾が激化したことで、明朝は激しく動揺し滅亡の兆しが数多く現れた。この影響を受けて昆劇もまた低迷期に入った。成功した作品としてはわずかに次の2タイプがある。一つは才子佳人の小説と同様の題材のもの。例えば呉炳の『緑牡丹』と『西園記』、孟称舜の『嬌紅記』、阮大鋮の『燕子箋』など。もう一つは時代の風雲を描き、政治闘争を描写した作品。例えば袁於令の『瑞玉記』などである。

明から清に時代が変わろうとする頃、昆劇は低迷から衰弱へと向かった。戦争は都市の繁栄を破壊し、身分の高かった者の多くが落ちぶれて流浪し、衣食にも事欠くようになって、演劇芸術を鑑賞するゆとりなどかけらもなくなった。

90　四段で構成される中国伝統演劇の一段。後の「齣（せつ（せき））」、現在言うところの「幕」に相当する。

嘉靖以後は次第に南京が昆劇上演の中心地となっていったが、南の明政権が瓦解するとそれもたちまちさびれていった。「残軍は廃塁にとどまり、痩馬は空壕に臥す。村郭寂れ城は夕陽の道に対す」「秦淮に旧日の妓院を問えば、破紙風を迎え、壊檻潮に当たり、悲しみに魂も消える。往年の美女や楽の音いずこ。屋形船も五月の節句のにぎわいもなく、料理屋も消え重陽の節句無聊なり。白鳥飄々、緑水滔滔。嫩菊に蝶飛び紅葉を見る者とてなし」（『桃花扇』続40幕『余韻』中の「哀江南」、「折桂令」より）。

　余賓碩は『金陵覧古』巻3の中で、王朝が替わる時期の南京戯曲の荒涼たる様を以下のように描写している。

　「秦淮の妓楼に行くとどの建物も回廊が曲がりくねり、ひっそりと奥まった部屋では遊女の見習いが曲を習って客を喜ばせていた。夜ごと灯火はあかあかと川面を照らし、空気には脂粉の香気がただよう。至るところ琵琶や太鼓の音、弦や歌う声が聞こえ、人はその中で自分が天上にいるのか人間世界にいるのか分からなくなる。しかし王朝が替わって数年のうちに、雅びな世界もにぎわいもどこかへ消えてしまい、歌や踊りの舞台も生い茂る草むらに覆われてしまった」。

　多くの昆劇家班の主はその社会的地位と財産を一挙に失い、零落し散り散りばらばらになっていった。例えば阮大鋮の家班では、主が亡くなると役者たちは他の家班へと散らばっていった（周亮工『書影』）。プロの劇団は誰もお金を払って見る者がいないので閑古鳥が鳴いていた。

　このような状況は清朝政権が安定するまで続き、経済がやや回復した後でようやく多少の変化が起こった。昆曲の有名な曲師である蘇昆生は『桃花扇』の中の一人物だが、晩明の時代江南一帯で声望高く、大金持ちや遊郭では競って彼を招き昆曲の教えを請うた。清の軍隊が南下した後は長期にわたって不遇をかこったが、康熙初年になってやっと富豪の家に招かれた。詩人の呉梅村は彼と交友があり、彼が生活に困って寂しい寺に一人身でいることを知ると如皋の冒辟疆に二度手紙を書き、彼を招いてくれるように頼んだ。康熙10年の手紙の中では「今長江の南北の風流な士や学問ある人物は、歌い手に楚の調べを歌わせています。どなたか私の古い友人を必要とする人はいませんか？」（『同人集』巻4）と書いており、ここからもこの時期安定した暮らしを得た人たちが、再び歌い手や踊り手、班の優れた曲師を求め始めたことが分かる。

　この時期に全国で活躍した優れた班社に、李漁の家班がある。李漁（1611－

1680）は初め仙台と名乗り、字は笠翁、謫凡、号を天徒、湖上笠翁、随庵主人、笠道人、覚道人、覚生稗官などとも名乗った。彼は戯曲、小説、史学、造園、飲食、服飾、養生など多方面の研究をして優れた成果を上げるとともに、多くの中篇小説や昆劇の脚本を書いた。彼の本職は戯曲作家で、書くことにも指導にも優れ、楽器もこなせば歌も歌えた。そこで彼は歌や演技に天賦の才を持つ少女を探しては自分のめかけにし、彼女たちに芸を教え、その後は彼女たちを連れて全国を回り収入を得た。彼のところに喬姫という娘がいた。山西平陽太守の程質夫が買い入れて彼に贈呈した娘である。ある晩、主（あるじ）が李漁の住まいである劇団に彼の昆劇作品『凰求鳳』を上演させた。喬姫はカーテンごしにこれをのぞき見ると、「曲中の味」をすぐさま理解した。彼女は北方の育ちで昆曲はそれまで聞いたことがなかったが、初めてこれを聞くとそのストーリーを事細かに、最初から最後まで余すところなく李漁に説明することができた。彼女は昆曲を学びたがったが、李漁は彼女に、お前は山西の生まれだから呉の言葉で昆曲を歌うのは難しいと言った。しかし喬姫は自信満々で半月学んだだけで方言を克服し呉の言葉をマスターした。その後李漁は曲師を一人招いて彼女に歌い方を学ばせ、「初め『一江風』という曲を教えた」ところ、彼女は3回学んだだけで「なんとこれを歌い出した」。老優たちが「おおいに驚いて」李漁に言った。「この子は天上人です。……今これほどであるということは天が授けたもので、人の力によるものではありません」（『李漁全集』巻1『喬復生王再来二姫合伝』）。李漁は自分の家班を率いて「20年間、秦や楚、福建や鄭州、長江の東西、山の左右、西秦に遊んで辺境に至り、塞南に遊んで天外に至る」（『笠翁一家言』巻3『復柯岸初掌科』）。班の上演の演目としては、李漁が「自分で選んだ新しい演目のほか、古いものを新しく脚色し規模も一変させた」。しかし一部の士大夫は保守的なまなざしで、彼がめかけたちで構成した劇団を引き連れて高官たちの間を行き来している様子をながめ、「役者ふぜいと見下していた」。董含の彼に対する論は代表的な意見とも言えよう。董はこう言っている。「李漁は自ら笠翁と号して西子湖に住んでいる。品性下劣でおべっかを巧みに使っては高官に取り入る。詞曲や小説を書くことを好むが、その内容はどれもが極めてみだらである。いつも若い女を3～4人引き連れ、ぶらぶら遊んで暮らす貴族の子弟に出会うと、御簾ごしに曲を作ったり酒を捧げたりしていた。……その行為はなんとも汚らわしく士大夫であるなら目もくれない存在である。私も一度会ったことがあるが、その後は避けている」。しかしこのような評価は今日から見た

場合には何の意味もない。客観的に見れば、李漁は家班を率いて至るところで昆曲を上演し、昆曲の復活に一定の役割を果たしたと言えよう。

　しかし、昆曲の振興に主要な役割を果たしたのは家班ではなく、プロの劇団であった。清の初め、社会の風紀は比較的良く、官僚の汚職も前代末期に比べればかなり減少した。漢族の役人が劇団を家に置くことなど不可能で、また朝廷も勤勉倹約や清廉な行政を命じた。ぜいたくな生活はできず役者を養うことを禁じられては、たとえ資力があっても家班を置いて派手にふるまうことなどとてもできない。しかしそれでも彼らには昆曲を楽しみたいという欲求があった。しかも祝いの席などでは、親戚や友人とのつきあいに芝居で雰囲気を盛り上げることは欠かせない。そこで劇団を呼んで堂会[91]で歌わせることが高官たちの習わしになった。張宸は『平圃雑記』の中で「壬寅（康熙元年）の冬、私が使いを命じられて都から出る際に知り合いや友人が集まったが、その時の招宴招待状は役者が歌うだけの簡素な宴席用招待状だった。癸卯（2年）の冬都に戻ると、宴席には芝居がつきものになっていて、その時の招待状は歌も芝居も見ることのできる豪華な宴席用招待状になっていた。また役者に対する報酬としては百から二百だったのが千文が普通となり、紋銀で1両を渡す者もいる。宴会に出席するには20銀かかる」と書いている。この資料からは、プロの劇団を招く風習がわずか1年という短い時間で作られ、しかも上演の費用も相当なものだったことが分かる。

　高官の屋敷における上演市場が大きくなったことにより、この業界は大きな刺激を受け、プロの劇団が急速に増えた。高官の家の赤じゅうたんの上で演じるほか、もちろん都市や田舎の茶館や芝居小屋、縁日の急ごしらえの舞台の上でも一般観衆に向けて上演された。清代初めのプロ昆劇の劇団としては蘇州が一番多く、現存する資料によると、有名なものとしては金府班、申氏中班、全蘇班、寒香班、凝碧班、妙観班、雅存班などがある。蘇州以外ではおそらく北京のプロ劇団が一番多く、有名なものとしては内聚班、聚和班、三也班、可娯班、南雅小班、景雲班などがある。

　蘇州、北京の昆劇の班社はとても多く、これは当然この二つの地方に大勢の昆劇ファンがいたことと関係がある。清の時代の人の手による『蘇州竹枝詞・艶蘇州』第2首に「家々で歌を歌うのはよくあることで、3歳の子供でも劇のせりふを知っている」とある。このことは蘇州の人たちがどれほど昆劇に夢中だったかを客観的に表している。北京の多くの人には呉の言葉は分からなかっ

91　個人宅で芸人などを招いて行うパーティー。

たが、その優雅な調べや細やかなしぐさ、起伏あるストーリーなどに引き付けられ、彼らの昆曲に対する熱狂は蘇州の人に劣らなかった。尤震は『玉紅草堂集・呉下口号』の中で、北京の人々の昆劇に対する熱中ぶりをこう描写している。「姑蘇[92]の金を求めて姑蘇の女を買い、多くの北京の人々が夢中になって姑蘇の言葉を学んでいる」。

こんなに大勢の観客がいて多くの劇団があれば、新しい演目を求める声は大きくなり、こういった要求が文人や学士たちの創作熱をかきたて、清初における創作ブームを巻き起こした。そのうち比較的高い成果を生んだ者は、李玉と蘇州における作家たちである。

李玉、字を玄玉、または元玉、蘇門嘯侶と号する。その住まいを「一笠庵」という。蘇州の人で生没年は不詳。おおよそ明の万暦30年（1602）前後に生まれ、清の康煕15年前後に没したと思われる。おそらく普通の家庭の出身で、かつて宰相の申時行の屋敷に出入りしていた。呉偉業が言うには、彼は「古いことを学ぶことに興味があった。その才能は二千年に一人の才能であり、その学問は学問、芸術の全てを含むと言えるほどだ」。若い頃科挙の勉学に励んだが、宰相申の息子にじゃまをされ試験を受けることができなかった。その後郷挙となったが、清代になってからは官吏の道を断念し、戯曲の創作に励んだ。その生涯において33種の作品を創作し、代表作に『一棒雪』『人獣関』『占花魁』『永団園』『清忠譜』『万民安』などがある。

『昆劇発展史』では李玉についてこのように書いている。「李玉の政治的姿勢は当時の一般東林復社[93]の人々と基本的に同じであった。彼は明末の宦官による反動暗黒政治に極めて大きな不満を持っており、公正な政治を願っていた。彼は封建道徳の喪失や世風の悪化に心を痛め、人心を奮い立たせようと試み、忠義を呼びかけた。また、社会におけるさまざまな階層の人々と出会い、下層民に対しては同情的であったが農民の決起は敵視した。清代になってからも明への思いを忘れることはなかったが、清の朝廷を敵視することもなかった。その才華を戯曲の創作に注ぎ、胸中のうっぷんをそこに託した。蘇州には朱佐朝、朱素臣、畢魏、葉時章など彼より若干若い劇作家たちがいた。彼らと李玉との関係は極めて密で、彼の影響のもと彼を囲んで創作に励み、独特の風格を持つ現実主義の戯曲の流派を形成し、彼はその中のリーダーであった」（第4章第2節）。

蘇州の戯曲作家たちのつながりは深く、互いに交流し励まし合い脚本を合作

92　蘇州のこと。　　93　明末の江南士太夫を中心とした政治結社。

した。李玉の『清忠譜』は「呉江県同里鎮の畢魏、字は万後、葉時章、字は稚斐、朱確、字は素臣の合作である」。李玉編纂の『北詞広正譜』も朱素臣の助けを得た。また張大復が『寒山堂新定九宮十三摂南曲譜』を編纂する際の一部の資料は李玉からもたらされたものだった。つまりこのグループは一種の友情厚い同好会であった。

現存の資料の統計によると、蘇州派作家の伝奇作品は全部で170余種、同期の全国の伝奇作品の三分の一を占める。完全版として現存するものは77種、欠本は10種である。伝奇の題材の範囲は広く、社会劇あり、歴史劇あり、人情劇も宗教劇もあった。

蘇州の作家の作品はいずれも読み物として作られたものではなく、直接舞台に乗せるものであった。そのため彼らの新しい芝居が書き上がると、人は争ってこれを買った。馮夢龍は『墨憨齊重訂 永団円伝奇叙』の中で「(李玉の)初編『人獣関』は大変人気があり、役者たちは普通とは異なる質の高い新しい脚本を争って求め、作者が作品を書き上げるやこれを奪うように取りにいった」と述べている。同時代の人銭謙益も『〈眉山秀〉題詞』の中で、「元玉[94]の脚本は天下にあふれ、どれも出版されるや演劇界の意欲ある者たちがこれを歌い、唐代の高適や王昌齢のように声望が高い。酒楼では妓女たちがみなこれを歌った」と同じことを言っている。李玉の脚本のみが俳優たちに人気があったわけでなく、そのほかの蘇州の作家たちも人気があった。朱素臣が康煕年間に書いた『秦楼月』第18齣『得信』の中で、登場人物の一人陶喫子が以下のようなせりふをしゃべるが、ここからも彼らの脚本を求める者の多かったことが分かる。

「私老陶は近頃少々手元不如意でございます。ところが蘇州の何人かの新しい芝居を書く方々が、陶さん、あんたは最近暇そうだが、ここに２冊新しい芝居の本がある。聞くところによると浙江では蘇州の新しい芝居が人気だという。これを持っていって売り、その金を使うといい。帰ってきたらみなに錦や絹を配ればそれでよい。要はあんたを助けるということだと言ってくれました」。

その当時李玉を代表とする蘇州作家群以外に、比較的活躍していた作家としては呉偉業、尤侗、丁輝亢などがいる。ここでは呉偉業、尤侗について紹介しよう。

呉偉業（1609－1671）は字を駿公、号を梅村といい、ほかに灌隠主人とも称した。太倉（今の江蘇）の人。明の崇禎４年（1631）に進士となり、翰林院編修を任命される。清が天下を取ると、求めに応じて国子監[95]の祭酒[96]になる

94　李玉の字(あざな)。　　95　昔都に置かれた最高学府。　　96　学長。

が、その後は節を曲げたことで悔恨にさいなまれるようになる。彼の伝奇脚本には『秣陵春』があり、「表に出さない憤懣や感慨など、作品にこめた思いは深い」とされる。『秣陵春』は、南唐が滅び宋が新しく勃興した後の士子徐適の秣陵（つまり金陵）におけるラブストーリーで、故国はすでになく君主はなお臣下を思い、新しい王朝の皇帝が士人才子に恩寵を授ける様を描いている。

　もちろん、呉偉業のこの作品への思いは懐旧の念にあるのではなく、男女の情に仮託して明朝の滅亡への感慨と未だ前王朝への恩義を忘れることのできない心を表したものだった。

　尤侗（1618－1704）は字を同人、後に展成と変え、悔庵と号した。別に良斎、西堂、梅花道人などともいう。蘇州市の人。61歳になるまでに官僚の道を目指しては挫折し、康熙18年（1679）になって博学鴻詞科に応じ高官の仲間入りを果たした。翰林検討に任命され『明史』を編纂する。しかし都における役人生活は長く続かず、康熙22年（1683）故郷に戻る。彼の戯曲六部といわれるものに『読離騒』『吊琵琶』『桃花源』『黒白衛』『清平調』『鈞天楽』がある。この中で『鈞天楽』だけが昆劇の伝奇本であり、ほかはみな雑劇である。『鈞天楽』は作者が科挙合格を目指した受験人生に疲れ果てていた時の作で、描かれる書生も科挙の試験の中で失意を味わっており自分がモデルである。

　康熙中後期になると、昆劇に新たなブームが巻き起こった。その象徴としては『長生殿』と『桃花扇』の登場がある。この２作品は昆劇最後の作品と言ってもよく、この後はこうした優れた作品が現れることは二度となかった。昆劇の再度の盛り上がりは社会の政治、経済という背景と密接なつながりがある。

　康熙帝が三藩を平定し台湾を収復し、淮葛児の反乱を鎮圧して政権は安定に向かい、全国統一を一歩一歩実現して平和な国家建設の時代に入った。数十年間人口は増加を続け、農、工、商業とも発展した。都市の繁栄は一度は抑えられた資本主義の生産関係の芽を大きく育てていった。市民層は厚みを増し豊かな商工業者が増え、このことは疑いもなく昆劇およびそのほかの各種芸術の発展の基盤となった。もちろん昆劇の発展は、康熙帝やその後の皇帝たちの昆劇びいきとも無関係ではなかった。康熙帝が初めて江南に下った際、蘇州の地方官にこう聞いたという。

　「ここには芝居があるか？」
役人は「あります」と答えるとすぐ三班に入るよう伝えた。叩頭の礼をした後ですぐ演目を進呈すると侍従が自らが上演演目を指示した。役者長が腰をかが

めて「宮廷ではどうすべきか分からないのでお教えください」と言うと、侍従が「ともかく拝礼することだ。皇帝に拝礼せよ。それと場面転換の時は決して背中を皇帝にお見せしてはならぬ。」と答えた。皇帝は「お前たち民間のやり方でやればよい」と言う。そこで『前訪』『後訪』『借茶』など20齣を夜中まで演じた。……皇帝は朝起きるとすぐ「虎丘[97]はどこにある？」と聞き……役人の祁が「陛下はお食事に行きました」と言うのですぐ開場し芝居を始めた（『清代日記匯鈔』、姚廷遴『歴年紀』）。

蘇州に着くと馬が疲れているのも気にせず、すぐ芝居を見に行く。しかも20幕ぶっ通しで夜中まで見る。二日目の朝、夜が明けると朝食を食べながらまた芝居を見る。昆劇への熱中度が分かるというものだ。上がすることは下も必ずこれを真似る。皇帝がこのような状態であれば、臣民も芝居を見たいという気持ちを押さえるはずがない。『長生殿』と『桃花扇』の作者はこのような状況のもとで創作への情熱をかきたて、不朽の名作を書いた。『長生殿』の作者洪昇は南方杭州の出身で、『桃花扇』の作者は北の曲阜の出身、そこで「南洪北孔」と呼ばれた。

洪昇（1645－1704）は字を昉思、号を稗畦といい、また稗村、南屏樵者ともいう。浙江銭塘（今の杭州市）の人で役人の家に育つ。24歳の頃、洪昇は北京の国子監で学び、功名を求めたがスムーズな人生にはならなかった。まもなく父母と意見が合わず家から追い出されてそれまでの豊かな生活基盤を失った。そこで故郷に帰ることなく北京に住み、売文で糊口をしのいだ。その間父親が誣告によって辺境の地に追いやられたので、地位ある人に助けを求めて奔走したが効果はなかった。彼は人となじまず傲慢で、人と「宴会などで集う時は横目で身をかがめるように座り、昔のことになぞらえて今のことをあてこすった」。人からは好かれず、ゆえに内心の苦しみを訴えるすべもなかった。

このような寂寥と孤独の中、彼は10余年の月日をかけて康熙27年に『長生殿』を完成させた。脚本が舞台で演じられるやたちまちセンセーションが巻き起こり、「一時は金持ちの家や豪華な席、酒家、歌楼などでこの曲を演じさせないところはなかった。そのため褒美の額が上がった」（徐麟『長生殿序』）。「文を愛

97　蘇州にある丘

する者はそのせりふを喜び、音楽を愛する者はその旋律を讃えるという具合で、評判がどんどん広がった。家班を持つ者は筆を集め競ってこれを写し教え習い、これを演じることのできる役者への褒美は十倍百倍に跳ね上がった」（呉舒鳧『長生殿序』）。康熙帝もまたこの芝居を愛し、劇団を宮殿に招いては上演させた。「康熙丁卯、戊辰の間、都の梨園の子弟は内聚班をもって第一とする。時の銭塘洪太学昉思昇の作『長生殿』伝奇を内聚班に演じさせる。聖祖はこれをご覧になって非常に褒め、役者たちに銀20両を賜り、諸親王にもこのことを伝えた。そこで諸親王や各大臣たちも宴会があれば必ずこの劇を演じさせた。褒美の額は皇帝からの褒美と同じくらいで、合わせると大変な額になった」。

　しかし残念なことにこのような素晴らしい状況が続くことはなかった。洪昇はこの芝居で有名になったが、同時にこの芝居によって役人としての前途を棒に振ったのである。

　康熙28年（1689）7月、孝懿皇后が亡くなった。清朝の決まりで国葬の期間中は芝居を演じてはならない。しかし洪昇は何人かの役人とこの時期『長生殿』を観劇し、朝廷に罰せられた。このいきさつについては、陳奕禧の『得子厚兄京師近聞志感[98]』の詩の原注に詳しく紹介してある。それによると「友人の洪昇思は伝奇『長生殿』を書き、金を出してこれを見に行く。この時大行皇后の喪がまだ百日経っていなかったため、西台の黄六鴻たちの非難するところとなった。読学の朱典、検討の趙執信、台湾太守の翁世庸などはみな職を失う。長兄子厚などは弾劾の上奏書に名を連ねなかったため、昉思をかばう供述によって同時に責めを受けた」とある。洪昇は官職がなく、国子監の学籍を剥奪されたために科挙の試験を受ける資格を終生失ってしまった。時の人はこれについて「気の毒に、『長生殿』を出したら名を挙げる機会も失なってしまった」と慨嘆した。しかしこのことは『長生殿』の上演にはなんの影響もなかった。喪があけると、この芝居は依然として都やそのほかの地方で上演された。王友亮の『双佩斎文集』巻3には、山西の平陽の亢家で『長生殿』を演じた時の様子が記されている。それによると亢家は巨万の富を持つ金持ちで、康熙中期、家付き役者に『長生殿』を演じさせたが、その時の衣装や舞台道具などに40余銀を費やしたという。洪昇は北京を追い出された後、「からかわれたり白眼視されたりして、みじめな様で西湖のほとりに帰った」（李天馥『送洪昉思帰里』）。しかし、江南の高官や地主たちが家で『長生殿』を演じる時は、よく彼を指導に招いた。金埴の『巾箱説』によると、『紅楼夢』の作者曹雪芹の祖父、曹寅はかつて洪昇

98　詩の題。『子厚兄から北京の状況を聞き、歌で自分の思いを述べる』

を南京に招いて『長生殿』の上演の指導をしてもらったという。それによると「時の督造[99]の公子曹清寅は白門[100]にこれを迎えた。曹公子はもとより詩才があり、声律に明るかった。そこで江南江北の名士を集めて会を設け、洪昇を上座に坐らせ『長生殿』の脚本をその席に置き、自分の席にも1冊置いた。役者に1折ずつ演じさせ、公と洪昇は本に向かいリズムを合わせた。およそ3昼夜かけて終わった。二人は興を極め、やがて互いに尊敬するようになった。また玉や黄金を餞別とした。都ではこのことがうわさとなり、知識人たちはこれを誇りとした」。

役人になる道を閉ざされた彼は、思いを山水や酒、曲に託した。康熙43年（1704）、洪昇は船に乗って友人宅から帰る際、酒を飲んでいたため不注意で川に落ちて死んだ。

孔尚任の『桃花扇』に書かれている物語は作者が生きた時代からあまり離れていなかったため、歴史劇といっても当時の現代史劇である。作者孔尚任（1684－1718）は字を聘之また季重ともいい、東塘と号し雲亭山人とも称した。山東の曲阜の人で孔子の第64代の孫に当たる。清の統治が安定に向かった時代に生き、若い頃は曲阜の北石門山中に学んで懸命に科挙の準備をしたほか、「礼楽兵農も研究し」それを実行に移した。ただ、惜しいことに部屋に入ると眠くなってしまうたちで、何度郷試を受けても合格できず、すっかり意気消沈し石門山に家を建て兄弟とともに隠棲生活を送ろうとしていた。しかし37歳（1684）の時、康熙帝が孔子廟に拝観に来たことで、彼の運命はまるで芝居の世界のように劇的に変わった。この年は康熙帝最初の南巡の年で、つまり上記した康熙帝が蘇州で芝居を見た年で、

『桃花扇』

都に帰る時わざわざ曲阜に立ち寄って孔子供養の祭事を行った。康熙帝は経典を広め儒学を盛んにするため、孔子の末裔に『論語』を講じるよう命じた。そこで一族は孔尚任を推薦した。孔尚任はその講義で康熙帝から褒められ、国子監博士に取り立てるとの破格の下旨を得た。当時戦の時代はすでに過ぎ、人材登用は極めて出身を重んじた。今の言葉を使えば卒業証書を重んじたということになるだろうか。孔尚任は未だ科挙受験者の身分で国子監博士に抜擢され、最高学府で教えることになるという大出世を遂げた。彼は思わず涙を流し、「こ

99　皇宮における織物担当の役職。　100　今の南京。

うしたことになりましたが分不相応と分かっております。今後は犬とも馬ともなって生涯ご恩に報います」と言った。

　1686年、孔尚任は刑部侍郎の孫在豊に従って淮揚に使いに行き、黄河の海口の浚渫工事に参加したが、河道と輸送にトラブルが出て治河工事は延び延びになった。孔尚任は補佐としての仕事がないまま3年間をそこで過ごした。しかしこの時期、きちんとした資料を集めて南明の歴史に関する伝奇を書きたいという以前からの夢をかなえることができた。彼は揚州に下り秦淮を旅して遺老を訪ね古跡に往時をしのび、冒辟疆、鄧孝威、石涛など明末の遺老と交遊した。また南京の栖霞山白雲庵を訪れ道士張瑤星に会った。豊かな資料と実地での考察により、彼は、南明が短期間で滅びた社会的な原因について深く知ることができた。このことは後日『桃花扇』を書く上での土台になった。

　1690年、彼は国子監で任に就いたが、官界の闇を数多く見たことで初めて出仕した時の喜びは消えてしまった。日常的な仕事以外は精力の一部を骨董の収集に当て、そうした努力が実を結んで大小の唐代宮廷胡弓「忽雷」という稀代の宝物を手に入れることができた。小忽雷には艶っぽい逸話が残っている。唐の段安節の『楽府雑録』にある、小忽雷の名手の官女鄭中丞が梁厚本に助けられて夫婦になったという記載である。そこで孔尚任は友人の顧彩との合作で、この話をもとに伝奇『小忽雷』を書き上げた。芸術的にはまだ幼稚だが北京の「景雲部」戯班がこれを舞台で演じてくれた。1695年、孔尚任は戸部主事に昇進し、宝泉局監鋳[101]を担当することになった。

　淮揚から北京に戻った後は『桃花扇』をとぎれとぎれに書き続け、1699年にやっと完成させることができた。曲阜にいた頃「その輪郭を思い描き」、そこから完成まで20年近い歳月を要した。彼がいかにこの作品に真摯に取り組んだかが伺われる。孔尚任は北京に戻った後しばしば未完の原稿を人に見せたが、これを褒めてくれる者はあまりいなかった。これにいささか落ちこんだ彼は、『桃花扇小引』でわざわざこのことに触れている。

　「まだ仕官していなかった頃、山に居て暇な時間があり、昔の話を広く集めていた。これを書き留めるのに1字1句精魂を傾けた。今これをたずさえて都に旅したが、これを借りて読む者は多くても、きちんと最後まで読んでくれる人はいない。胸に手を当て大いに嘆き、これを焼いてしまおうとさえ思う。天下の広きに、また後世の遠きに思いを巡らせてはみるが、いったいどこに私を認めてくれる人がいるのだろうか」。

101　貨幣鋳造に関わる役所の役人。

しかしこの作品が出版されると、たちまち都にセンセーションを巻き起こした。高官貴顕の家では争ってこれを書き写し、洛陽の紙価を高めた。北京城内では『桃花扇』を上演しない日はほとんどなく、明の故臣遺老たちは茶館や戯館でこの芝居を見て、故国への思いや亡国の恨みに一人座って袖で顔をおおい、明かりが消えて酒もなくなるとむせび泣いて帰っていった。康熙帝はこれを知ると、この芝居の脚本を急ぎ見せるよう命じた。その年の秋のある晩内侍がこの本を急ぎ求めると、孔尚任は1冊探し出して「真夜中内侍の屋敷に向かった」（『桃花扇本末』）。

　1700年春、孔尚任は戸部広東司員外郎に昇格したが、1カ月もたたないうちに「疑わしい事件」のために職を追われ、しかも北京に戻ることは許されなかった。「田舎に帰ることも許されず港にはむなしく南に向かう船が待つばかり」。孔尚任は官職を追われた原因を探し、これは『桃花扇』に横溢している滅びた国への思いと関係があると思った。彼は『放歌贈劉雨峰』という詩の中で、「運に恵まれずたちまち文字獄に遭う。何も言っていないのに誹謗を受ける」と歌っている。今日の学界でも多くの人が孔尚任の罷免と『桃花扇』は関係があると考えているが、孔尚任が罷免された後も『桃花扇』は依然として上演されていた。彼が曲阜の故郷に戻ると、この芝居は天津の詩人佟庶村によって刻版印刷され全国に広まった。もし康熙帝がこの『桃花扇』に不満であったなら発禁処分にしたはずであり、彼の罷免は宝泉局監鋳任官と関係がある可能性が高い。またははっきりしないある事情の巻き添えを食ったのかもしれない。

　故郷に戻ると、彼はのどかな村の文士兼地主という生活を送った。「自ら湖に釣り針を垂れ税の帳簿を受ける。村人が寿母文[102]を頼みにやってくる」。この間山西平陽知府の劉鶚の招きに応じ、『平陽県志』の編纂を手伝った。また河南大梁や湖北武昌などの地を旅して71歳で故郷にてこの世を去った。

　南洪北孔の後、昆劇の創作は衰亡に向かった。呉梅は『中国戯曲概論』で、この時期の戯曲の状態を「乾隆以前は戯もあり曲もあった。嘉慶帝、道光帝の時は曲があって戯はなかった。咸豊帝、同治帝以後は戯もなく曲もない」と総括している。所謂戯というのは新しく創作された質の高い戯曲の物語のことだろう。また曲というのは舞台で歌われているもので、昔ながらの演目も新しい演目も質は低く、「戯」の要求レベルからは遠かった。脚本についていうなら成果を上げたものも存在し、それは以下の作家たちである。

　唐英（1682－約1756）、字は雋公、また俊公、叔子ともいう。号は蝸居老人。

---

[102] 母親の長寿を祈る文

遼寧瀋陽の人。隷漢軍正白旗。かつて景徳鎮で窯官をしており陶器の製作に詳しかった。『陶冶図』『陶成紀事碑』などの著書がある。陶工たちは彼の指導のもとで上質の陶器を焼き、「唐窯」と称された。九江、広東の税関の監督をしたのち、絵や戯曲に傾倒するようになった。当時の戯曲の名家張堅、蒋士銓などと曲を吟じ拍子をとって互いに演じ方を学び合い、公務の暇をみては脚本を書いた。全部で17種あり、『古柏堂伝奇』と呼ばれていた。その中で創作作品としては『筇騒』『虞兮夢』『佣中人』『転天心』など四種。前人の改訂増補作品としては『清忠譜正案』『女弾詞』『長生殿補闕』など3種。その当時行われていた地方劇の改編としては『三元報』『葦花絮』『英雄報』『十字坡』『梅龍鎮』『面罐笑』『巧換縁』『天縁債』『双釘案』『梁上眼』など10種。

楊潮観（1710－1788）は字を宏度、号を笠湖、江蘇無錫の人。乾隆元年に挙人となり、官歴は30余年の長きにわたる。50歳を過ぎて四川邛州の長官となり、卓文君粧楼の旧跡を手に入れて吟風閣を築いたので彼の作品を『吟風閣雑劇』と言う。1種1折で全部で32種。代表作としては『窮阮籍酔罵財神』『賀蘭山謫仙贈帯』『汲長孺矯詔発倉』『魏征破笏再朝天』『韓文公雪擁藍関』『寇莱公思親擺宴』など。『吟風閣雑劇』は名は雑劇となっているが、すべて昆曲によって歌い演じられる。『寇莱公思親擺宴』は今も昆劇でよく演じられる。

蒋士銓（1725－1785）は字は心余、また苕生ともいう。号は清容居士、または蔵園。江西鉛山の人。小さい頃から神童としてその名は近隣に響いていた。乾隆11年（1746）童子試[103]を受け、その頭の回転の速さで試験官を驚かせた。弟子員補に選ばれ、「孤鳳凰」と呼ばれた。翌年郷試に合格したがその後10年は挫折を繰り返し、春の試験は合格できずにむなしく帰郷を繰り返した。乾隆22年にようやく進士に及第し、翰林院編修の職を任ぜられた。蒋士銓は人柄がまっすぐで規則に厳格だったため上司に好かれず、7年後に官を辞して郷里に帰り、紹興蕺山書院、杭州崇文書院、揚州安定書院などで学問を講じた。生活は貧しく病気がちであった。1778年、国史修撰に推薦されたが、後に中風を患って体に麻痺が残り郷梓で亡くなった。彼は詩、詞、文、戯曲など各方面で高い成果を上げ、その生涯で16種の戯曲を創作した。代表作に『冬青樹』『一片石』『空谷音』『桂林霜』『四弦秋』『雪中人』『香祖楼』『臨川夢』『第二碑』などがある。彼は文で名を成したが無用の文人と見られることを嫌い、自分の学問が世の中の役に立つことを願った。『上榕門太傅書』の中で「生涯世間の人心と関係のないものを研究した。文人として自分を見ることは好まず、明体達用の学[104]であ

103　優秀な子供用の科挙。　　104　宋代主流の教育思想。事物の本体を明らかにしその働きを充分に遂げること。実践を重んじる。

りたい。物を利し人を助けたい。それができないのなら見聞したことを同志に伝えたい」と書いている。つまり君主を助け国を安んじる志が実現できないのなら、見聞きしたことで世人を教化したい。そうすれば社会の助けになるだろうと言っているのであり、彼の戯曲創作の動機を知ることができる。

　洪、孔以後の昆劇伝奇において影響力が一番大きかったのは『雷峰塔』である。これは白娘子と許仙とのラブストーリーであるが、この白娘子の故事は宋代杭州の民間伝説に基づいており、講談の芸人が『西湖三塔記』という講談の台本として作ったことがある。宋から明にかけてこの物語は伝承が途切れず、明末の馮夢龍がこれに手を加えさらに複雑で感動的な物語にして『白娘子永鎮雷峰塔』と名付け、『三言』の「警世通言」に収めた。馮夢龍と同時代の陳六龍は民間故事に基づいてこれを改編し伝奇『雷峰記』としたが、芸術的にはいまひとつで同時代の祁彪佳に批判された。

　乾隆年間、黄図珌は馮夢龍の小説に基づいて『雷峰塔』伝奇32齣を書いた。黄図珌の『観演「雷峰塔」伝奇』という曲の引子[105]によると、この劇は脱稿したばかりの時に「俳優たちがどうしても上演したいと言った」という。しかし民間芸人たちはこの本に繰り返し手を入れた。例えば白娘子に子供を生ませてその子供を科挙のトップ成績者、状元にするところなどは芸人たちが増やしたプロットである。改編が一番優れていたのは陳嘉言父娘だといわれる。彼らは黄本の『回湖』『彰報』『懺悔』『赦回』『捉蛇』などのプロットを削除し、『端陽』『求草』『水闘』『断橋』などの関目を増やし、白娘子の妖気色を減らし、愛をひたすら追い求める精神や法海と戦う勇気などを強調した。

　乾隆36年に安徽新安の方成培が陳嘉言父娘本を整理加工し、全4巻34齣とした。この改編は以前と比べるとより良い出来になっている。方成培は『雷峰塔自序』の中でこの改編についての事情を述べている。それによると乾隆36年（1771）朝廷で帝の還暦の祝いがあり国を挙げての祝賀ムードが広がった。商人は『雷峰塔』をお祝いに演じようとしたが、方成培はこの芝居には下品なところがあるので手を入れて民衆教化の意義を持たせ、また調べも優雅なものにしようと思った。方本は陳本が増やした『端陽』『求草』『水闘』『断橋』『指腹』『祭塔』『做親』などのプロットはそのままに、『盗庫』『捕銀』『発配』『窃巾』『告游』『画真』『奏朝』などを削除した。また『審問』のプロットを大幅に変えて『審配』とし、さらに『夜話』を加えて原本の「曲は10のうち9変え、せりふは10のうち7変えた」。しかし芸人がその脚本を良いと評価するかどうかの基準は、そ

105　伝統演劇において人物が登場する時に節を付けて唱える短いモノローグ。

れを舞台に乗せた時の効果や演じやすく歌いやすいかどうかである。芸人たちは上演の時、方本は使わなかった。『断橋』を例にとって、方本と上演本の違いを見てみよう。方本の『断橋・玉交枝』では

「こんなにもあっけなく夫婦別れとは、あの人の冷たさが分かるというもの。思い出すと怨みが募る。伉儷の深い情などどこへやら。昔裴航が妻雲英にしたむごい仕打ちのよう。追いかけて息が切れる。芝居の蘇卿が双漸に追い付けないのと同じよう。長い堤に目をやって、靴のひもが緩むのも気にかけてはいられない」。

「伉儷の深い情」「裴航、雲英に逢う」「蘇卿、双漸を追う」など、言葉は典雅、引用される故事も難解、普通の観客は理解しづらい。一方、役者たちが用いた本の内容はどうかというと、『綴白裘』は伝統演劇の役者が演じ歌った脚本を集めたもので、台本の実態をよく反映しているが、そこでの『断橋・玉交枝』はこうなっている。

「あっけなく突然夫婦を断ち切るとは、裏切った夫が憎らしい。私をこんなに苦しめて。急いで急いで遅れてはだめ。急いで急いで停まってはだめ。私をこんなに悲しませ涙の雨も降り止まぬ。たとえ羽が生えようともどこに飛んだらいいのやら」(『綴白裘』第七集)。

通俗的で分かりやすく、しかも優雅さを失ってはいない。芸人の脚本採用という観点から見ると、方本は決して成功してはいない。もちろん方本の『雷峰塔』に対する改編にも見るべきところがある。それの成果としては長く流行していた舞台本をすっきりとさせ、プロットを首尾一貫させてストーリーを分かりやすくしたことだと言えよう。

康熙乾隆年間、宮廷でも文人たちを組織して昆劇脚本を創作させた。どの本も堂々たる大作で二、三百齣もあり、10日以上かけても演じ終わらない。どの作品も役者が百人以上必要で経費も数十万を下らなかった。昭槤の『嘨亭続録』巻1『大戯節戯』の条ではこれについて以下のように紹介している。

「乾隆年間の初め、皇帝は国内を平定し、張文敏に命じて諸院本を作成して進呈させ、これを楽部の上演に備えさせ節句のたびに上演させた。屈子競渡、子安題閣諸事などの故事はすべて曲を付け、これを『月令承応』と呼んだ。内廷で慶事があれば祥徴瑞応を上演し、これを『法宮雅奏』と呼んだ。万寿令節前後は群山神道添籌錫禧、黄童白叟含哺鼓腹を上演しこれを『九九大慶』と呼んだ。また「目犍連尊が母を救う」の話は分析して10本としこれを『勧善金科』と呼

んで年の暮れに上演させた。魑魅魍魎の類は古人の儺と同じ意味を持つ。唐の玄奘が西域に経本を取りに行った話は『昇平宝筏』と呼び元宵節前後に上演した。その曲文はみな文敏が自ら作成し、詞藻美しく古典や経典を引用して実に素晴らしかった。その後また荘恪親王に命じて蜀漢『三国志』の典故に曲を付けさせ、これを『鼎峙春秋』と名付けた。また宋の政和の梁山諸盗や宋金の戦い、徽宗北狩などの諸事に曲を付けこれを『忠義璇図』とした。

これらの詞はすべて皇帝身辺の遊客[106]によっていい加減に書かれたものである。また元や明の『水滸伝』『義侠』『西川図』など諸院本の曲本を書き写させたが、これらは張文敏の才能に比べて随分見劣りするものだった。嘉慶癸酉年（1813）皇帝は「白蓮教の謀反」が起きたため連台大戯の上演をやめさせ、ただ『月令承応』のみその代わりとして演じさせた」。

上述から宮廷の大戯には『月令承応』『法宮雅奏』『九九大慶』『功善金科』『升平宝筏』『鼎峙春秋』『忠義璇図』などがあったと分かる。作者としては張文敏の名が最初に来る。これらの芝居は、年の8節、誕生日などの祝賀の宴に、また日常的な娯楽、そして鬼神、邪気、疫をはらう儺などの目的で演じられた。ただ、これらの脚本は規模が大きすぎ、例えば『勧善金科』などは240齣もあるなど、ストーリーが冗漫で人物も多すぎ、教化色が濃すぎた。また多くのストーリーは以前からある故事の脚本を集めただけで、芸術的な価値が高くはなかった。舞台性に欠け、宮廷で上演する以外、民間ではどの班社も演じようとはしなかった。つまりこれらの脚本は戯曲文学史上価値あるものとは思われていない。しかし宮廷内ではよく演じられ、全本で演じたり単折で演じたりした。上演時は皇室の壮麗さを表した。董含の『蓴郷贅筆』によると、康熙22年癸亥（1683）に「皇帝は全国を平定したことを臣民とともに喜ぶべしと、特に公金千両を出して後宰門に高台を作り、梨園に命じて目連伝奇を演じさせた。生きた虎、生きた象、本当の馬を使った」とある。

昆劇の脚本創作の衰退は昆劇全体の衰退を意味しているわけではない。洪孔以後のかなり長い時期、昆劇の上演活動は極めて頻繁で、多くの地方で人々の娯楽の中心は昆劇観賞であった。都市の広場や寺院の舞台、水辺の船楼、祠の中庭など、昆劇は至るところで演じられ空前の活況を呈していた。プロの戯班、家班などの数は急速に増え、乾隆、雍正両帝は役人があまりにも戯曲に心を奪われており、時間をむだにして事をおろそかにし、それにかかる費用で民に迷惑をかけるとして、何度も禁令を出し役所の風紀を正そうとした。しかしその

---

[106] 世間を渡り歩く文人。

効果はほとんどなく、昆曲に夢中になっている役人たちは皇帝の聖旨にも耳を貸さなかった。乾隆34年、皇帝は「役人が役者を家に置くことを厳禁とする」という禁令の中で怒りをぶちまけている。

「役人たちの悪習はすでに病膏肓の域に達しているようだ。およそ禁令を出しても形式だけ、やがてその内容さえ忘れてしまう。朕の諭旨は長年にわたるが、いい加減に扱って実行しようとしない。これでどうして国をきちんと治めるという我が意に沿うことができようか。まったく腹立たしいかぎりだ」。

乾隆帝はここで厳しく叱責してはいるが、彼自身も芝居の大ファンであった。役人がどうして態度を改めることができないか、ここからもよく分かるというものだ。

昆劇の発祥の地蘇州ではもちろんみなが郷里の芝居、昆劇を熱愛しており「どこの家からも歌声が聞こえてくる」「3歳の幼児でさえ芝居のせりふを知っている」というありさまだった。『蘇州竹枝詞』の『艶蘇州』の一つでは蘇州の人がいかに昆劇に熱中しているかを伝えている。

「千金を投げうって名優を愛し、歌童を多く買って優れた者を選ぶ。

戯文をいささか身に付けさせて、城隍廟で衣装を見せてしんぜよう」。

原注ではこう言っている。名優はずっと呉に生まれ、各家に芝居用の箱や衣装を置いて互いに見せびらかし、さらには戯班を置いて互いに競い合った、と。役者が良いかどうかの基準としては、生は風采があり、旦は美しくたおやかで、声は高らか、歌は滑らかで抑揚があるというものである。蘇州は昆劇の本場であると同時に、昆劇役者を養成する基地でもあった。多くの昆劇の班社の役者は蘇州出身である。蘇州人の昆劇への入れ込みようは班社の数からも見てとれる。乾隆48年、蘇州では老郎廟を改修し班社で寄付金を募り、改修が終わると碑を立ててこれを記した。寄付した人は班名をその碑に刻んだが、全部で39の班社があった。1都市に同じ節回しを演じ歌う劇団がなんと3〜40もあるのである。今日の人にはとても信じがたいことであろう。

蘇州以外の昆劇隆盛の地としては揚州、浙江、北京などがある。揚州は長江、淮河、海などが交差する土地であり、また水上輸送の要でもあった。また塩の集積地でもあったので、古来繁栄してきた場所である。たびたび戦火に見舞われたが、復興も速く娯楽産業は経済の繁栄と歩を一にした。そこで揚州の唱曲演戯は蘇州にひけをとらなかった。乾隆年間の鄭板橋は『揚州』という詩の中で

「飾り立てた船に乗って春の暁煙波の中を行く。船上の人はあるいは琴を弾きあるいは笛を吹き、両岸の楊の花も舞い下りる。花農家が花作りを畑仕事とするように、多くの家では娘たちに昆曲を教えている」と詠んでいる。

揚州と蘇州は長江を隔てただけであり、昆劇がこの地に伝わるのは簡単だった。それに昆劇が蘇州から長江以北の各地に伝播する際に必ず揚州を通る。こんなに豊かで繁栄した商都を通る時、戯班が船を停めて芝居を上演しないなどということはない。こうして、揚州には昆劇の班社が数多く集まり、また多くの芸術への造詣が深く質の高い役者たちがいた。李鬭は『揚州画舫録』巻5に多くの記録を残している。例えば

「副末：私は維琛と申します。もと蘇州の石塔頭の素人芸人でしたが、落ちぶれて戯班に入りました。顔は黒くひげは濃く、酒飲みで、経史が読め九官譜を解します。性格は太っ腹、弱きを助け強きをくじく男です。

老生：山昆璧と申します。身の丈7尺、声は大鐘のごとく、『鳴鳳記・写本』を演じるや見る人は天神が現れたと思うほどです。大きな着物の袖で覆うや張得容など役者数十人を閉じ込めることができます。

二面：銭雲従と申します。『江湖十八本』すべてを学び、今の二面はみな銭派で私を越える者はおりません。

三面：陳嘉言こそ最高の役者。一たび鬼門[107]を出るや人は大笑いします。配林と共に洪班に入りました」。

揚州の昆劇は舞台に出て演じるほかに、「清唱」に従事する班社もあった。このような班社はアマチュアの昆劇愛好家で組織されていた。もちろん彼らも時には舞台化粧を施して舞台に出ることもあった。これを「串班」と呼んだ。

浙江は経済、文化、言語、風俗など各方面で蘇州に近く、ほかの地域に比べるとより容易に昆劇を受け入れることができた。杭、嘉、湖、そして寧波、紹興などはみな昆班が多く、役者の技量も蘇州にひけをとらなかった。

北京の劇場は乾隆時代になると昆劇だけでなく、戈陽腔、秦腔、乱弾腔などそのほかの劇種も演じるようになった。しかし昆劇はかなり長い時期にわたってトップの座を占めていた。呉長元の『燕蘭小譜』巻4「雅部共二十人」には、当時の有名昆劇旦役者が収録されている。一つの都市に有名昆劇旦役者だけで20人もいるのである。ここからも北京において昆劇がいかに人気があったか分かるというものだ。

北京以外の地方における昆班の組織、昆戯学習の実態はどのようなものだっ

107　役者が舞台に出る時の出入り口。

たか。1770年前後に書かれた李緑園の『岐路灯』第22回で、茅抜如という者が彼の組織する戯班と練習の様子を紹介している。

「私の弟は家にいましたから、まあ家族でしょう。清の国の初め、祖先は大官でした。弟は小さい頃からドラや太鼓をいじっているのが好きで、その後江湖班が家に身を寄せました。弟は彼らに堂会で芝居をやらせましたが、芝居のいろはも知らない有様で、親戚友人の前で恥をかきました。腹を立て人を蘇州にやって先生を二人を雇い、また芝居をやる子供を探して10～20人ばかりを選びました。昆腔は田舎芝居とは比較にならず、2年ほど訓練してやっと舞台に出られるようになりましたが、まだ声が安定しません。実を言うと去年私は2頃の田畑を売り南京に行って衣装を買い、それに千四、五百両使った上に五百両以上の借金をしました。臉子、鬼皮、頭盔、把子[108]を8つの箱、4つの筒にして家に運びました。こんなちっぽけな地方ではもうかりません。しかも人々はこの昆班にあまり興味も示しません。省城はにぎわっていますし、役所にはちゃんとした班がたくさんあります。そこで人も道具も省城に運びました」。

一人の金持ちの高官の末裔が、昆劇への情熱からなんと当時の人にとっては命の糧であった田畑を売り、10～20人規模の家班を買ったのだ。昆劇にもし強烈な魅力がなかったらこんなことは起こり得ないだろう。

しかしこのような熱い状況は長くは続かなかった。乾隆年間中後期、各地の民間小戯が力強く成長し、すでに農村から揚州、北京などの都市に向かって、いくぶん荒削りだが逆にそれが新鮮な感じを与える声腔を響かせ始めていた。揚州の商人はしばしば江南を訪れる乾隆帝をこれら地方の小戯でもてなそうとしていた。李闘の『揚州画舫録』巻5には「両淮の塩務官は花雅の両部で大戯の準備をしていた。雅部とは昆山腔のことで、花部は京腔、秦腔、戈陽腔、梆子腔、羅羅腔、二簧調のこと。これらを合わせて乱弾という」と書かれている。京腔は河北の高腔と関係があるかもしれないし、河北高腔のことを意味するのかもしれない。秦腔は西北一帯ではやっていて、その後の各種梆子戯はこれがもととなっている。戈陽腔は南戯を受け継ぐもので、後に長江以南の地域における多くの劇種の節回しに変化していった。梆子腔は吹腔ともいい、北方のさまざまな「梆子」に変化していった。羅羅腔はもともと湖北、江西で流行していたが、歌われる節回しは軽やかで生き生きとしており、晋北の羅羅、上党羅羅がその流れをくむ。二簧は「吹腔」「高撥子」が徽班の中で変化していったもので、導板、慢三眼、原板、垜板、散板などの曲調も含み、後の徽調と京劇の

108　槍のような形の大道具。

主要な節回しになっていった。

　花部には上に挙げた諸種以外にも花鼓、採茶、花灯、秧歌、攤簧などがある。花部はその萌芽の時期から、やがて各地に入り込み多くの人に愛されるまで長い変化の時を経たことは確かだが、その基本的な持ち味は粗野で俗っぽいというものであったから、初めは士大夫たちに評価されなかった。昆劇は「雅」と呼ばれるが雅とは正統という意味である。これら民間の小戯が生んだ劇種は「花」と呼ばれ蔑視のニュアンスがある。しかしこれらの劇種がまさに荒削りであり素朴であったからこそ、逆に昆劇の過度の壮麗謹厳さがあぶり出されることとなった。きめ細かな昆劇を見慣れた観客にとっては、粗野で素朴な美はいっそう魅力があった。両淮の塩務官は乾隆帝の江南行幸を迎えるために、「花、雅の両部を準備した」が、このことは、皇帝が昆劇とともに鄙びた農村からやってきた「花部」をも好んだことを物語っている。そうであるなら一般大衆は言わずもがなであろう。

　花部の魅力はあっという間に観客を魅了した。徐孝常は『夢中縁序』の中で、北京の観客の花部に対する態度を伝えている。「都の梨園は盛況を極め、管弦はそれに応じ、遠くからも近くからも客足は絶えることがない。役者たちの衣装は豪華で舞台も輝くばかり、観客は大勢つめかけ、おおいに飲みおおいに食す」と。この序は乾隆２年（1737）に書かれ、誇張はあるが当時の昆劇の大変な勢いを伝えている。たとえ花部に持っていかれた観客が一部あろうと、それは一般的な現象ではなかった。しかしそれでも昆劇の衰退はすでに押し戻すことができない状況にあり、数十年後の状況は見るも無残であった。蘇州では嘉慶３年（1798）欽奉諭旨碑に18世紀末の状況が書かれている。「蘇州、揚州はずっと昆腔を学んできたが、近頃は古いものに飽き新しいものを好む。みな乱弾などの節回しを新奇なものとして喜び、慣れ親しんできた昆腔を捨てようとしている」。蘇州、揚州は昆劇の根拠地だが、その地の観客でさえ昆劇に背を向けるようになっていた。花部の魅力が分かるというものだ。

　花部と雅部の争いについてだが、二百余年の歴史を持つ雅部がなぜ品もなく田舎っぽい花部に勝てなかったのか？清の焦循が『花部農譚』の中でこのことについて分析している。彼が言うには「呉音はわずらわしく、その曲は音律に調和があるが、聞く者は本文を読まなければその意味がまったく分からない。『琵琶』『殺狗』『邯鄲夢』『一捧雪』など十数本以外の多くは『西楼』『紅梨』のように男女のみだらな話ばかりで見る価値もない。花部は元劇の流れをくみ、内

容の多くは忠、孝、節、義で心の琴線に触れる。せりふも平易で女子供でも分かる。声は朗々として血も沸きあがるようだ。城外の村々でも2月、8月には互いに演じ歌い、農夫も漁師も集ってはこれを楽しむ」。

　焦氏の述べるところのおおよそは正確だが、しかし昆劇の脚本の描写の多くがみだらなものだという部分は事実ではなく、これでは昆劇が気の毒である。花部が元劇から出ているというのも根拠のない話だ。しかし言葉や音楽から花部の魅力を分析している部分はそのとおりである。

　客観的に言って、花部は民間から出てきたのであるので当然一般民衆の持つ世界観や美学を反映し、民衆の怨嗟(えんさ)の声や男女の情愛が比較的強調されるストーリーになるのは避けられない。このことは、支配階級の不満を招き、花部が舞台で活躍し教化の方向が支配者の期待とはずいぶんかけはなれるようになった時、支配者はもはやがまんできずに強権を使ってこれを禁演処分とした。乾隆50年（1785）、朝廷は以下のようなおふれを出している。

「乾隆50年の通達：今後城外の戯班については、昆腔、弋陽腔はこれまでどおりとし、秦腔戯班についてはこれの処分を歩兵将軍に任せ、5城門口に禁止の布告を出すこととする。今後本班戯子はすべて昆腔、弋陽腔を演じるように。これに従わない者は生活の道を自分で探すべし」。

　花部を蔑視する者は一人だけではなかった。これはかなりの数の士大夫たちの共通の態度だった。昭槤は『嘯亭雑録』の中で

「南曲の始まりについては知らないが、しかしそれは小詞の始まりだったと言うことができよう。昆曲は繁音、促節が多いが、しかしその調べは古(いにしえ)の香りを残している。弋腔はいつ始まったのかは分からないが、音楽はやかましく雅人の耳目には供しがたい。最近秦腔、宜黄腔、乱弾諸曲等が出てきているが、その詞は卑猥でその辺りの町言葉であり、容易に市人の耳に入りやすい。またその音も淫らだが、時にうさ晴らしができるため日増しに人気が高まっている」と述べている。

　「市人の耳に入りやすく」かつ「日ごとに人気が高まっている」というところから、支配者の蔑視も一般大衆の花部愛好をやめさせることができなかったことを物語っている。「時の勢いは誰にも止められない」とことわざにもある。花雅の争いは何回かのラウンドを経て、ついには昆劇の敗北で終わり王座は花部に譲られた。そしてついには花部の主要な節回しが融合して皮黄戯すなわち京劇となり、国中を風靡する大劇種となった。

昆劇は演劇界の盟主の座を失ってからも急速に衰亡に向かったわけではなく、その後も現代まで細々と続いている。清の嘉慶年間に人々は昆劇を地域によって、例えば浙昆、徽昆、贛昆、湘昆、川昆、蘇昆などと呼んで区別した。浙昆は主に嘉興、寧波と杭州市、温州市で活躍した。これらの地域の方言がほとんど蘇州と同じであるためで、昆劇はこれらの地域では比較的しっかりした基盤を作った。もちろん同じ浙昆でも寧波の昆劇と温州の昆劇とではいくぶん違いがある。寧波の昆劇では一部の演目に調腔が混じった。温州は古くは永嘉と称し、そのため温州の昆劇は「永昆」ともいった。その声調は朴訥(ぼくとつ)で飾り気がなく、分かりやすくて粗野でもあった。行腔は蘇州の正統昆曲に比べると2〜3倍速かった。そのほか、9組の曲牌からなる「九塔頭」という曲は海塩腔などの早期南曲に淵源を持つが、かつて温州の昆班が正統な昆曲の演目を用いた時、もとの曲を使わず「九塔頭」の曲調で作った。

　徽昆は清代中期以後、皖南の町や村で非常にもてはやされた。乾隆55年四大徽班（三慶、四喜、和春、春台）が北京に入った時、各班はみな昆劇の演目が上演できた。いわゆる「昆乱不擋」[109]である。もちろん四喜班は昆劇の上演がもっと多かったかもしれない。逸名『都門竹枝詞』に

「公会は白昼から開かれ、音曲もにぎやかで人を喜ばす。

　新しく『桃花扇』を演じて、至る所「四喜班」の話でもちきりになる」
とある。

　『桃花扇』は昆曲の演目で、役者たちが昆曲に全力で取り組んでいなければ『桃花扇』全本を演じきることは難しい。

　贛昆は江西一帯の昆劇のことだが、清代末期江西には単独の昆劇班社はほとんどなく、ある劇種において一部の班社が上演するわずかな演目に残されているだけであった。例えば江西の東河戯では、その節回しは昆、高、乱の3種であった。昆腔で演じ歌う演目は数十種でこれが贛昆である。しかし、贛昆は蘇州昆劇が地方に移植されたもので、もとの音楽や言葉の特色をすでに失っていた。その言葉には強い方言色があり、それはすでに呉の言葉ではなかった。地方の特色を持った北京官話を多く使ったので、よその地方の人でも聞き取ることができた。またある班社では演目の中に1〜2齣の昆曲を挟んで歌った。「昆乱同劇」である。しかしこうした状況は一般的だったわけではない。

　湘昆は湖南の昆劇である。湘昆は常徳、湘潭、衡陽、郴州、祁陽などに広まっていた。清代末期の光緒年間になると、湘昆も純粋な昆劇ではなくなっていた。

109　昆劇も乱調もどちらも演じることができる。

昆乱併演で、昆劇を演じても全本を演じることはなく折子戯[110]であった。

　川昆は四川の各地に広まっていたと言えるであろう。かなりの規模を持ち演技も素晴らしく、数多くの戯班が昆劇を歌うことができた。四川の人々は「昆、高、胡、弾、灯」（それぞれ、昆劇、高腔、胡琴戯、弾戯、灯戯を指す）を歌える者を「五匹斉」と呼んだ。役者が昆劇を歌えることは一種のステイタスであったことが伺われる。しかし単独で昆劇を主に演じる昆班は比較的少なかった。『蜀海叢談』巻3『呉勤恵公伝』では同治、光緒年間の総督呉棠が昆班を家に置いていた様子が描かれている。

　「公は音曲に理解が深く、特に昆曲に詳しかった。四川省ではこれを学ぶ者がいなかったため、蘇州で昆班の優れた役者を十余人蜀に招きその班を「舒頤」と名付けた。毎朝役人への接見が終わるとすぐ公文書に目を通し、午後仕事を終えるとすぐ舒頤班を役所に呼んで演じさせたり、役所内の習静園で笛の演奏をさせたりした。また舒頤班の曲は高尚すぎて見る人が少ないので、今後やっていけなくなることを心配し、お金を集め田畑を百ム一買い、成都の江南会館を常駐の舞台とした。退職して四川を去った時はこうした修行を通じて友人が随分増えていた。班では昆曲以外に提灯を掛けることを好み、これは夜の上演に適していて、幻想的で名状しがたいものがあった。役人や土地の貴顕が集まると必ずこれを招いて芸を所望した。食事や宿舎などは普段から準備しておいた資金で支払った。民国となってからはそれぞればらばらになってしまったが、公が四川にいた時の役者は光緒末にはまだ一人二人生存していた」。

　四川には昆劇を習った班社がないというのは事実とは合わないが、清末になると昆劇は衰退し、なかなか見ることができなくなったということは言える。それ以前はよく演じられていた。呉棠が昆班を作ったのはただ個人の趣味にすぎず、昆劇が清末の四川でどのくらいの大衆基盤を持っていたかについてはこのことで説明することはできない。もちろん昆劇が四川に入ってからは、その地の地方劇の影響を受けて、内容から形式まで四川色が濃かったに違いない。

　北昆は北方に根を下ろし、かつそのほかの節回しの影響を受けた北方地域特有の昆劇である。清代の都北京で、戯園が次々に作られた後、昆劇役者たちは観衆を引き付けるために観客の好きな秦腔や戈腔も練習した。こうして昆劇は秦腔や戈腔、皮黄腔の影響を受けざるを得ず、もはや生粋の昆劇とは言えなくなった。この中では戈腔の影響が一番大きく、当時の人はしばしば「昆戈」と並べて呼んだ。もちろんもともと秦腔や戈腔、皮黄腔の役者たちの多くも一緒

110　本編から独立した短編劇。

に昆曲を練習していた。同治、光緒年間、郭蓬莱という役者がいた。母親が代々役者の家柄の出であったため、三代にわたって戈腔をよくし、郭もその薫陶を受けて戈腔がとりわけうまかった。その後安慶班に入って昆劇を学び、その奥義を会得した。歌いぶりは言葉正しく腔はまろやか、声は響き渡り観客の人気を集めた。

　蘇昆は主に蘇州の昆劇を指し、ほかの節回しの影響を受けることはあまりなかった。多くの上流家庭では依然として昆劇が喜ばれ、子供に昆劇の清唱を習わせるほどで、昆劇を一種の教養と捉えていた。しかし演目の上演を喜んで見る人は少なく、光緒末には全蘇州で昆劇を演じたのはわずかに「全福班」のみ、もう一つ戈陽腔も演じる「鴻福班」があった。当時一部の昆劇愛好家たちは、この古い歴史を持つ芸術は滅びてしまうのではないかと心配し、昆劇を教える学校を作って学生を集めこれを途絶えさせまいとした。そこで1921年蘇州に「昆劇伝習所」が作られた。「昆劇伝習所」は「全福班」の後期の役者、沈月泉、沈斌泉、呉義生、小彩生、尤彩雲が教師となった。集めた生徒は12歳前後であった。教師たちには豊かな舞台経験があり、また文人たちも参加して教学過程を準備し文化科目も教えたので、これらの生徒たちは優秀な成績を修め、その後の昆劇界を背負って立つようになった。施伝鎮、鄭伝鑑、倪伝鉞、包伝鐸（以上は生の役者）、沈伝錕、邵伝鏞、周伝錚、薛伝綱（以上は浄の役者）、顧伝玠、周伝瑛、趙伝珺（以上は小生の役者）、沈伝芷、朱伝茗、張伝芳、劉伝蘅、姚伝薌、華伝萍、王伝蕖、方伝芸（以上は旦の役者）、王伝淞，顧伝瀾、華伝浩、姚伝湄、周伝滄（以上は丑の役者）たちである。これら「伝」の字を世代名として持つ役者たちは学び終えると、1926年から1937年まで相前後して「新楽府」「仙霓社」の名称を用い上海一帯で演じるようになった。

　このようにさまざまな昆劇振興策を施したが、しかし昆劇は依然として人気を集めることはなかった。昆劇役者たちには社会的地位などなく乞食同然で生活の保障もなかったが、1956年になって昆劇の運命に大きな転機が訪れた。

　中華人民共和国成立後、政府が伝統演劇に関心を寄せ、これを育てることに力を入れるようになったのである。生命力が残っているものも、もはや失ったものも、劇種はすべて重視され、また伝統演劇の役者への待遇も改善された。昆劇のような古い劇種はさらに財力も人力も惜しまず、班社を組織し昆劇の後継者が育てられた。1956年4月から5月にかけて、浙江省昆蘇劇団は清初蘇州派の劇作家朱素臣の伝奇『双熊夢』に基づき、それに整理改編を加えた『十五貫』

を晋京で上演した。国家主席毛沢東はこの上演を二度見て、これは良い芝居だと褒め、この芝居を普及させて全国各地の劇種で条件が合えば演じるよう指示した。政務院総理の周恩来はこの劇の役者やスタッフを接見して「みなさんの浙江は一つ良いことをした。一つの芝居が一つの劇種を救ったのだ。『十五貫』という芝居は実に豊かな大衆性と高い芸術性を持っている」と言った。『十五貫』の成功はこの昆劇という古い樹木に新芽を芽吹かせた。人々はまたこれを重視するようになり、政府はさらにさまざまな配慮をした。こうして相前後して北方昆曲劇院、上海昆劇団、浙江昆劇団、永嘉京昆劇団、湘昆劇団、江蘇省昆劇団が組織された。今ではすでに名前だけの存在になった劇団もあり、また伝統演劇全体がさびれている状況のもとで京劇の劇団と合併したものもある。興行収入で維持できる劇団はほとんどなく、ほとんどは1年に十数回も演じきれず、すべて国の財政援助によってなんとか生き延びている。

　2001年5月18日、ユネスコは昆劇を第1回「人類の口承及び無形遺産の傑作」の一つに選び、中国は政府も民間も昆劇の保護と伝承活動を十分重視している。国家文化部では「中国昆劇芸術の保護と振興に関する基金」を立ち上げ、昆劇の上演団体の所在地のある政府部門では毎年助成金を出して新しい演目の上演を応援し、学術団体は昆劇研究会を設立し、昆劇のファンたちは自発的に各種サークルを作っている。例えば北京昆曲研習社、上海昆曲研習社、蘇州昆劇研習社、南京昆曲社、杭州大華曲社、天津甲子曲社、台湾同期曲社などでは、昆曲を学んだり教えたり互いに切磋琢磨したりして、演技の練習をしている。

　昆劇の将来を展望した場合、明や清の隆盛期の状態まで盛り返すということはまず不可能である。しかし消滅してしまうこともまたありえない。人々はこれを唐詩、宋詞、元曲などの文化遺産と同じようにとらえて大切に保護し、少数の昆劇団の上演や大学の伝統演劇専攻での教学などを通して途絶えさせることなく伝承させていくと思われる。

第 6 章

美しい昆劇芸術

中国には三百以上の劇種があるが、その中で昆劇という芸術に感銘を受けない役者はいない。歌、音楽、しぐさ、衣装、どれをとっても比類なく美しい。現在流行している劇種はほとんど昆劇の影響を受けており、昆劇はそれらの教師であると言っても少しもオーバーではない。

第一節
たおやかで美しい昆劇の節回し

すでに言及したように、昆劇は声腔系統からいうと南曲の系統に属する。しかし魏良輔が昆山腔に手を加えてからは北曲音楽の成果を吸収するようになり、昆劇の音楽は宋元南戯や北の雑劇に比べると、曲調の旋律はさらに優美に、構造はさらに整って、演じ唱う芸術はさらに成熟した。

昆劇が使用したのは曲牌体音楽であるが、いわゆる曲牌体とは、歌うのは一曲一曲の曲であるにもかかわらず、それぞれの曲には一定の曲調、唱法があり、字数、文法、平仄などにも基本的な型があり、それに基づいて新しい曲詞を書き込んでいくものである。多くの昆劇は一つの芝居に、2曲以上、場合によっては十数曲あり、音楽自身の規則性とプロットからの要請に基づいて理にかなったつなぎ方をし、芝居の内容を力強く表現しうる音楽構造になっている。昆劇が使った曲牌は千曲以上あり、主要なものとしては唐宋の大曲[111]、詞楽、宋代の転踏[112]、唱賺[113]、元代の時調[114]、南方の民謡などがある。例えば唐の大曲の中には【六么】【梁州】【伊州】などがあり、

---

111 歌や舞、楽器を用いる大がかりな宮廷音楽。　112 宋代の歌舞の一種。歌う時に舞を伴う。
113 宋代に民間で流行した歌唱芸能。　114 元代に流行した歌。

宋代の雑劇の音楽は明らかに大曲の音楽を利用していて、雑劇の演目の中には『崔護六么』『鶯鶯六么』『四僧梁州』『鉄指甲伊州』など、これらの曲を使って歌う芝居もある。昆劇の曲牌には【六么序】【六么令】【梁州第七】、【伊州三台】などがある。また唐宋大曲には【薄媚】、宋雑劇には『九粧薄媚』がある。また昆劇で歌う『拝月亭』の中には【薄媚袞】があり、そこで歌われる『琵琶記・辞朝』には【薄媚】の曲破[115] 1組がある。宋代に流行した唱賺は【太平令】あるいは「賺鼓板」の音楽が変化したものである。一方、昆劇の中にもこれと似た曲がある。例えば【太平令】【太平賺】【鼓板賺】などである。詞楽に至っては昆劇の中で継承したものがさらに多い。例えば【浪淘沙】【風入松】【賀新郎】【点絳唇】【念奴嬌】【高陽台】【粉蝶児】などは昆劇の脚本の中によく見られる。このほか時調、民謡なども一定程度は存在している。

　昆劇の曲牌の格律はかなり厳格で、字声や字韻による理にかなった組み合わせを通して美しく人物の喜怒哀楽などの感情をよく伝えることができるだけでなく、曲と表現内容が統一されていた。蘇州戯研究所の顧聆森先生はこれについて掘り下げた研究を行い、その著書『昆劇の曲牌と声律を論ず』の中で『長生殿・驚変』の中の【粉蝶児】を例にとって、この曲の曲詞の平仄声の組み合わせを以下のように分析している。

　「『粉蝶児』は中呂宮に属する。この数行新雁句の格律は平平仄仄とするはずのところであるが、作者はこの句の初めで平声にすべきところを仄声の数に、第三字目の仄声のところは平字、新にしている。曲中の四言句は一般に第1字、第3字については平でも仄でもよい。したがってこの2字の声を換えるのは律のためだけでなく、全句の平仄の数のバランスをとるためである。この【粉蝶児】の格律は平仄が整っているので、調和が取れ優美で、唐の明皇と楊貴妃の園庭の宴の情景によく合っている。しかし、中呂宮の声調は一種の高下閃賺[116]の声である。……この【粉蝶児】の韻位の構造は中呂宮の宮調の典型的な特徴に符合している」(『聆森戯劇論評選』)。

　このほか、昆曲の曲牌は韻や襯字[117]を重視する。そこで劇作家たちは曲牌や曲調の組み合わせを探し、詞を入れたり字を用いる際は極めて慎重で、ストーリーや人物の情感に合わなくなってしまうミスを恐れた。

　昆劇は南曲の節回しの系統に属する。南曲の曲調は五音階でドレミソラを使い、北曲のような七音階ドレミファソラシではない。南曲にはファとシの二つの半音階がないので、持ち味として柔らかく細やかで嫋嫋（じょうじょう）とした特徴が現れる。

115　古代音楽の一種。一セットになった音楽の最後に用いられることが多い。　116　上がったり下がったり比較的起伏が激しい。　117　中国の詞曲で、定型の字数以外に加えられた字。句意を補い詩趣を添えるためのもので、多くは虚字が用いられる。

しかし南曲の節回しの芝居にも激しく感情を高ぶらせ、歓喜や悲痛、悲壮な感情をおおいに披瀝するものがある。嫋嫋たる曲調のみではこうしたストーリーからくる要請を満たすことが難しいので、劇作家や役者たちは北曲を取り入れるようになった。北曲を吸収し南曲に取り入れるようになったのは元代からである。『元本蔡伯喈琵琶記』第15齣『丹陛陳情』の套曲は18曲からなっており、その中に北曲は【北点絳唇】と【北混江龍】の２曲がある。これについてはすでに述べてきたように、魏良輔が昆山腔に手を入れて北曲に精通している女婿張野塘といっしょに研究し、新しい昆山腔に多くの北曲を取り入れ北方の弦楽器で伴奏するようにした。新しい昆山腔を使って芝居のストーリーを表現した梁辰魚は、『浣紗記』の第12齣『談義』の中で以下のように北曲１組を全部使った。【北点絳唇】―【混江龍】―【油葫蘆】―【天下楽】―【哪吒令】―【鵲踏枝】―【寄生草】―【么篇】―【賺煞尾】。

　この芝居のプロットは以下のようなものである。伍子胥は呉の王、夫差が忠告を聞き入れないのでとても悩んでいた。そこで山に隠居している義兄公孫聖のところに行き、どうしたらいいか教えを請うた。公孫聖は奇人である。

　「志を曲げることのない超俗の人で、普通とは違う考えを持っており」、古今の知識を持ち、志は高く凡俗を超越していた。人の世をあざ笑い、北の曲を歌わせると、気宇壮大な心と高邁な品性が現れ、出自は卑しくても英雄的な気概をよく表した。例えば【混江龍】の曲では

　「清流に釣り糸７尺、気飄々、ただ風が波を巻き上げ、雪は波頭を吹き上げる。この世のいったい誰がこんなにも心穏やかに生きていようと問うと、この世に心落ち着く場所などあるかと笑う。試みに、美しいとばりの中の快楽に酔いしれた様子を見てみよ。戸口には弓矢や刀が並び、功を立てた名前が麒麟楼に刻まれているが、辺境の地の外陣は雲高し。権あり勢あるが安らぎぞない。どうして私のように小島に心地よく暮らし、のんびりと木々の間や岡の上に髪の毛を風にそよがせ、悩みも患いもなく楽しんで生きておられよう。」

　この曲詞だけを見ても気勢みなぎっており、このような勢いは北曲でなければ表現できなかった。

　このように南曲において北曲を使う方法は明らかに効果を生み、昆山腔の芸術的特徴となった。その後、北曲はますます使われるようになった。例えば『長生殿』は全部で50齣だが、幕のすべてに北曲を使っているのは６齣で、しかも一人で歌うという北曲のスタイルで演じ歌っている。北曲を使うのは音楽の調

べに変化をもたらすためだけでなく、その多くはストーリーの必要性からきている。例えば『長生殿』第10齣では【商調・集賢賓】1組を使って、武将郭子儀の猛々しさや自信に満ちたキャラクターを表している。

　もちろん北曲の使い方にはいろいろあり、上述したのは1齣すべて北曲を使うものであり、このほか1齣の前半は南曲、後半は北曲というもの、あるいはその逆もある。最も特徴のある使い方としては、南北合套があり、これは北曲と南曲を交代で使うやり方である。この音楽形式はすでに元代南戯『小孫屠』にあるが、これはそれほど広まることなく『琵琶記』はこのような音楽構造を用いてはいない。しかし、新しい昆山腔が現れてから、南北合套は劇作家によってよく使われるようになった。もちろんこれを使うのは、音楽をしっとりした情緒的なものにしたり、朗々と歌い上げるものにしたりというように、観客の耳を楽しませようとするためだけではない。主な理由としては、劇中の人物の情感を表すためで、『浣紗記』を例にとると、芝居の最後の齣『泛湖』では範蠡が功成って退き、西施と二人五湖に舟を浮かべ、世俗から遠く離れた生活をする場面がある。前の2曲では

「生唱：【北新水令】なぜ今になって帰ってきたかと小船に問えば、万里の波間に漂うのが常と嘆く。波が千丈の高さに荒れ狂う日もあれば、風がやみ帆の穏やかな日もある。川面の景色朧に太湖の水を眺めてもその果ては見えない。

　旦唱：【南歩歩嬌】紗を持って川辺で洗濯をしていた昔を思い出します。ちょうど春、雨がやみ、乙女心は揺れ動く。あなた様と巡り合い、たちまち将来を誓う仲になるなんて誰が想像したでしょう」。

　範蠡はすでに引退した身とはいえ、政治家としての豪気なさまはおのずとにじみ出る。しかし西施は女性である。思うことといえば愛する人と初めて出会った時の情景であり、男女の情愛にひたりきっている。範蠡が北曲を歌い、その雄雄しい心を吐露すれば、西施は南曲を歌って若い女の喜びを表現する。舞台と歌はマッチしている。

　一つの芝居の中で南北の曲を同時に使うことは、宮調が同じでないという問題を生んだ。宮調は声情と調の高さを決定する。一般的に套曲における曲は同じ宮調に属する。一方南曲と北曲の両方を使う時は同じ宮調に属する曲を選ばなければならないが、これがなかなか難しかった。そこで一つの芝居は一つの宮調のみ使うというルールをやめるしか手はなく、この方法を「借宮」と呼んだ。昆劇は南北の曲の合套の手法をよく使ったので、借宮という現象もしばしば起

きた。例えば『牡丹亭・驚夢』で使われた曲【山坡羊】【山桃紅】【鮑老人摧】【綿搭絮】などはそれぞれ商調、越調、黄鐘宮、越調に属する。

そのほか「犯調」や「集曲」というのもあった。いわゆる犯調というのは、一つの曲牌の節回しを主体としてそのほかの曲牌の楽句を入れ、これにより新しい曲牌を構成するものである。例えば『長生殿・弾詞』では、劇中人物の李亀年が９曲の【貨郎児】を歌う。しかしこの９曲の楽調はすべて同じというわけではなく、それぞれほかの曲牌の異なる楽句を吸収している。集曲と犯調はよく似ており、いくつかの異なる曲牌を部分的に１句から数句取り、集めて新しい曲牌にする。例えば【梁州新郎】は【梁州序】【賀新郎】の２曲の楽句から成り、【錦庭楽】は【錦纏道】【満庭芳】【普天楽】の３曲の楽句から成っている。しかし集曲にもルールがあり、初めの部分のいくつかの楽句は正曲の始まりの部分のいくつかの楽句を選ばなければならないし、集曲の終わりの部分のいくつかの楽句も必ず正曲の終わりの部分のいくつかの楽句を選ばなければならない。こうして首尾を一貫させ、構造の統合性と旋律発展の有機性をもたらそうとする。集曲は宮調においてもルールがあり、集めた曲は宮調の限界を超えてもいいし、いくつかの異なる宮調の曲牌を集めてもいいが、しかしこれらの宮調の笛色は共通性を持っていなければならない。

犯調と集曲を使う音楽手法は音楽の美しさやその変化のためだけでなく、ストーリーから来る要請に基づくものでもあった。李玉の『清忠譜・遇魂』で用いている６曲のうち、後ろの５曲はすべて集曲であり、それぞれ【傾杯賞芙蓉】【刷子帯芙蓉】【錦芙蓉】【普天挿芙蓉】【朱奴帯芙蓉】で、最後に集めたのはみな【玉芙蓉】の曲である。顔佩韋や周順昌など不屈の人物がこの五つの集曲を歌う際は、いつも曲の後半で【玉芙蓉】の声調を使い、そうすることで雄雄しい気概や、正義は必ず勝つという信念を表現することができた。

昆劇の板式リズムにも特徴がある。かつては南曲であれ北曲であれ、通常使用したのは三眼板[118]、一眼板[119]、流水板[120]そして散板[121]であったが、昆劇音楽においては複雑なリズムの形式が現れ、これを贈板といった。このリズムはもとの四拍子（一板三眼）の曲調から歌唱の際には半分の速度にし、両板六眼の八拍子に変える。贈板は昆劇の節回しをさらに独特なものとし、演唱のスピードを緩め、演唱者は歌の中間で装飾的な花腔を付け加え、旋律もさらに細やかで変化に富んだものにすることができた。昆山腔は歌詞が少なく、腔が多いと言われるが、このことは贈板と関係がある。

118　4拍子のリズム。　　119　2拍子のリズム。　　120　流れるようなリズムのもの。　　121　リズムがないもの。

昆劇の演唱の記譜の方法は、伝統的には工尺譜[122]を使う。直行唱詞の右側に注音符号を置き、合、四、一、上、尺、工、凡、六、五、仩、伬、仜などの字で（簡譜[123]の５６７１２３４５６１２３に相当する）音色、音の高さを表し、またこれらの字の傍に太い点や丸、細い点や横線、曲線などを使ってリズムを表した。もし四拍子であるなら、一般に太い点で板を、細い点で頭眼と末眼を、丸は中眼、横線は底板、曲線は腰板を表した。また曲線は「×」で表した。

　昆劇の楽器はおおよそ三つに分けられる。一つは管楽器のグループで、笛、簫、大小のチャルメラ、笙があり、笛を主とした。二つ目は弦索楽器のグループで、琵琶、三弦、月琴と箏などがある。三つ目は、打楽器のグループで、鼓、板、大小のドラ、湯ドラ、雲ドラ、斉鈸、小鈸、木魚、堂鼓があり、鼓、板、小ドラを主とした。このような多種多様の楽器は雰囲気を盛り上げ、歌唱を生かす上で、伴奏としての効果を発揮した。もちろん、これらの楽器はすべての芝居において同じ役割を果たしたわけではない。もし主として生、旦が歌うラブストーリーであれば、笛を主とする楽器で伴奏することで、悠揚せまらず果てしなく広がり、美しく滑らかな笛の音色が叙情的な雰囲気とよくマッチする。もし英雄豪傑の物語や戦争の場面であれば、大小のチャルメラを主な楽器として演奏し、勇猛心や緊張感、悲壮感がただよう戦争の場面を表現する。昆劇の楽隊の組み合わせと楽器の伴奏方法は、後のさまざまな劇種に良い影響を与えた。昆山腔の演唱技巧は人々を感嘆させた。沈寵綏は『度曲須知』の中で、この歌唱法の特徴をまとめて「口を開ければ軽やかに転がり、音の最後は澄んで細く引いていく」と言っている。うまい役者が歌うと俗っぽさが全くなかった。

　明代中後期、多くの劇作家、理論家、曲師、役者などが、精魂を傾けてその歌唱技法を求めた。言葉が明晰であるようにと彼らは中国語の音韻学の知識を十分活用し、歌を歌う役者に五音を正しくし、四呼をはっきりさせ、四声を明確にし、陰陽を使い分けるよう求めた。いわゆる五音とは、のど、舌、前歯、奥歯、唇の五つの発音部位のことである。四呼は口を開ける、歯を揃える、口を丸くすぼめる、口を閉じるの四つの口形である。しかしこれらは基礎的な訓練で、せりふの明晰さという問題を解決するにすぎない。観客に、歌っている時の発音をクリアに聞いてもらうためには、歌詞の文字一つ一つの字音を字頭、字腹、字尾の三つの部分に分け、出声、伝声、収声の技巧を使ってそれをコントロールする。もし「紅」という言葉を歌うなら、それを「h」と「ong」に分解し、歌う時は、一つ一つの音を順番に口から出すが、聞くと一つのつながっ

122　伝統的な楽譜。　　123　1から7までの数字で音階を表記した楽譜。

た音に聞こえる。昆劇の発声法は今日から見ても正確でよくできており、音楽学院の声楽科ではこの教学経験を今も使っている。

　昆劇では言葉が明瞭であるだけでなく、役者にはストーリーと劇中人物の気持ちにそって感情を歌い上げ、歌唱によって人物のイメージを作り上げるよう求めた。清代の徐大椿が『楽府伝声』の中で「歌い手は必ず役柄の気持ちになってその人物の性情、気概を真似、その人物自身の言葉であるかのように歌うべきだ。そうすれば姿は真に迫り聞く人を陶然とさせ、本当にその人に会っているかのようで劇中であることを忘れてしまう」と言っているようにである。どの曲も一定のきまりがあるが、高低、速度、悲喜については、ストーリーや人物イメージへの役者の理解度によって異なり、歌唱の効果も同じではなかった。

第二節
歌、せりふ、しぐさ、立ち回りが有機的に溶け合った舞台芸術

　昆劇の舞台芸術は南戯の伝統を受け継いでいるが、その発展過程において、止揚と創造を絶え間なく行い、徐々に独特の芸術性と完成された表現体系を作り上げていった。

　南戯の基本的な角色、すなわち役柄は七つ、生、旦、浄、末、丑、外、貼である。この七つの役柄で社会のあらゆる人物をすべてカバーすることはできない。そこで舞台の役柄と演じる人物とでは、その年齢、性格、気質、教養などの面でかなりの違いが出てしまう。しかも千人いようと顔も声も同じという状況に陥りやすい。『幽閨』の中の蒋世隆と『琵琶記』の蔡伯喈は時代も場所も人生も異なる人物だが、舞台では彼らの言葉、しぐさにほとんど違いはない。しかも役柄が少ないため、今ある役柄でほかの人物を演じなければならなかった。そのため舞台の役柄はしょっちゅう入れ替わり、人物は一人ではないのに、役者は数人だけで、その結果観客は何が何だか分からなくなるのだった。

　上演の必要性から南戯は役柄を増やすようになった。例えば明の嘉靖年間の徐渭は『南詞叙録』にこのように書いている。「外は生のほかの生である。小生、外旦、小外などとも言い、後の世はこのおかげをこうむっている」。この記述は、この時代の役柄がすでに7から9、あるいは10になったことを意味している。しかしこれに関する変化は依然として遅く、万暦の前期になるまで役柄

の身分は決まってないか、あるいは異なる役柄を一人の役者が演じ分けるという状況がよく起きていた。この時代の卜世臣は『冬青記』という伝奇を書いているが、その凡例の中で以下のように言っている。「最近は9人で登場する。小旦、小丑を増やしている。しかし小旦は貼と同じではなく、小丑は丑と同じではない。人が多ければ役を分け、人が少なければ役を兼ね、こうして上演の便宜を図った」。生役は慣例では若い書生を演じるが、実際にはよく老人にも扮した。末は老人を演じるはずだが、よく子供役を演じた。役柄の変革がなかなか進まなかったのは、戯班が上演コストを節約したかったからかもしれない。このような状況は万暦の末になってようやく変化を見た。役柄が11〜12人に増えたのだ。万暦38年（1610）王驥徳は『曲律・論部色第三七』の中でこう言っている。

「現在の南戯は正生、貼生（あるいは小生）、正旦、貼旦、老旦、小旦、外、末、浄、丑（すなわち中浄）、小丑（すなわち小浄）の計12人あるいは11人であり、昔とは多少異なる」。

大きな変化としては浄を大浄、中浄、小浄に分けたことである。もともと浄の演技の特徴は丑と組んで滑稽なことをして笑いを取ることであったが、ここで大浄に分類されたものは演技の特徴として主にポーズや風格を表し、しぐさを重んじるとともによく歌を歌う。

清代の初めから乾隆年間にかけて、役柄はきっちりと分担され「江湖十二脚色」の体制となった。李闘は『揚州画舫録』巻5で以下のように詳しく紹介している。「梨園では副末が戯班を代表して最初にあいさつする。副末以下、老生、正生、老外、大面、二面、三面7人を男脚色という。老旦、正旦、小旦、貼旦4人を女脚色という。打諢[124]は一人だけでこれを「雑」という。この「江湖十二脚色」は……」。

これより昆劇上演の「角色」、すなわち役柄の体制は基本的に定まった。この分業体制では、正生と生旦が重々しい中年の人物を専門に演じ、小生と小旦が青春を生きる美しく若い男女を演じる。正生と正旦は歌を重んじ、小生と小旦は歌としぐさをともに兼ねる。貼旦は若く生き生きとした、あるいはおきゃんな女を専門に演じ、技術的にはしぐさを得意とする。貼旦は少女以外に少年も演じる。例えば『尋親記』の周瑞隆や『躍鯉記』の姜安安、『浣紗記』の伍員之子などで、これらは後に娃娃生[125]と呼ばれるようになった。大面は大浄のことで、ヒーローも悪役もともに演じることができる。二面、三面は副浄と丑である。

124　道化。　125　子供の役。

『千金記』や『精忠記』の中で浄丑が演じた人物は、項羽、役人、太鼓持ち、独り者、秦檜、金兀術、年長者、道士などである。このうち項羽、秦檜、金兀術はヒーロータイプで、大浄によって演じられる。そのほかは喜劇的人物で、副浄、小丑によって演じられる。ヒーロー型と悪役は性格が異なり演じ方も変わってくるため、紅面、黒面、白面に分ける。

　昆劇役者の舞台動作にははっきりした舞踊性がある。このような演劇舞踊は多く古代の民間舞踊や宮廷舞踊の伝統を吸収し受け継いでおり、舞台上演の長い歴史の中で、歌と舞踊を結び付ける芸術が創られ蓄積され、こうして次第に「歌いながら舞う」という上演形式が形成された。昆劇の舞踊には次の二つの役割がある。

　一つは叙情性と動作性がともに強い場面の必要性に合わせ、叙情的な舞踊でストーリーと人物の情感を表現する。例えば『玉簪記・秋江』『西川図・芦花蕩』『精忠記・掃秦』『三国志・刀会』『宝剣記・夜奔』などである。『秋江』では潘必正が道観を追われ、陳妙常が連夜舟に乗って川端まで追いかけ、会った後は互いが想いを告げ合い、それぞれ碧の玉の鳥のかんざしと白い玉の鴛鴦の扇飾りを贈り合って別れるところを描く。しかし見せ場はここにあるのではなく、船頭と陳妙常がからかったりあせったりという状況の中、船を追う舞踊の動作にある。二人の役者は櫂を手にさまざまなしぐさをして、観客に川の流れの激しさや水量、船がぐるっと回ったり、スピードをあげて進む様子や人が船に揺られる様を感じさせる。『夜奔』では林衝が奸臣高俅に何度も陥れられ、滄州牢営に流されて草料場の管理を命じられる様を描いている。高俅は陸謙を使ってひそかに飼葉に火を放ち、林衝を焼死させるか、または飼葉をきちんと管理していなかったかどで罪を着せようとする。林衝は陸謙らを殺し闇にまぎれてその場を逃れ梁山に逃げるが、高俅は追っ手をやってこれを捕まえようとする。幸い黄河の渡し場で梁山の好漢たちに助けられ、追っ手を殺してともに山に登る。劇中、多くの優美な舞踊の場面があり、闇夜の中で狭い道を逃げる緊迫した状況や、主人公の怒りや恨みなどを伝える。

　昆劇舞踊の二つ目の役割としては、叙事的な場面の必要に合わせて、多くの人物描写に重点を置いた一連の舞踊動作を創造し、舞踊を主とした場面を作り上げること。例えば『連環記・起布問探』『虎嚢弾・酔打山門』『孽海記・思凡』『荊釵記・上路』などである。『酔打山門』は魯智深が五台山で出家した後、寺の生活を嫌う様を描いている。ある日、山を下りてぶらついていると酒売りに

会う。そこで酒を奪ってがぶ飲みし、酔って山門を叩き壊し、五台山で大暴れする。劇中魯智深が演じるのは基本的に舞踊の動作である。舞踊のしぐさで酔った様や英雄が規律に縛られるうっぷんを表現する。『思凡』では若い尼僧が独り身の寂しさや戒律の束縛に耐え切れず、下山して幸せな結婚生活を求める様を描いている。劇中多くの舞踊によって、若い尼僧の孤独やつらさ、胸のざわめきを表現している。このような描写的な舞踊はすべて実際の生活におけるさまざまな動作に基づき、それらを洗練させて作り上げたもので、一般観客にもよく理解できるものであった。もちろん踊る時には叙情的な歌がそれに伴い、動作が歌詞を補い人物の思いや苦悩、憤懣などを余すところなく伝えた。

　昆劇の表現は役者たちに人物の情感を体験し、同じ役柄であっても、異なる人物を演じる際は、異なる時代、異なる教養、異なる情感に基づく客観的な違いによって演じ分けることを要求した。つまり、それぞれの人物固有のキャラクターを演じ分けよということである。李漁は『閑情偶寄』の中でこう言っている。

　「曲を歌う時は曲の情を歌わなくてはならない。曲の情とは曲の中のストーリーである。そのストーリーを解き明かし、その意のありかを知って歌えば、演じる人そのものになる。問う者は問い、答える者は答え、悲しむ者は沈みきって喜びの色などあるわけもない。喜ぶ者はおのずと喜びに溢れ、やつれた様子などかけらもあってはならない。しかもその声と歯頬の間にはそれぞれ違いがあり、これを曲情と言うのである。……終日この曲を歌っても、あるいは1年中この曲を歌っても、さらには一生この曲を歌っていてもこの曲が何を言おうとしているのかが分からなかったり、口では歌っていても心では歌っていない、また口の中には曲があっても顔や体にはそれがないなどを無情の曲といい、愚かな子どもが本をそらんじるのと同じく、やらされているようで自然さに欠ける。腔板が極めて正しかろうと発音がはっきりしていようと、これは二番手三番手の歌であり素晴らしいものとは言えない」。

　李漁は多くの芝居を書き、また上演した。この話は彼が芝居の演出をしていた時に何度も役者たちに伝えたものだろう。もちろんこれは李漁一人による要求ではなく、昆劇全体が求めたものである。

　このような要求のもとで、多くの役者は生活に深く沈潜し体験の中で懸命に工夫をこらした。明末清初、侯方域は『馬伶伝』の中で以下のような典型的な例を話している。それによると、南京に馬伶という役者がおり、「興化部」とい

う班社に属していた。当時南京の班社は数十あったが、中でも有名なのは「興化部」と「華林班」であった。ある時安徽省の商人が金を出して二つの班を招き、同時に同じ場所で『鳴鳳記』を演じさせ優劣を競わせた。馬伶と李伶がそれぞれ厳嵩を演じたが、李伶の方が演技が上だったので観客はみなそちらを見に行き、興化部は最後まで演じることができずにそそくさと芝居をやめてしまった。舞台衣装を脱ぐと、馬伶は恥ずかしくてみなの前に出ることができずこっそりと逃げ出した。3年後、馬伶は再び南京に戻ってきて、安徽省の商人にまた二つの班を招いてほしいと頼んだ。そこで再び『鳴鳳記』を上演し、李伶と馬伶は宰相厳嵩を演じた。宰相が河套戦役の得失を論じるところまで演じた時、李伶は馬伶の演技の素晴らしさに声もなくその前にひれふして、自分は弟子であるとかぶとを脱いだ。観客もみな興化部の芝居は華林班よりずっとうまいと思った。その後で人々が馬伶にどうしてこんなに腕を上げたのかと聞くと、馬伶は次のように答えた。今の宰相は昆山の人で顧秉謙といい、その品行は厳嵩に似ている。そこで都に上って宰相の屋敷で下僕として働かせてもらえるよう頼んだ。毎日宰相が朝廷に行き屋敷に戻ってくる挙措を観察し、言葉に耳を傾けてだんだんとこの奸相の雰囲気に似てきた。こうして奸悪な宰相を好演することができたのだという。この話は五百年以上も昔の昆劇役者が、創作の源泉は生活の中にこそあるという原理を知っていたことを意味する。

　昆劇の舞台美術は以前の劇種に比べて大きな進歩を遂げた。細やかな表現を求めたのと同様、情景を表現し物語を展開して人物を造形するために舞台美術を大いに役立たせようとするもので、劇作家と役者はともにこのことを極めて重視した。例えば『清忠譜』第6齣は、周順昌が新しく建てられた魏の宦官の生き祠（ほこら）に行って像を罵る話である。脚本の中で周順昌は「方巾、白衣」を着るとはっきり書いている。一般的な状況で言うなら周順昌は青い無地の服を着てもいいが、この時に白衣を着たのには特別な意味がある。一つは、舞台の上の宦官たちの吉慶の服とはっきりした対照をなし、周順昌の清らかで玉のような品性を表す。二つ目は死を覚悟して戦おうという周順昌の決心を表している。白衣は葬儀の時にだけ着るものだからだ。『長生殿』の作者洪昇は舞台美を重視し、役者たちが『長生殿』の上演中にいい加減な装いをすることを鋭く批判している。

　「この脚本は高雅な思想を表し人物のリアルな情感を表現しているのに、近頃の一部の役者が好きなようにこれを換えてしまっていることには賛成しかねる。

……『哭像』折は、「哭」という題名なのだから、葬式やめでたくない場面が描かれる。ところが今の舞台ではみなが赤い衣装を着ているため筋からかけ離れてしまう。明皇の想いも伝わらないし、宦官や官女たちが泣く場面にもマッチしない。踊りや最後の演舞は『霓裳羽衣』という題名だが、ここでは白い上着に赤のスカートを履かなければならない。リアルな生活に合わせ、しかも舞台芸術の要求に基づいて演じ、曲に合わせた踊りの意味を細やかに反映していれば、簡単な動作で表現するだけでいいのだ。今では貴妃の舞は浣紗舞をまねていて、最後の折の仙女や舞灯、舞汗巾はどれもいい加減でまともなものがない」(『長生殿・例言』)。

　洪昇の観点ははっきりしていて、衣装はストーリー、人物の考え方や感情と緊密に結び付いていなくてはならないということである。

　臉譜——すなわち「くまどり」芸術も昆劇の中で発展した。くまどりの由来については、今日の学術界でもさまざまな考え方がある。しかし、くまどりという芸術が古い歴史を持っていることだけは衆目一致している。古代の儺における方相氏の「黄金四目」とは仮面のことである。北斉の歌舞戯『蘭陵王』の中の長恭は、出陣に際して猛々しく恐ろしげな仮面をかぶった。南北の宋の時代に仮面は非常に発展し、陸游は『老学庵筆記』の中で以下のように紹介している。「下桂府は面を作り、800枚1セットだった。老人、若者、美しいもの、醜いものなどがあって一つとして同じものはなかった」。宋代の勾欄で上演したグループには、常に竈の神様、鍾馗、青面鬼、どくろというキャラクターがあって、役者はいつも面をかぶって扮装した。金院本の登場人物はすでに顔への着色を始めていた。杜善夫は『庄稼不識勾欄』の套曲の中で、勾欄の芝居には「顔中に石灰を塗りその上に黒く線を引く」役があると書いている。侯馬董氏の墓から出土した戯俑、洪洞霍山の明応王殿忠都秀作場壁画など、金や元の戯曲文物がこれを証明している。元の雑劇の副浄や搽旦などはすべて顔に色を塗った役柄であろう。

　昆劇が国中を風靡した時代になると、くまどりはすでに演劇芸術の一大特徴となっていた。大面という役柄があったので、浄角の顔の化粧には大きな変化があった。小丑のくまどりは基本的に宋や元の戯曲「花面」の方法を踏襲したもので、目眉の間を四角く白く塗る。副浄は目眉の間の白い斑点を大きくし、目じりを描く。大面では色を顔全体に広げ、生え際まで塗る。大面は正面、反面、奸険、剛強粗暴などのタイプに分かれるので、観客が一目でそれらのタイプを

見分けられるよう、塗る色には赤、白、黒の3色があった。赤は正面、つまりヒーロー型の真っ直ぐで勇敢な人物を代表する。白は反面、つまり悪役で奸計をめぐらす陰険な人物を表す。黒は公正で節を全うする人物を代表する。もちろん、大面のくまどりは赤、白、黒だけではない。赤、白、黒は地の色に使うものであり、誇張装飾の手法を使い色彩と図案で、眉、目、鼻、口、輪郭や顔の皺などを誇張して描き、人物の特徴を強調し、デフォルメによって表現力を増した。生、旦角は目や眉を描くほかは色を加えず、これを「俊扮」と称した。

　昆劇は明代に衣装が生活化し、明末の毛晋の編纂した『六十種曲』第4冊『環魂記』第5齣では、書生の陳最良は儒巾藍衫[126]を着るようにと明記しているが、『南柯記』第24齣の舞台は「衆扮秀才」と提示している。前者は書生役の具体的な扮装を説明し、後者はただ「扮秀才」とだけ書いている。ここからも、衣装は普通の生活で書生など知識人たちがふだん着ていた服装として身に着けたことが分かる。

　もちろん、役者たちは常に美学に基づき、人物の性格をはっきりさせたり人物の品性や民族、時代などを衣装を通して浮き彫りにさせたりしようとした。例えば『邯鄲記』第8齣には「醜厨役頭巾挿花」とあり、一人の男が頭巾に花を挿す。普段の生活ではありえないことで、これは丑役の扮装のこっけいさを強調するためにほかならない。また第15齣には「旦扮小軍挿旗」とあり、背中に旗を挿し、奇抜な衣装にして、この小軍の打番児漢[127]たる民族色を出している。また第16齣では「番卒挿令箭」とあり、これは小軍が旗を挿すのと同じ目的である。明代の昆劇衣装を芸術化したものとしては、花、旗、箭を挿すだけでなく、さらに帽子をかぶらせるなどさまざまな工夫をしている。現在の伝統演劇の衣装にも残っている方翅紗帽は明代の役者の手によって作られたものである。明末に出版された『荷花蕩』の中にある挿絵に、芝居の飛び入りの情景が描かれている。飛び入りで演じているのは『連環記』で、舞台で王允役がかぶっているのがこの方翅紗帽である。また朱季美の『桐下聴然』にも王世貞が生きた時代、昆劇役者たちが作った舞台用のかぶりものについての記述がある。

　「馮南谷は呉門の博徒で面白い男だった。賭博で10万の金をすり、金持ちの家に金を借りに行くと時の有名な文人王世貞がいて、役者の風流帽をかぶってゲームに興じていた。彼が使用人を通して、もし風流帽を題に詩を作ったらどんな頼みにも応じてやろうと言うと、馮南谷は即座に次のような詩を朗詠した。天下に風流事少なし。帽子の上にこそ風流事多し。

126　書生頭巾に青の上着。　127　北方の少数民族。

ご主人様は常に鬢に帽子をかけ、そのさま笙笛に合わせて演奏するがごとし。王世貞がこれを聞いて喜び10両の銀を贈ると、その場にいた客人も次々に褒美を与え、馮南口はあっという間に多額の金を手にすることができた。

風流帽は不倫帽とも言い、まわりは絹を束ねたもののようで両脇に白い羽があり揺らさずとも動く。『白兎記』の李洪義、『八義記』の楽人がこれをかぶる」。

帽や翅を揺らさず自然に動くようにするには一定のテクニックがいる。この帽子をかぶる役者の目的は滑稽味を増すことである。また昆劇衣装には「諸葛巾」「老爺盔」「周倉帽」「汾陽帽」「妙常巾」「白蛇衣」などがあり、当時の役者は演じる人物のキャラクターを分かりやすく、また美しく見せるために、その役のための衣装をわざわざ作り、これらの役にはその役と関係のある名前が付いた。

清代は昆劇の衣装が定型化、様式化に向かった時期で、それは以下の2点に具体的に現われている。一つ目は、身に着けるものの多さである。李闘は『揚州画舫録』巻5で「江湖衣装」の細目を上げている。衣、かぶりものについてはこう書いてある。衣箱は「大衣箱」と「布衣箱」の2種類があり、「大衣箱」は「文扮」「武扮」「女扮」に分かれている。「盔箱」にも「文扮」「武扮」「女扮」の区別がある。また文帽の巾帽には33種あり、平天冠、堂帽、紗貌、団尖翅、尖尖翅、葦素八仙巾、汾陽帽、諸葛巾、判官帽、不倫巾、老生巾、小生巾、高方巾、公子巾、浄巾、綸巾、秀才巾、蛐聊巾、円帽、吏典帽、大縦帽、小縦帽、皁隷帽、梢子帽、回回帽、牢子帽、涼冠、涼帽、五色氈帽、草帽、和尚帽、道子冠などがある。二つ目として服飾を個性化して登場人物のキャラクターを際立たせ、その人物に対する観客の評価を表した。また奇抜な衣装そのものによって美をもたらした。例えば昆劇には「当場変」と呼ぶ衣装があるが、二重になっていて上の衣装がすぐ脱げる。演じている時、役者は上着をひっくり返してスカートにすることができ、そのため「翻衣」と呼ばれた。清代の役者が演じた『浣紗記・採蓮』での4人の官女が着ているのがこの衣装である。

そのほか、康熙年間の「村優浄色」陳明智の扮装テクニックもまた、昆劇役者たちの舞台衣装における創造性を物語る。清の焦循の『劇説』巻6『書陳優事』によると、一般の浄角の役者は声がよく響き体格が良くなくてはならなかったが、陳明智は体も貧弱でせりふもぼそぼそとしていたという。しかし彼は衣装と化粧によって威厳がありたくましい楚の覇王を演じることができた。「陳は初め袋を開けて、中から美しい錦で織られた帯を取り出して腹にくくり、何度も巻き付けた。履物の長靴は厚さ2寸余りでこれを履くと背が高くなった。さ

らに筆を取って鏡を近付け墨で顔を黒く塗ると顔が大きくなった」。

　昆劇の衣装の役割としては美しく見せたり、役の民族、地位、職業、年齢、品性を分かりやすくすること以外に、これで演技をも助けた。衣装をうまく使うことができれば、役者が役の気分や気質、感情を表現する重要な道具となった。例えば水袖の演技がそれに当たる。

　水袖とは、芝居の衣装の蟒袍、官衣、開氅、褶子、帔など長い衣の袖口に縫い込む長い白い絹を指す。この絹は広げて舞うと水の波紋のようになるので水袖という。この水袖を使って、引き寄せる、はね上げる、つっぱる、ぶつける、払う、振り上げる、はたく、振り回す、打つ、回す、折るなどの動作をすると、役のさまざまな気持ちや、年齢、身分、性格、イメージなどを表現することができた。例えば水袖を体の左側や右側の上に向けてはね上げる動作は「女斜揚袖」といい、通常、役中人物が気持ちを高ぶらせ、ひどく腹を立てても訴える術のない場合の内心の思いを表す。『紅梅閣』の李彗娘は濡れ衣を着せられた上無残にも殺されるが、役者は彼女が冥土に行くさまを演じる際にこの動作を使って屈辱や怒り、胸にたぎる抵抗の思いを表す。また体の前で両手で同時に水袖を左右に回し、すぐに手首を使って再び水袖を戻してつかむというしぐさで見せる「女双手抓袖」は、しばしば役の人物が感情を激しく高ぶらせ、それがピークになった時に用いられる。『打神告廟』の桂英にこの動作があり、彼女の激しい怒りと復讐の決意を表すのに大きな役割を果たしている。

　昆劇の大道具は「砌末」というが、この名称はすでに元の雑劇に見られる。昆劇の舞台で最もよく使われるのは「机一つと椅子二脚」である。机の役目は場面によって変わり、食卓や小机にも、また建物や山や台、城壁にもなる。そのほか、よく舞台で見る馬の鞭や船のオール、武器、扇子、ハンカチなどは、役者たちによって演技と結び付けられ、ほかの意味も与えられる。例えば赤い鞭は赤兎馬を表し、白い鞭は白龍駒を意味する。小さな旗を使っての波紋のようなしぐさは流れる水を表し、例えば『雷峰塔』の『水闘』の場面ではそのように演じられている。多くの水族役者[128]は水旗を使って波を表し、ハンカチは手の中でぐるっと回して平たくすると皿を表す。

　明代の末年になると人々は舞台に何のセットもないことに満足しなくなり、意味ある試みをしたことがある。明末の張岱は『陶庵夢憶・劉暉吉女戯』の中である事例について述べている。

「劉暉吉は不可思議な幻想の世界を作り上げて従来の演劇の欠陥を補おうとし

128　水の中で演じているように見せる端役役者。

た。例えば葉法善の『唐明皇游月宮』の舞台は急に暗くなる。やがて手を挙げて剣を落とすと雷鳴が轟き、黒い幕が下りて満月が出る。回りは羊角で染めた五色の雲がたなびく。月の中には木犀の木があり、常儀、呉剛が座っている。兎は薬を臼でついている。また薄い紗がこれをおおい、舞台では賽月明というかがり火がまるで曙光のような青白い炎を見せ、長い布を放り投げて月まで届く橋に見立てる。神秘的でこれが芝居であることを忘れてしまう」。

灯りと紗のとばり、花火と役者で月の宮殿を作り上げるというその奇抜な装置は、きっと観客をおおいに驚かせたであろう。清初になると李漁もこの試みに挑戦している。彼は『蜃中楼』伝奇の上演効果のために特に次のような提案をしている。

「あらかじめ手のこんだ蜃気楼のような建物を作っておき、それをそっと楽屋に置いておいて突然観客に見せる。歌が始まり煙が焚かれた時にそれを突然運び込む。これをスピーディにやると観客は手のこんだものよと賛嘆し、いったいどこから来たのかと不思議がる。蜃気楼のように見せるのに役者は手を抜いてはならない」。

しかしこうしたセットは時間も手間もかかり道具の出し入れも大変なので、観客の高い評価は得たが、しかし実際の上演では依然として幕やカーテン、机一つと椅子二脚だけであった。

第7章

昆劇作品の美学と意味

どんな演劇作品でも、それが一時的に人に喜ばれたものであれ、優れた作品として後世に残ったものであれ、そこにはそれ自身の美的な価値がある。昆劇が劇壇の覇者として二百年君臨できたのは、その音楽や舞、芝居、歌が同時代の他の劇種より優れていたからであるとともに、その豊かな思想や芸術手法、巧みな脚本とも関係があった。本章では、哲学、社会学、美学、文学の角度からいくつかの有名な昆劇作品を探ってみることにする。

第一節
『浣紗記』──国家至上精神の発揚

　前文で述べたように『浣紗記』は、魏良輔が創り上げた昆山腔を使った最初の芝居であり、節回しも脚本も優れていて互いに引き立てあった。そこで役者たちは争ってこの芝居を演じ、新しい昆山腔もこの芝居で舞台での足がかりを得た。

　『浣紗記』は春秋末年、越国の大夫范蠡が春遊びをしていた時、風光明媚な萱蘿村で洗濯をしている少女西施を見かけて一目ぼれをし、1枚の布によって西施と生涯を誓い合う。呉越の戦いの時、越王勾践は敗北し会稽で敵に包囲されてしまう。越は大臣文種に命じて呉の宰相伯嚭に賄賂を贈らせ講和を求める。勾践夫婦と范蠡は呉の都に連れてこられ、石室の中で3年間馬の飼育を命じられる。呉王の信任を得るために勾践は范蠡の提案を入れ、屈辱に耐えて夫差が病気をした時の糞便を食べる。夫差は勾践が臣下となることを受け入れたと思い勾践を釈放して国に帰す。勾践は夫差を女色に溺れさせることでその国を滅ぼそうと、国中から美女を求めた。そこで范蠡は自ら西施を勾践に推薦し、夫差に差し出させた。夫差は西施に溺れ昼も夜も淫楽にふけり、政治は乱れ忠臣も遠ざけ、ついには国を支える忠臣の伍子胥さえ殺してしまった。勾践は帰国した後、臥薪嘗胆、奮起して国を富ませ人口を増やし、ついには呉を一挙に攻め滅ぼした。范蠡は国の恥辱をそそぐ優れた勲功を立てたが、官界のあくどい計略を察知したために功成ったところで身をひき、西施を連れて五湖に船を浮かべる。

　呉越相戦う故事は『左伝』『国語』などの史書に記載されている。『左伝・定公十四年』に、呉王闔閭が越に攻め入った時に傷を負って死に、子の夫差が即位して復讐を誓ったとある。また『左伝・哀公元年』には、夫差が呉軍を率いて越に攻め入り、夫椒の地で越を打ち負かした。越王は呉国の宰相伯嚭に賄賂を贈り、身を低くして講和を求めた。伍子胥はこれを受けないよういさめたが聞き入れてもらえなかったとある。最も早く西施の物語を歴史の史実の中に入れたのは『史記』巻41の『呉越世家』と、巻129の『范蠡列伝』である。また西施の物語を面白くあれこれ記述しているのは、後漢趙曄の『呉越春秋』である。例えばこの本の『勾践陰謀外伝』では、大夫文種が勾践に九術を授ける。九術

の4に「美女を遣わしもってその心を惑わし謀を乱す」とある。勾践は美女を探させ、ついに萱羅村で薪売り女の西施と鄭旦を得る。そこで彼女たちに歌や舞を教え3年後にマスターさせると、彼女たちを呉王への贈り物として范蠡に連れていかせる。呉王は大いに喜ぶ。

　この話は伝奇的色彩に富んでいたため、早くから舞台化され、金院本には『范蠡』が、元代の雑劇には関漢卿の『姑蘇台范蠡帰湖』がある。また趙明道の『滅呉王范蠡帰湖』や呉昌齢の『陶朱公五湖沈西施』があり、ほかに宋元間の氏名不詳者による戯文『范蠡沈西湖』もある。西施の物語は昔からずっと江浙一帯に広く伝えられてきた。この物語が演劇作品になったのは、広く民衆に知られた有名な物語というバックボーンがあるからだ。しかし、もしも新味がなく古い時代の同一素材による作品を超えることができなければ、これほどの人気を得ることはなかったであろう。

　梁辰魚がこの戯曲を書いたその新意はどこにあるのだろうか？この作品の第1齣『家門』[紅林擒近]では以下のようにその思いを述べている。

　「千里の名馬も飼葉桶に伏し、広い翼も狭い籠に閉じ込められる。歴史をひもといて、才能が認められない傷心を文字に託す。こんなことをするのは誰か？平生慷慨し、薪を負うて呉の市に行く梁伯龍」。

　梁辰魚は大きな政治的野心を持ち、またその才を自負してもいた。しかしその一生は不遇で、志を果たすことはなかった。43歳で軍人になって浙江の総督胡宗憲の幕府に入ろうとしたがやはり思いを遂げることはできずにその生涯を終え、終生野におかれた庶民であった。したがって千里の馬が厩舎につながれ、大鵬が籠に閉じ込められたまま死を迎える嘆きは彼の内心の叫びだった。彼は伍子胥や范蠡のように歴史の大舞台で国を興す大事業に参画したかったのであるが、自分の現実に目を転じると、君は蒙昧、臣下はずるく、権力者は腹心を重んじて正直で才能ある者は排斥される。そこで作者は古人の杯を借りて己の心の思いを注ぐ。ここからも作者が范蠡と西施の愛を歌い上げたかったわけではなく、このラブストーリーで観客の興味を引こうとしただけであることが分かる。暗愚な君主が酒色に溺れ讒言を信じて忠臣の諫言を聞き入れず、臣下は貪欲で賄賂も受け取り放題、識見に欠け権謀を弄ぶ。この書の本当の目的はこれらを批判するとともに、忠節を尽くし国の利益を第一に考えるりっぱな臣下を褒め讃え、彼らの優れた業績を評価することにあった。そうすることで、自分の鬱屈や才能が認められないことへの憤りを託し、自分の政治的才能を存分

に発揮したいという願望を表そうとしたのである。

　この芝居の第23齣『迎施』ではもっぱら范蠡と西施の姿を描いている。西施は舞台に登場すると、観客に向かって自分の思いを述べる。自分は范蠡と婚約したけれど、彼が「ずっと呉にとどまるつもりである」ことを知っている。だから彼を責めるつもりはない。「あの方が国に殉じるのであるならば、私があの方と結婚するなどかなわぬこと」と言う。范蠡が「約束を交わしたことを申し訳なく思っている」とそのやましい思いを伝えると、西施は急いでこう言って彼の行動を分かってやろうとする。「なにより大切なのはお国、結婚など些細なこと」だと。

　彼女が范蠡を愛したのは、彼が国に忠節を尽くす人物だったからである。この点においてまさに彼女の言う「あなた様と一緒に飛んでいく美しい羽は持ちませんが、でも心は一つです」ということなのだ。彼らは二人とも国家なるものを自分たちの上に置く人物だったのである。

　西施が范蠡から自分を呉王に贈ると聞かされた時、彼女は失望し苦しみ、初めはきっぱりと拒絶した。「私はただの田舎娘、みすぼらしいのにどうして楚館秦楼[129]で歌を歌い舞えましょう。それにもう人と約束を交わした身、3年も経ち心は苦しみにうずきます。お国のためならば、どうかほかの女性を探してください。私は簡単に心を変えることはできません」。

　愛というものに憧れを抱いている少女はこうした要求を拒絶する権利を持つし、相思相愛の男を責める権利もある。しかし范蠡が個人と国の切っても切れぬつながりをこんこんと諭すのを聞いた後は、彼女はただ自分の運命を悲しむのみであった。

范蠡（せりふ）：お前の美しい思いがどうして分からぬことがあろうか。しかし国の前途はここにかかっているのだ。もし行ってくれれば国が滅びることはないし、私の身も守られる。後にまた会える日もあるかも知れぬ。もし行かなければ、国は滅び、私もまた死ぬことになる。その時は仮に自分たちが結婚していたとしても、私とお前はともに惨めな死を迎えることになろう。どうして永遠の幸せを望むことなどできようか。

　西施（せりふ）：そうであっても3年お待ちしたのです。今こうしてお会いしてこれで結ばれると思ったのに、こんなことが起きようとは。なんとつらい運命でしょう。

　西施（唱）【金落索】：3年前に契りを結び百年の幸せを求めて、

129　妓楼。遊郭。

川べりで二人誓いを立てその証(あかし)を交換したことを思い出す
我が君が呉の国に留め置かれると聞いて私は一晩苦しんだ
１枚の布で約束を交わしたのにどうしてこんなにも早く心変わりをされたのか
我が運命のなんとつらいこと
この世の果てなど行ったこともないが
一人異国をさすらえば
家からの手紙も届くことなく深い井戸の底に落ちるよう

その後ついに范蠡の求めに応じ、たった一人野獣の待つ穴に赴く。

范蠡にしてみれば、自分の愛する女を自らの手で敵に送るのである。どれほどつらかっただろうか。しかも西施は国一番の美女。その姿を見ればあまりの美貌に魚は沈み雁は落ち、月も姿を隠す。その美女が深く自分を愛してくれているのだ。彼は自分が「愛する女の心に背き、かつての誓いを捨て、胸中ははなはだ不安。いったいどうすればよいのか」という思いを胸に西施の家に行き、戸を叩くこともできずに立ちつくす。ここからも彼がどれほど西施を愛し大切に思っていたかが分かる。とりわけ最後の齣は、范蠡が政治の前にはすべてを犠牲にする冷血動物ではなく、心熱き男であったことを示している。呉が滅び、西施は任務を終えて戻ってくるが、その時も范蠡の西施への思いに変わりはなく彼女を伴って五湖に船を浮かべる。「これから断ち切れた絆をつなぎ、三世終わることのない縁を結ぶのだ」。西施が婚約の印の布をまだ持っているかどうかと聞くと、彼はただちにそれを取り出し、彼が一刻も彼女を忘れていなかったことが分かる。西施は自分がすでに呉王のものとなってしまった女であり「あなたにこの身を捧げ、あなたの前にひれ伏す資格などありません」と言うと、范蠡は自分の深い思いは変わっていないと言う。このように心熱く情を重んじる男が、愛する者を政治の生贄(いけにえ)として敵の首領に送るなどということをした理由は何か。答えは一つ、彼が国家というものを人としての情の上に置き、国の利益のためであるなら自分の命も含めたあらゆるものを捨ててかえりみない人間だったからだ。しかし彼は決して愛情やそのほか大切なものを捨てて惜しまなかったわけではなく、それらを失った時はひどく苦しんだ。「国のために別離を軽んじ、国主のために夫婦を捨てる。愛を裏切って誰に与えようというのか。あなたへの裏切りに心は張り裂けんばかり。姑蘇[130]に向かって涙で胸をぬらし、姑蘇に向かって涙で胸をぬらす」（第45齣『泛湖』）。作者は范蠡や西施のよう

---

130 蘇州のこと。呉の都。

に理性で感情をコントロールできる資質を褒め讃え、自分の人生観、すなわちこの世に生を受けた以上、国のために功を立てることこそ最も大事なことで、もし偉大な事業を成就するなら、人の情、富貴栄華もこの理想の実現の下に置くべきだという人生観を伝えようとした。

　もし范蠡が愛を犠牲にすることで国のために力を注いだというなら、伍子胥は命を捨てて国のために尽くしたといえよう。彼はかつて呉王闔閭に協力したことがある。「西は強い楚を抑え、南は強い越を抑え、諸侯の中に名を挙げ、覇王の功を立てる」。夫差は奸臣の言葉を入れて酒色に溺れた。国政が荒廃した時、伍子胥は個人的な利害得失を気にとめることなく、何度も繰り返しいさめた。しかし夫差は自分のやりたいようにやり、だんだんと彼を遠ざけるようになった。彼は夫差に会って考えを改めさせようと死をもっていさめ、死んでもその忠誠心は消えず、越の兵隊が都城の胥門から攻め入ってくると、亡霊となって越兵の入城を阻止した。范蠡と文種はしかたなく額を地に打ちつけて詫び、その指し示す方向に向かって道を変え、後方からやっと入城することができた。伍子胥の忠義と勇気は越の国の君臣の心を打ち、越が呉を滅ぼした後に「廟を建てて伍子胥の霊を祭った」。梁辰魚が描いた愛国者の姿は敵と味方に分かれていても、その精神と品格は同じように崇高なものであった。

　『浣紗記』のストーリーの組み立ては緻密である。呉越間の戦いが関わる部分はかなり多く、政治、軍事、外交、経済など多方面の内容を含み、史実を引用するならごちゃごちゃと入り組んでわけが分からないものになってしまう。梁辰魚は范蠡と西施のラブストーリーを主な縦糸として物語を貫き、そのほかの語るべき物語はすべてその糸にからませた。こうして物語の表層は范蠡と西施の悲しみや喜び、別離や再会を語るものになっているが、しかしそれを語る時、戦いにかかわる人物や内容がそこから引き出されてくるのである。この主旋律は草むらにもぐる蛇のごとく、現れてはまた消える。しかし主旋律の発展の痕跡ははっきりと見える。この脚本は最初、范蠡と西施の若耶河畔における愛の契りを物語る。続いて呉軍が越境し越王は降服する。范蠡と西施の物語はここでいったん暗がりに消えて二人が会うことはなくなるが、しかし双方の思いは日ごとに募る。西施は思いのあまりに病を得る。越王夫妻は帰国を許されると、恥辱をそそぎ復讐をするために美女を求めて呉の宮殿に送ろうとする。この時范蠡は自ら越王に西施を推し、彼女を迎えに行って敵方に送り届ける。このようにして一度中断された糸はまたつながる。西施は呉に行くが、二人の思いは

募るばかり。この間に西施の誘惑により夫差と伯嚭君臣間に問題が起き、夫差は西施を連れて太湖に蓮を摘みに行く。こうして国政は荒廃していき、范蠡と文種は勾践と呉を討つための計略を立て、公孫聖や伍子胥が君主をいさめるなどの出来事が語られる。最後に『泛湖』の齣で影に隠れていた愛情の糸が再び姿を現す。この劇は愛情で始まり、愛情の大団円で終わる。愛情を象徴する布はこの主旋律をつなぐ結び目となる。この結び目は3回現れる。初めの場面で男女の主人公は布を贈って婚約の印とする。中間の場面（第27齣）で二人は布を分けあって別れる。最後の場面はその布がまた1枚に戻りハッピーエンドとなる。この芝居すべてを縦観すると、前後が相照応し首尾一貫している。このストーリーの作り方は、後の『長生殿』や『桃花扇』にも深い影響を与えた。

　明末以後、『浣紗記』の曲詞はけばけばしく昆劇の華麗な風格を汚すと批判する者も現れた。しかしこのような見方は公正を欠く。劇中の一部の曲詞は確かに典雅で華やかだが、これは人物の身分にぴったりである。劇中の歌唱が優雅な詞の多くは、教養ある臣下や宮妃などの劇中人物のためのものである。もし言葉が俗に過ぎれば彼らの身分に合わない。それに大部分の曲詞は故事を用いたものではなく、言葉は清新である。例えば『寄子』の伍子胥と息子の向かい合っての歌や合唱は以下のようになっている。

息子（唱）【勝如花】：清清しい秋の道、色付いた木の葉が舞う。どうして険しい山を登り川を越えていくのか？義のために親子ばらばらにさせられ、いつ会えるやも知れぬ。（合）二度と会うことはかなうまい。もし会えてもいつになることやら。波打つ水に浮かぶ草に似て。思わず涙がこぼれ、対になって南に帰る雁の群れが羨ましい。

伍子胥（唱）【前腔】：年まだ若く、髪もたっぷりとあるお前はまだ子供もいない。初めは故郷へ帰れるものと思ったが、誰が言ったか、根のない浮き草になってしまった。いつ親に孝行をすることができるのか。（合前）

　これらは完全な口語ではないが、しかし観客が難解さを感じることはない。

第二節
『牡丹亭』——青春の覚醒と苦悩

　『牡丹亭』の作者湯顕祖（1550－1616）は、字は義仍、号は海若または海若士。住まいを玉茗堂と号した。江西臨川の人。彼は知識人の家の出で、14歳で秀才に合格し21歳で挙人となり、親孝行で高潔な人柄と優れた文章力で有名だった。しかし時の権力者張居正から抱きこまれることを拒否したことで四度の進士の試験すべてに落第し、張居正の死後2年目にようやく進士になることができた。その後は彼は時の大臣申時行や張四維からの招聘をまたしても断って都で役人になる機会を

失い、閑職の置かれた南京の太常寺で博士になった。その後は再び南京の詹事府主簿や南京礼部祠祭司などの職についた。1591年、湯顕祖は江南の役人たちの汚職や災害被災者たちへの配慮のなさ、辺境防衛の責任者がその職を互いに譲り合って責任を負わなかったために辺境が不安定になったことなどに対して、歴史上有名な『論輔臣科臣疏』を書いて厳しく首相の申時行とその周囲を責め、万暦帝の愚昧をも批判し、その治世の最初の10年は張居正につまらぬ者たちを重用させて政治をだめにし、後半の10年は申時行とその一派に政治をめちゃくちゃにさせたと言った。こうして万暦帝20年の治世すべてを否定したため、時の権力者の不興を買い皇帝の怒りを招いて、蛮地広東の徐聞県の典史に左遷された。1593年、湯顕祖は浙江西部の遂昌県の知事に任命され、この間に多くの業績を残した。例えば文教重視策を採って古い習慣を改めさせたり、猟師を組織して虎狩りをすることで虎の害をなくした。また詩人にしかできない仕事もした。例えば大晦日に一時囚人を家に帰し、新年になったらまた獄に戻るよう命じた。こうして囚人たちに元宵節の夜の町の祝い提灯を見せた。万暦26年（1598）に、皇帝は礦使税監を派遣して至る所で民間の金銀を捜索させた。また内閣は浙党首領の沈一貫に押さえられ、開明的で正義感の強い士大夫たちを苦しめた。湯顕祖は役人の世界では自分の理想を実現することはできないと感じ、北京で業務報告をするとそのまま故郷に帰った。3年後に権力者は「浮ついて

いる」という罪名で、彼の官吏としての籍を抹消した。それ以後湯顕祖はこの世を去るまで故郷で隠遁生活を送った。

　湯顕祖はかつて王艮伝の弟子羅汝芳に師事し、「百姓日用即道」という平民色彩の極めて濃い思想を学んだ。そして天理の中には人の正常な欲望が含まれているとして、情と理を対立させ、現実の中では理が情を圧殺していると考えた。彼は李贄に傾倒し、その「童心説」を信奉した。湯顕祖が『牡丹亭』の中で表した反封建婚姻制度や個性を称揚する考え方は、李贄の思想を受け継いだものである。当時は湯顕祖を見て、文才も口才もあるのだから教室を開いて教育に携わるよう勧める人もいたが、湯顕祖はそれに対して「みなさんが重んじているのは社会が要求する人として守るべき道徳だが、私が重んじているのは人間としての感情だ」（陳継儒『批点牡丹亭・題詞』）と答えたという。

　湯顕祖はかつて劇作家の沈璟との間で論争を繰り広げたことがある。戯曲史上有名な「湯沈の争い」である。それは以下のような状況であった。湯顕祖の『牡丹亭』が発表された後、沈璟とほかの者がそれに勝手に手を加え、韻律に合わない句をすべて換えてしまった。湯顕祖はそれを知るとひどく怒り、『宜の役者羅章二に与える』手紙の中でこう書いている。「『牡丹亭記』は私の原本に基づくべきで、呂らが換えたものは使うべきではない。たとえ1〜2字を増減して俗唱の便宜に供したようなものでも、私のもともとの趣とは全く違ってしまう」。彼は呂玉縄への手紙の中でその反感を激しく述べる。「私がこの芝居にこめた思想はあなたになど分かるまい。たとえ歌いにくく天下の役者たちの喉をねじ切ってしまっても惜しくはないのだ」と。沈璟はそれを聞いてこれまた腹を立て、鋭く対立の陣を張る。「いっそ誰もこの芝居を見ない方が役者の喉を断ち切るよりましだ」。またこうも言った。「文意が通じずとも音楽に合わせた方がよい。歌った時に美しく、それこそが舞台の脚本の芸術性だ」。

　湯顕祖と沈璟のこの論争は、主に二つの問題について繰り広げられた。一つは脚本の内容と演じる際の格律の関係である。湯顕祖は脚本の内容を重んじ、舞台では意、趣、神、色を主としなければならないとした。「意」とは脚本が表現する思想、「趣」とはプロットの変化、「神」とは風格に現れる生き生きとした精神、そして「色」とは美しい文章を指す。この四つを作り上げるためには、格律の束縛から自由になり、時にはそれに背くようなことがあってもよしとした。一方沈璟は演じる時の格律を重視し、作曲や詞を埋める際は律や腔に合わせなければならないとした。脚本の内容は二の次でよく、たとえ内容を楽

しむ者がいなくてもかまわないという。二つ目は演劇における言葉に関する点で、沈璟は本質を重んじ、湯顕祖は言葉のあや、修辞を重んじた。客観的に言って両者の争いはやや感情的になっているところがあり、正しい演劇とはストーリーも重んじるべきだし、音楽的な格律も重んじるべきである。王驥徳は『曲律』の中でこの論争について「両方を合わせれば双方とも美しく、分ければ双方とも傷がつく」と言っているがうなずける意見である。

湯顕祖の伝奇四部作は普通『玉茗堂四夢』または『臨川四夢』と呼ばれている。『四夢』の中では『牡丹亭』が一番有名で、『牡丹亭』はまた『還魂記』ともいう。これは『寶娥冤』『西廂記』『長生殿』『桃花扇』などと同じレベルの高さを持つ作品である。この芝居は登場した時劇壇にセンセーションを巻き起こし、明末の沈徳符は『顧曲雑言』の中で、当時「どこの家でもこの芝居を口ずさみ、『西廂記』の人気も落ちてしまったほどだ」と言っている。李漁は『閑情偶寄・詞曲部』の中で「もし湯顕祖が『牡丹亭』を書かなかったなら、彼はこの世に生まれた意味がなかった。湯顕祖はこれによって世に出たのである」と述べている。

『牡丹亭』は感動的かつ荒唐無稽なラブストーリーである。宋代に杜麗娘という名の少女がいた。名家に生まれ、厳しいしつけを受けて育った。厳父慈母そして封建的な礼教にこだわる教師とのひっそりと奥まった部屋での暮らしは、生命力を圧殺するかのような環境を作った。彼女が青春の息吹を意識した時、愛情や結婚への漠然としたあこがれが生まれたが、しかし春のまどろみ、衣に刺繍された鮮やかな花や鳥の姿のようなそのあこがれは両親の厳しい叱責を受けた。しかし外からの力は少女の春の芽生えを抑えることはできない。杜麗娘は『詩経』の『関雎』を読んだことで、強烈な愛への渇望を感じて苦しんだ。侍女の春香のすすめで、彼女は初めて家の裏手の庭に出てみる。するとそこには春の景色が広がり、つがいの鶯や燕が飛び交い、自由気ままに育つ草花がおのれの不幸を浮かび上がらせる。彼女は深いため息をつくのだった。

「花や草のように人の恋うるにまかせ、生も死も人の願いに従うことができるなら、たとえつらくとも怨み事など言わない。昼であれ夜であれ、晴れていようと曇っていようと、この梅の根を守っていつの日かお会いしよう」。(第12齣『尋夢』【江児水】)

湧き上がる春情は彼女に美しい春の夢を見せた。夢の中で、彼女は柳夢梅という若者と芍薬の垣根の前や湖山の石辺に佇み、互いに寄り添って草花を敷物に眠る。夢から覚めた杜麗娘の心はこの夢に深く引き寄せられ、朝に思い夕べ

第 7 章　｜　昆劇作品の美学と意味

に想って、眠ることも食べることもできず、まもなく病に臥し中秋の日にもんもんとしてこの世を去った。亡くなる前に彼女は自画像を一枚描き、自分を裏庭の梅の木の下に埋葬した後で、この肖像を裏庭の太湖の石の中におさめるよう家族に言い残した。その父杜宝が出世して離任する際、杜麗娘の墓（以前の邸宅の裏庭）に梅花観[131]を建てた。一方、杜麗娘が夢に見た柳夢梅は実在した。彼は科挙の試験を受けに上京する際、梅花観に宿を借り園内で杜麗娘の自画像を見付ける。絵の中の女性に思いを寄せたその時、杜麗娘の幽霊がやってくる。それからの二人は昼は会えずとも夜になれば逢う幸せなひとときを過ごした。その後、杜麗娘は柳夢梅に自分は実は幽霊であると告白するが、まだ蘇生して人に戻れる望みがあると言う。柳夢梅が墓を掘り出して棺を開けると杜麗娘は息を吹き返し、二人はこうして正式な夫婦となった。それから二人は当時の副都の臨安に行き、柳夢梅は試験を受ける。杜麗娘の家庭教師陳最良は杜麗娘の墓があばかれて柳夢梅が黙って姿を消したのを知り、杜宝の治める淮安に行って盗墓の罪で柳夢梅を訴える。柳夢梅が試験を受けた後でちょうど金軍が侵攻してきたので、朝廷は科挙の合格者発表を延期する。また、安撫使の杜宝は淮安で敵兵に包囲されてしまい、杜麗娘は父親の安否を気遣って、柳夢梅に情報を探りに行かせるとともに、自分が生き返ったという嬉しいニュースを伝えさせる。杜宝は柳夢梅が墓をあばいた賊だと知ってこれを捕え尋問する。敵兵が去ったあと、柳夢梅は囚人から状元に身分が一変する。しかし同平章軍国大事に昇進した杜宝は、娘の結婚を認めようとしない。「父母の命、媒酌の言」なき結婚とされ無理やり別れさせられる。しかしその後は皇帝のとりなしでハッピーエンドとなる。

　『牡丹亭』の登場は厳しい冬に一陣の暖かな春風が吹き、黒雲が覆っていた空の隙間から一条の光が射したようなものであった。明朝は建国するや礼教による統治を強化し、道徳、法律、物による誘導や精神的な励ましなどさまざまな方法で、女性に貞女節婦としての生き方を強いた。長期にわたる思想注入、風俗の取り締まりなどにより、多くの女性は女性としての礼法を初めは無自覚に、やがて自覚的に守るようになり、朝廷や州、県が立ててくれる貞節牌坊[132]を一生の栄誉とするようになった。まだ若い女性が夫に殉じて自殺したり、生涯再婚せず未亡人で通したり、性的な辱めを受けると恥じて井戸に飛び込んで自殺し名誉を守ろうとするなどの例が数多くあった。結婚を両親が決めるのは当たり前のことであった。明の人が広く伝えた梁祝[133]の物語はあるカップルの悲劇

131　「〜観」は道教の寺のこと。　　132　模範になる人を讃えるための鳥居形の門。　　133　『梁山伯と祝英台』。

を描いたものだが、しかしこれは礼教の圧迫の重さを伝えているのである。この重さは礼教が外力を使って与えたものではなく、若者が自覚的に受け継いだものだった。祝英台は愛する人と同じ部屋同じベッドで3年を過ごし、青春の欲望を強く抑えて礼から逸脱しようとはしなかった。あの十八相送[134]の場に至っても自分の思いを伝えることはなかったが、これは「礼」の規定を金科玉条とした表れである。自ら礼の束縛を受けるのは「礼」の正しさを疑ったことがないからである。しかしこのことはあらゆる若者、あらゆる男女が、心は死んだ灰のようになって好きな異性に会ってもいささかも心にさざ波が立たず、名月や春風を見ても青春のざわめきが起こらないなどということを意味するわけではない。ただ彼らは感情とは一種の犯罪で、礼から逸脱すると考えていただけである。彼らが『牡丹亭』の脚本を読んだり『牡丹亭』の芝居を見た時、心中深く根を張っていた概念が揺らいだ。その文章で全国に名を知られていた文士、一人の朝廷の役人が書いた芝居が、なんと「情」を肯定し「情」を描写し、かつこの男女の情愛の物語をかくも美しく描いたのである。

確かに、湯顕祖の『牡丹亭』が表したもの、歌い上げたものは「情」である。あらゆる芝居の山場、あらゆるきらびやかな文字のすべてが、この「情」をめぐって書かれている。この芝居は杜麗娘の夢の中の愛情と傷心の死、死後の柳夢梅とのめぐり合いなどを通して、封建的な礼教が愛情と青春を圧殺することを告発し、杜麗娘が愛をいちずに求める姿——それは現実においては実現できずに夢の中でのみ実現し、生きていては実現不可能で、死んで初めて実現する——これが理にかなっていると肯定する。作者本人も自分の考えを隠そうとしない。彼は『牡丹亭記・題詞』の中でこう述べる。

「この世の中で情が深い女性と言えば、杜麗娘ほど情深い人がほかにあるだろうか？恋人を夢に見て病を得、伏せればたちまち重く病み、自ら己が画像を描いて世に伝えるやこの世を去る。死して3年、黄泉(よみ)の国より夢見た人を探し求めて蘇生する。杜麗娘こそこの上もなく情の人。情とは我知らず起き日ごと深まり、生きる者は情のために死に、死する者はまた情のために蘇(よみがえ)る。生きている者が情のために死ねず、死んだ者が蘇ることができないのなら、いずれも非情の至りと言うべきである」。湯顕祖の考えでは、情をすべての上に置くことは人間性の中でもっとも美しいことであった。そういう人こそこの世で最も愛すべき人であった。至情とは巨大な力であり、それは生死の境という壁をものともしない。このような思想は、重く沈んだ暗黒王国において宇宙を照らす稲光

134　同上の一場面。

であり静寂の荒野で大地を揺るがす雷鳴の轟きであったことだろう。

『牡丹亭』の思想は基本的に杜麗娘というキャラクターを通して表されている。深窓の令嬢であった杜麗娘は明代社会における何千何万という不幸な女性の典型であった。男女の愛の問題については異なるプロセスや結果から三つのパターンを考えることができる。一つ目は、双方が愛し合い、彼らを取り巻く環境もこのロマンチックな愛の花を十分に咲かせることを許し、最後には当然結婚という結果に至るパターン。これはもちろん理想的で、誰もが願う状況である。二番目は片思いのパターン。一方は思っているのに他方はなんとも思っていない。これは人から見れば気の毒だが、しかし別の角度から見るなら決して耐え難いことではない。なぜならその愛には方向があり対象があり、そこに自分の愛情を注ぐことができるのだから。終生その見返りを得ることができなかったとしても、もし本当にその相手を愛しているのなら、相手が幸せに生きてさえくれればそれでいいはずである。自分と枕を共にしなくてはならないなどということはないのだ。三つ目は本当に苦しく耐え難いパターンである。愛したい、しかし誰を愛していいのか分からない、愛の対象が見付からないのだ。これこそ杜麗娘のパターンである。彼女は深窓の令嬢として厳しいしつけを受ける。彼女が思春期を迎えると両親は彼女を外界と隔て、背丈が1メートルに満たない子供でも男子であるなら近付けることはなかった。彼女が会う男といえば、父親と70を過ぎた儒者くずれの陳最良のみであった。彼女の心は「切っても断ち切れず、整えようとしても乱れ、ひどく悶々とする」などという状況にはなりようもなかった。

この作品の優れたところは杜麗娘を、逆境を受け入れ青春の欲望に苦しむ中で、礼教に頭を下げ父母に言われるがまま見知らぬ何の感情も湧かない男と結ばれたり、無理やり自分の情欲を抑えてしまいに心は水のごとく静かな、まるで石か木でできた人間になってしまい、情の火花など起きようもない人間に描くことをせず、礼教にあらがい情や愛をいちずに求めるキャラクターにしたところである。彼女は青春を愛し命を愛した。彼女は自分の美貌を惜しんだ。「緑の眉一層濃く描き、衣に付けた珠軽やかに音を立て、化粧を終えれば閨房の中一幅の美女の絵現れる」「髪を梳き終えて鏡に向かい、羅の衣あれこれ換えて最後に香を添える」。青春の輝きにあふれる少女が身なりに気を配るのは、異性の注意を引きたいからに他ならない。彼女は無意識に親による束縛に反抗していた。彼女に勉強を教える陳最良は会うごとに「心を清らかにしなさい」「心をお

さめなさい」と言う。たとえ明らかに恋の歌であっても、それをまじめくさった、夫に従う女子の徳として解説する。しかし杜麗娘は教師に従って、三従四徳の教えを受け入れることなく、自分の『関雎』への理解をもとに、たとえ詩経を削除した孔子でも情を避けることはできないと考えた。「孔子の編した『詩経』からは聖人孔子の情(じょう)を伺うことさえできる。今の人と古(いにしえ)の人といったいどこが違うというのだろうか」。青春の苦悶は彼女の心をかき乱すが、しかし彼女は同時代の少女たちのようにそれを圧殺しようとせず、思いを自然にまかせ春香[135]が彼女を屋敷の裏手の庭園に散歩に連れ出そうとした時、両親がそれを喜ばないのを知っていながら躊躇することなく同意した。鮮やかに花ほころぶ春の景色の中に足を踏み入れるや、彼女の身も心も無限の自由を得て、ほととぎすの声に耳を傾け、空中に漂う陽炎に目を楽しませ、遠く霧の中を行き交う美しい小船を眺める。とりわけ歌を交し合い、追いつ追われつ飛ぶ鶯や燕は彼女の心の中の春情をかき立て、この美しい景色を前にして渇望する心が叫び出す。

　「私は今年もう16歳、科挙を通り将来を嘱望される夫にまだ出会ってはいない。春情心に湧き上がるが、そんな未来のだんな様にはいつ出会うことができるのだろうか」「意中の人と結婚できないのであれば青春を無駄に過ごすというもの。人の命は短く、馬が狭い溝を駆け上がるほどの時。私は花のようにきれいなのに、私の運命は気にかけてくれる人など誰もいない葉っぱのよう」。

　夢は人の欲望が形を変えて現れたものだ。杜麗にもし異性への強烈なあこがれがなければ、このような夢を見るはずはない。夢に現れた若い男性は若く美しく優雅で、詩文をよくする。この方こそ彼女の心の中で幾度となく描かれた男性ではないのだろうか？そこで柳夢梅が彼女に「あちらでお話をしましょう」と言った時、「微笑むばかりでついていこうとはしなかった」のだった。ついていかなかったのは、初めて恋人とデートする時の女性としてのプライドである。「微笑み」は内心の情の発露である。そこで柳夢梅は彼女と肉体の愛を交わそうと求めるが、杜麗娘は拒絶することなくせいぜい煮え切らない態度を取るのみであった。杜麗娘の母親が彼女を春の夢から呼び覚ました時、彼女は起きたくなどなかった。「雲雨の歓び[136]夢に入りしばかり、ああどうしようお母様がお呼びになる。紗窓の眠りままならぬ」「行くも坐るも落ち着かず」「腑抜けのようになっている」。この後も夢の情景に恥じることも自分を責めることもなく、彼女は逆に空虚と寂寞を感じるのみであった。想う苦痛に耐えがたく、彼女はまた牡丹亭に行って美しい夢の続きを探し、探しながら追憶する。

135　杜麗娘の侍女。　　136　男女の情交を意味する。

「あのお方が恋しい。前世の恋人でもなく、平素知っている方でもない。来世で会う方なのか、今世で夢に見ておどおどと私を抱きともに寝たのに」(【尹令】)。これは礼教による統治が最も厳しかった明代の話である。圧倒的多数の女性にとって「夢を探す」などとは言ってはならない言葉であろう。このような夢を見たら自らをひどく恥じ、自分は最低の人間だと思うことだろう。しかし杜麗娘は違っていた。彼女は夢の中の愛が彼女にもたらした喜びに酔いしれ、このような愛の香りを二度と味わえない苦悩に、庭の草や花になりたいと願うのだった。「花や草のように人の恋うるにまかせ、生も死も人の願いに従うことができるなら、たとえつらくとも怨み事など言わない。昼であれ夜であれ、晴れていようと曇っていようと、この梅の根を守っていつの日かお会いしよう」(【江児水】)。彼女は理性で礼教の桎梏が人の天性にもたらす害について批判しているのではない。しかし彼女が束縛から逃れたいと願う願望ははっきりしていて強烈である。

彼女の求め方はいちずで、このために命を差し出してもよいほどだった。しかしたとえあの世に行っても彼女は運命に従うことはない。第十地獄の閻羅王が官を廃された機会に老判官の許しを得て、彼女は冥土からふらりと現れ、その後梅花観で養生している柳夢梅を見、彼の情にあふれた呼びかけを聞くと、躊躇することなく身を相手にゆだねる。その行為はかくも大胆で主体的だ。

柳夢梅：若いお嬢様が夜更けに私を訪ねてくださった。これは夢でしょうか？

杜麗娘（微笑む）：夢ではありません。これは本当のこと。でもきっとあなた様は受け入れてくださいませんでしょうね。

柳夢梅：これが夢ではないと。でもこの美しいお方が私を愛してくださるなら望外の喜び、どうして拒むことなどありましょう。

杜麗娘：本当にあなた様にお会いしたかったのですよ。

この時の杜麗娘は完全に礼教のくびきから自由になり、己が心の赴くままである。彼女の中で、「情」と「理」が戦った結果「理」の失敗に終わり、彼女は最終的に「情」なるものの美しい姿を観客の心に刻み込む。私たちがもし16世紀の人を窒息させるような環境に身を置いてこの杜麗娘の姿を見たなら、その大きな現実的な意味を理解することができるだろう。杜麗娘はこの作品のヒロインとして高官の家に生まれ、礼教の薫陶を受けて育った。しかし彼女はかくも礼教を憎み愛を渇望し、夢の中にあろうとも死んで幽霊になろうとも、男女の愛の歓喜に主体的、積極的で、それを得た後は幸福感にあふれ失った後はひ

どく落ち込むのだ。このような大家の閨秀のふるまいは、若者たちや礼を守ろうとする頑迷な保守派にどれほどの衝撃を与えたことであろうか。前者にとっては、礼教は人の心を正す素晴らしい教えだと思っていたのに、実は人間性を扼殺する悪魔の杖だったと知るのである。愛を追い求めるのは道徳的堕落だと思い込んでいたのに、美しく健康な行為なのだと知るのだ。後者にとってみれば、このような芝居は疑いもなく、ふしだらで倫理が地に落ち、風紀を汚す毒草だと思えたに違いない。幸いなことに、『牡丹亭』が世に出た時期は明朝の綱紀が緩み矛盾葛藤が先鋭化した時代であったため、権力者たちはこうした思想を厳しく押さえるだけの力を持たなかった。

　『牡丹亭』は人間性の解放を訴え、人が自由にその本質を発展させることを鼓舞したため、当時確かに大きな影響力を持った。こういう話が残っている。婁江（今の江蘇太倉）に俞二娘という名の若い女性がいた。美しく賢く、文字も読め文も書けた。彼女は『牡丹亭』の脚本を手に入れると飽きることなく繰り返し読んで手放せなくなった。読むほどに理解は深まり、そこで彼女は注を付け、芝居の山場に出てくる人物に対して品評をした。あまりに深く物語に入り込んだため、人物の悲しみに自分も悲しみ、自分の人生のはかなさを嘆き、なんと杜麗娘と同様うつうつとして死んでしまった。湯顕祖はこの話を聞いてひどく悲しみ、詩を作って彼女の死を悼んだ。その中の一首に

　「彼女はどんな情（じょう）のために死んだのか？
　　その悲しみは骨身に沁みるほどだったのだろう
　　この本は世の中の心ある人の共鳴を呼んだが
　　人を悲しみで死なすならこれもまた罰当たりなことだ」

とある。

　またこういう話も伝わっている。明代末年揚州に馮小青という娘がいた。美しく、詩文に優れた才能も持っていた。しかし生まれが卑しかったために富裕な商人のめかけとして売られ、そこでひどく辱められ、いじめられて死んでしまった。彼女は『牡丹亭』を読んだことがあり、杜麗娘から自分の惨めな運命を思ってこのような詩を書いた。

　「冷たい雨の音も奥まった部屋では聞くことはできない
　　明かりを掲げて『牡丹亭』を読む
　　私のように一途な女がほかにもいるのだ
　　一人悲しむのは私、小青だけではない」

後ろの一句は女性すべての心の声であろう。杜麗娘のイメージは何千何百という女性の不幸な運命を照らし出しているのである。

　もう一つ『牡丹亭』と関係のある不思議な物語がある。それは明代末に起きた。杭州に商小玲という女優がいた。かつてハンサムで優雅にして多才な若者を愛したが、外部のさまざまな状況にじゃまをされて思いを遂げることができなかった。『牡丹亭』を演じた時、彼女は正旦として杜麗娘を演じ、自分の経験や思いを杜麗娘の物語に託した。泣く時は本当に泣き、笑う時は本当に笑った。この時の彼女はすでに劇中人物と一体化しており、『尋夢』の中の【江児水】―「我が魂を一つに合わせ、梅雨空の頃、この梅の根を守っていつの日かお会いしよう」と歌う時に絶望感が杜麗娘の身心を襲うと、杜麗娘に扮した商小玲も絶望的になって突然床に倒れ死んでしまった。これはもちろん特殊な例ではあるが、『牡丹亭』の劇中人物に対するこうした強い一体感はこの時代を代表するものだ。

　『牡丹亭』の芸術的特色は主なものとして以下の二つがある。

　一つ目として、全体的なストーリーは現実離れしているが、物語が内包している精神は人生の本質を反映しており、また出来事や人物を描く時はリアルな写実的手法を採っている。この物語の不可思議なテーマは誰もが知っているが、作者と同時代の呂天成は『曲品』の中でこの芝居についてこう言っている。

　「杜麗娘の物語はミステリアスで着想も面白く、懐春慕色の情には心を揺り動かされる。また巧みに作られていてどの場面も新鮮であり、実に素晴らしい」。

　杜麗娘は大胆に情愛を求め、情によって死に、情によって蘇生した。疑いもなくこれらは作者の想像の産物であるが、しかしこの話に表されている礼教の苛酷さや若い男女の自然な欲求の圧殺、彼らの恋愛への渇望などはいずれも真実であり、明代の現実そのものである。作者はストーリーの山場を作り上げる際にロマンティックな手法を使っているが、しかし具体的な描写になると実にリアルに描かれ、読者や観客はこれが虚構であることを忘れてしまう。このような効果は脚本が発表されるやたちまち現れた。明の王思任は『批点玉茗堂牡丹亭叙』の中でこの芝居についてこのように書いている。

　「笑う者は本当に笑い、笑うとすぐ声になる。泣く者は本当に泣き、泣くとすぐ涙が出る。嘆くものは本当に嘆き、嘆くとすぐため息が出る。杜麗娘の妖、柳夢梅の一途、老婦人の優しさ、杜安撫の頑固さ、陳最良のもの分かりの悪さ、春香の生き生きとした狡猾さなど、どれもが人物の内心の深みから出ている」。

　細部の描写がリアルなために芝居全体の荒唐無稽さが消え、観客は劇中人物

の運命に揺さぶられ、いつの間にか芝居の中の筆者の思いを受け入れていく。

　二つ目は用いられている言葉が情熱的で奔放、彩り豊かで美しいことである。劇中人物の情感を存分に表すため、作者は才や情を駆使し、濃密な情感を言葉に流し込み、多くの曲詞を豊かな感情で満たした。喜び、哀怨、悲苦、それらはすべて読者や観客の胸に直接染み入っていった。例えば『驚夢』【山坡羊】では

　　「心乱れる春の思いをどうしてよいか分からない。想っているのに逢えない恨み。これらはすべて美しく生まれたがため、名家に生まれたがため。どんな素晴らしい縁談もなかなか決まらず、私の青春は日一日と消えていく。夢の中で出会ったあの想いを知る人はいない。だって人に知られるのは恥ずかしいもの。あの素敵な夢はどこに行ったの？きっと春の光と一緒に流れていってしまったのだわ。この想いを誰に話そう。ただ一人身悶えるだけ。これからどうやって生きていったらいいの？ああ天だけが知っている」。

　この曲詞には詩のような言葉が用いられ、杜麗娘のどこにも訴えようのない哀怨や孤独を表している。

　もちろん湯顕祖は自分の思いを伝え、人物の感情を表すために「意趣神色[137]」を重んじるのみで、戯曲が舞台で演じられるものであることを忘れ、音楽の声調を考慮することがなかった。舞台で演じるという角度から言うのであれば、これは欠点と言わざるを得ない。

　そのほか脚本の曲詞はきらびやかで華麗に過ぎ、分かりにくい部分が多々ある。舞台で演じるというより、机の上で読むものと言った方がいい。ある部分は難解で、人々が褒める『驚夢』の【歩歩嬌】も極めて分かりにくい。
「裊晴絲吹来閑庭院，揺漾春如綫。停半晌，整花鈿，没揣菱花，偸人半面，迤逗的彩雲偏。　歩香閨怎便把全身現（春の朝の陽炎はまるで糸のように庭にただよう。お化粧をする気も起きずやっと身じまいを整える。こっそり鏡を見れば髷がかしいでいる。私のような娘はどれほど器量良しとても日がな一日部屋の中、褒めてくれる人などいない）」。

　この中の「閑」「春如綫」「没揣」「逗的彩雲偏」「怎便把全身現」などが伝える意味は豊かだが、こうした言い回しは一般の人は分かりにくい。そしてこれらは疑いもなくこの芝居に感情移入することを妨げる。

137　脚本の思想、ユーモア、演目の精神、言葉遣い。

第 三 節
『玉簪記』── 紅杏一枝寺を飛び出す

　『玉簪記』の作者高濂（1527 － 1603）は字を深甫、号を瑞南、また湖上桃花漁、千墨主、万家居という。銭塘（今の浙江省杭州市）の人。かつて北京の国子監に入学し、お金を出して貢生[138]となり、鴻臚寺で選抜を待つ。後に父を亡くし、官になることなく西湖に帰って隠遁生活を送った。生涯を通じてその趣味は幅広く博学で、伝奇『玉簪記』『節孝記』を書いたがそのいずれも評判を呼んだ。『玉簪記』が描く尼僧陳妙常と書生の恋の物語は宋代の話である。張宗棣の『詞林紀事』巻 19 に陳妙常の [太平時] の詞一首が収録されている。
　「清浄堂にとばりなく、目に入る景色広々と、野の草花も生い茂っている。莫狂言（ばかなことを言わないで）。一人暮らしで連れなどいない。香炉からは煙が一筋立ち上る。閑な時は窓辺で琴をかき鳴らし、さながら小神仙のよう」。
　この詞は出家した人の静かで物寂しい境地を描いている。「莫狂言」の部分は、男による彼女への誘惑の言葉があったことを表しているが、彼女は、自分は泰然と「一炉煙」であり、「理琴弦」し、「仙人」のような生活を送っていると述べている。『詞林紀事』はこの詞を収録するにあたって『古今女史』の中の次のようなエピソードを引用している。
　「宋の女貞観の尼僧陳妙常は年のころ 20 歳ばかり、大変美しく詩文にも長（た）け、音曲も理解する。張於湖が臨江令となり女貞観に宿をとった際、妙常を見初め詞でもってこれを誘惑しようとしたが、妙常もまた詞でこれを拒んだ。この話は『名媛璣嚢』にも載っている。後に於湖の友人潘法成といい仲になり、潘がこれを密かに於湖に伝え夫婦になろうと心に決めた。俗に『玉簪記』と伝えられているのはこれである」。
　張於湖とは南宋の有名な愛国詞人張孝祥である。孝祥は字を安国といい、於湖と号した。歴陽烏江（今の安徽省和県）の人で、かつて建康知府に任ぜられた。彼と尼僧陳妙常との間に艶っぽい話があったのかどうかはつまびらかではないが、宋や元の時代に講談でこの話が広く伝えられた。『張於湖宿女貞観』『張於湖記』『張於湖伝』などが今に残されている。雑劇隆盛時、この話は『女貞観』という雑劇にもなった。今手に入りやすいものに『古本戯由叢刊』影印本と『孤本元明雑劇』本がある。この芝居の題目正名は

138　明清時代に科挙に合格し国子監で学ぶことを許可された者。

「張於湖は誤って女貞観に入り込む」
「若い書生がひそかに女と結ばれる」
「性悪叔母にじゃまされる」
「陳妙常は良縁に恵まれる」
というものである。

　雑劇では陳妙常が世俗の生活を渇望することを肯定し、彼女と潘必正との恋愛や勇敢にも結ばれることをも認める。進歩的な意義を持つ優れた作品である。

　明朝の万暦年間に高濂が以前の陳妙常のラブストーリーの資料に基づいて伝奇『玉簪記』を書くと、この物語は更に広がりその影響力も大きかった。

　この伝奇は全33齣。北宋末に開封の府長官潘夙が同僚陳某と約束をかわし、両家の妻たちがそれぞれ妊娠した時そのお腹の子供を互いのいいなづけにして、玉簪と鴛鴦扇の飾りを結納の証とした。潘の家には息子が生まれて必正と名付けられ、陳家では女の子が生まれて嬌蓮と名付けられた。後に潘夙は辞職して河南和州の故郷に帰り、陳家もまた遠く潭州に移り住み、両家はこうして離れ離れになってその後16年にわたって互いの音信は途絶えた。必正は勉学が進み上京して科挙を受けた。その時嬌蓮の父はすでに亡く、母親と寄り添って生きていた。宋、金の戦いで兀術が南侵し、母と娘は避難の途中で生き別れになってしまった。嬌蓮は張二娘に救われて金陵城外の女貞観で尼僧になり、妙常という法名を授かる。建康太守の張於湖が赴任してしばらく貞観に宿をとっていた時、妙常が琴を弾くのを耳にしてその才能を褒めた。翌日わざわざ妙常の住まいを訪れ、ともに碁を打ち世の中のあれこれを話し情のこもった口調でくどき始めたが、妙常は詞を詠んで拒絶する。それからまもなく必正は病のために科挙の試験に落ちてしまい、故郷に帰るのも恥ずかしく、叔母が住職をしている女貞観に行って養生しながら勉強を続けることにした。必正は妙常に会い、彼女の美貌や才華に惹き付けられ恋心をかきたてる。妙常もまた必正に思いを寄せ、お茶を出してのおしゃべりや琴、病気見舞い、詩を詠むなどで交流を深めた後、思いを確かめ合って終生の愛を誓うようになる。二人の関係はほどなく叔母の知るところとなり、彼女は甥を勉強に専念させるため二人の仲を裂こうとして必正に都で試験を受けるよう催促し、川のほとりまで送って彼が船に乗って遠ざかるのを見送る。しかし妙常はこれを知ると、一艘の小船を雇い彼を追いかける。玉簪を彼に贈り、必正も鴛鴦の扇の根付けを贈って、二人は秋江で涙ながらに別れる。必正は試験に合格し、叔母と両親に手紙を送って妙常

との婚約の話を伝える。そこで叔母は妙常を一時的に張二娘の家に住まわせることにする。必正は任官し金陵に帰って妙常と結婚し、二人は手を取り合って河南に戻る。こうして妙常は母親に再び会うのだが、母はすでに潘の家を訪れておりこの芝居は大団円を迎える。

　清代以後、昆劇の舞台でよく演じられたのは『琴挑』と『秋江』だった。陳妙常は恋や結婚にあこがれる少女ではあったが、しとやかで気品ある娘だった。彼女は自分に思いを打ち明ける相手に慎重な態度を取っている。彼女はこの時道教の尼僧であり、異郷に落ちぶれた孤独な身の上であった。道教の寺院の戒律では尼僧が男性からの愛を受け入れることがあってはならない。また彼女の身の上もまた慎重にふるまうことを求めた。さもなければ、一時の過ちで寺から追い出され、そうなれば寄る辺なくただ堕ちていくことになるのだ。先には張於湖のくどき文句や囲碁の場でのたわむれをやんわりと拒絶した妙常だが、後には潘を受け入れる。この態度の違いは、妙常がその場の遊び相手ではなく一生の契りを求めていたからである。張於湖のくどき文句は「碧の玉簪、金の衣、肌は玉のごとし。今後は西施を褒め讃えるのはやめましょう。なぜならあなたに及ばないから。あなたのかんばせは肌が白くてきめ細やか、白粉もいらないほど。そのみずみずしい瞳を見ていると魂も奪われる」（第10齣『手淡』）とあるように肉の欲望に満ちている。また張於湖は役人をしており、すでに結婚もしている。彼が妙常に思いを寄せたのはただの遊びであって終生の伴侶としてではない。聡明な妙常は一目でこの点を見抜いたのである。一方、潘必正はまだ年若く純情で品があり、彼女にとっては白馬の王子そのものであった。だから彼が試験に落ちてしまい、この道教寺院にやってきて叔母に会うや傷心の涙をこぼし、満面恥ずかしさをあらわにする様子に、彼女は自ら近付いて彼を慰めるのである。

　「あなた様の目の中の英気、他を圧倒する勢いを見るに将来必ずや大きなお仕事をなさるでしょう。そしてあなた様の運命を変えてしまうことでしょう」。必正がここに落ち着くや彼女は自分から話しかける。「蟹眼、雲頭[139]を煮て琥珀色に変わると良い香りが立ち、主客は二人さわやかな風の中で何杯もお茶を飲む」さまに彼女の弟子でさえ驚いてしまう。なぜなら数日前にもう一人の男性が彼女の師匠から何度も唾を吐きかけられたのに、今このように満面の笑みで別の公子をもてなそうというのだから。

しかしたとえそうであっても、彼女は成熟した女として自分の思いを表に出そ

---

[139] いずれも茶の名前。

うとはしなかった。必正が春の景色でもって彼女への好意を暗示しても、彼女はきっぱりと断わるのだった。

生唱【集賢賓】：香炉に鶏舌¹⁴⁰を焚き、深い森で鶯のさえずりを聞く暮らし。道観で独り寝をするあなた様のことを、これまで尋ねた人はおられますか？今は美しい花も柔らかな緑も秋になれば枯れてしまうというのに。蜂や蝶が飛び交い騒がしいのもこれ春の逝くを惜しむためなのですよ。

旦唱【黄鶯児】：香り高い草が門を覆う仙山に住むのは、浮世のあれこれを避けるためです。門前で人が声をかけるのも嫌で、清らかで静かな今の暮らしこそ私の願うところ。林泉に雲たなびき、閉ざした窓は春が逝く怨みなど気にもとめません。（せりふ：もしだんな様、私の言葉など気になさいますな）心煩わしますな。巫山の道は遠く、つまらぬ夢にむなしく時を過ごされますな。

妙常の心の内とは裏腹の態度は、お高くとまってわざと必正の気持ちを弄んだのではなく、必正の人柄がまだ分からなかったために選択を誤って一生の悔いにならないようにしたのである。これは必正に対するテストと理解すべきであろう。もし必正が拒絶されて彼女をあきらめるのであるなら、それは彼にとっての自分の位置はたいしたことがないということだ。それならばこの結婚はあきらめてよい。

しかし必正の彼女への思いは激しく、真摯で全身全霊を挙げてのものだった。妙常が彼を拒絶すると、必正はひどく苦しんで一晩泣き明かすほどであった。しかも妙常への思いを捨てることなく、機会あるごとに自分の気持ちを伝えた。月皓々と輝き夜色涼しき晩に、彼は妙常が琴をつまびくのを聞きつけてその音を頼りにやってくる。妙常が彼に琴を弾くよう頼むと、彼は求愛の曲『雉朝飛』を演奏する。その歌詞は

「雉は清い霜の降りる朝、独り連れもなく飛ぶ。女を欠き男を欠き、独り身の自分を怨んでさまよう」というものだった。

妙常はもちろんその曲の言外の意味が分かっている。しかし彼女はわざと知らぬ風を装い、『広寒游』を弾いて返す。自分はこのような寂しい暮らしが気に入っているという意味の曲である。「春が来てもやがて花は色あせましょう。そんなことに私は心を煩わしたくはありません。雲は柴門を閉ざし、鐘や読経の声を枕辺に聞き、柏子を焚き梅の花のとばりの中に暮らしております。氷のように清らかで汚れ一つありませぬ」（十六齣【朝元歌】）。必正が心にあふれんばかりの激情を抑えきれず、突然「夜も更けました。独り坐っているばかりでは、

---

140 香。

いったい誰がお慰めできましょう。琴の音から怨みの声が漏れ出でようとおのれの心を分かってはもらえません。夜翡翠の衾で身を包んでも楽しくはありますまい。芙蓉の月が明明(あかあか)と射す時あの天の三星は私の心です。露冷え霜凝る夜、衾や枕を誰とともに暖めましょう」と言う。
このような美しい夜あなたと枕を共にしたいというのである。これに妙常は怒った。本気で腹を立てた。このようなあからさまな言葉は王公子や張於湖と少しも変わらない。そこで妙常はきっぱりと言った。
「あなた様のお言葉はあんまりです。いやらしいことばかり。きっと春風にそそのかされてそんな考えが浮かんだのでしょう。叔母様に言い付けますよ。どう弁解なさるおつもり!」。
恋愛経験のない必正は彼女の怒りにおろおろとし、あわてて後悔のさまを見せ、ひざまずいて許しを請う。「小生口からでまかせにとんでもないことを言ってしまいました。伏してお許しを願います」。この時の必正は軽率なおのれの言葉にひどく後悔し深く反省したのだが、その表情やふるまいに妙常は信頼してよい男だと確信を持つのだった。このトラブルは二人の関係を大きく前進させた。この時以来、妙常は自分の心を必正にゆだねたのである。彼女は背後のモノローグでこう内心を吐露している。

旦(唱)【朝元歌】:あなた様は天性美しく心根もお優しい方。私への思いを抱いて笑みを浮かべ、あれこれお聞きになる。心では分かっているのです。顔は嘘をついても口はきつくとも、本当はあなた様に私の思いを打ち明けたい。でも恥ずかしくてどう言ったらよいのやら。会えばわざと冷たくするけれど、別れた後はいつまでも気にかかる。花の陰月の影が寂しげに、あの方と私の切なさを照らし出します。

しかし道の掟に縛られて彼女の態度は煮え切らない。たとえ必正が彼女を想うあまり病気になっても、病気を癒すために好きだと告げてやろうとはしない。ただちょっとほのめかして彼を少し安心させるだけである。「そんなに悲しまれますな。月の満ち欠け、良い時悪い時は誰にでもあります。心を広くして過ごされませ。今に合格の良き知らせも参りましょう」(17齣『耽思』)。
19齣の『詞媾』になってやっと彼らの関係に質的な変化が訪れる。妙常は秘めた思いに耐えがたく、あれこれ考えて疲れてしまい、自分の部屋でうとうとしていると、病がやっと癒え始めた必正がこっそりとその住まい、白雲楼を訪れる。そして机の上の経典の巻物にこのような一首を見付ける。

「松舎の清灯燈り、雲堂の鐘響く。たそがれに独り布団を敷き、眠ろうにも憂いに胸ふたがる。ひとたび思えば全身欲情の炎燃え、唾を煩悩の心に落としても、愚かな心は燃え盛るばかり」。

必正はこの歌を読んで、妙常の自分への拒絶が実は嘘であったと知る。彼女にもまた自分と同様激しい求愛の思いがあったのだ。妙常が目覚めた後、必正にこの歌を問い詰められて二人は遂に契りを結ぶ。しかし前に述べたように、妙常の異性への憧れは決して肉体の喜びを満たすためだけではない。そこで恥らいながら下着を解いて必正に身をまかせる前に、自分の不安を彼に告げ「一首の詞に思いを伝え、生涯の縁を結ぶ。思いは深くとも捨てられはしないかと、あれやこれや心が騒ぐ。忘れるのはたやすいこと。私の苦しみなど気にもとめますまい」と言う。必正はそれを聞くと急いでひざまずき「天のある限り、私がもしあなた様の今日の情を忘れたならば、この身を滅ぼされようとかまいません」と誓う。

しかしこの二人だけの契りが本当の夫婦になるまでには、まだしばらくの紆余曲折があった。叔母は甥の必正の心が勉学に向かない様子にひどく失望し、「一生懸命勉強なさい。青雲の志を立て春の雷動を待ちなさい。名を挙げ家名を人の上に立てなさい。こんなふうではご先祖に申し訳が立ちません。真夜中に若い女とこそこそするのをやめなさい。蛍雪の功、刻苦勉励が何より大事ですよ。時間を惜しみなさい。さもなければまた１年無駄に過ぎていきますよ」と彼を諭す。そして彼を経堂に連れていって勉強をさせ、自分は座禅を組んでずっと監視していた。その後彼女は必正と妙常の仲を疑い、彼に上京して科挙を受けるように迫った。必正は各尼僧の部屋を回って別れを告げるというのを口実に、妙常に悲しみを伝えようとしたが、叔母はそれを許さず尼僧全員で彼を見送ることにした。また、妙常を一人見送らせることを避けるために、他の尼僧はみな帰らせ、叔母一人が川口の船着場まで送った。この時の妙常は「涙をひそかに拭き、涙をひそかに拭き、千万の別れの情、言葉に言い尽くせず、意は情を引き寄せて断腸の思いにのた打ち回る」（第22齣 [催拍]）。

この叔母の態度は礼教の守護者の頑迷さを表したものだという人もいる。しかしこのことと礼教とはなんら関係がない。常識で叔母の行為を考えれば、これはこれで充分納得がいく。道教寺院の住職としても、もし寺院内の尼僧たちが戒律を破って恋愛にうつつをぬかしていることが世間に知れたら大騒ぎになるだろう。役所はこれをもって清らかな寺院が実は「穢（けが）れたおぞまし

い場所」だったとし、寺を閉鎖し尼僧たちをみな追い出すかもしれない。それに叔母としても甥の前途に責任があった。彼女が必正にしたこの説教はよく理解できる内容である。「甥っ子よ。お前は父君のたった一人の男の子。どれほどその出世を願っていることか。……私はお前の父君のはらから。お前がふらふらしていては、お前の両親に顔向けができない。お前の両親はきっといつか私を恨むだろう。本当につらいことよ」（第22齣『促試』）。

しかし妙常はこれであきらめることはできなかった。これは自分の一生に関わることなのだ。突然の出来事で二人はまだこれからのことを話し合ってはいない。自分はすでに必正に身をまかせてしまった。これからどうするかをなんとしても必正にはっきり問いたださなくては。そこで彼女は住職を避け、舟を買って東に下った。昆劇折子劇の『秋江』はこの内容を引き延ばし、そこに老船頭が妙常をくどく場面が入っている。妙常は心せき燃えるがごとく、想いはあふれるようである。一方の船頭はふざけて笑ったり歌を歌ったりと全く切迫感がない。この対照的な描写の目的は、妙常の愛を求める情の強さや大胆さ、激しさを伝えんがためである。このシーンの演技や情景はロマンティックで、木の葉がひらひらと舞う中を川がゆったりと流れ、雲は淡く風寒く漁歌が聞こえ残照は煙のよう。前を必正の船が行く。別れへの万感の思いを胸に、その悲しみを歌う。「別れの悲しみで船の窓から外をのぞくのも怖く、想いは両岸に山と積む」。後ろから追いかけるのは妙常で、身は尼僧でありながら世俗の恋情に焼き尽くされ、想い人を懸命に追いかけていく。

明代伝奇の中の多くの演目は仏道の人の恋へのあこがれを描いている。最も有名なのは『双下山』で、その中の『尼姑下山』の若い尼僧は内心のこうした苦痛と願望を吐露している。

「私は嬌娥、男女のことなどまだ何にも知らないおぼこです。なのにどうしてこんな僧服などを着せられているのだろう。私は足を縛る勇気なぞない。せいぜい袈裟で隠すのみ。誰にも見られないように。独り寝のひとりぼっち。まるで雁が群れを失ったかのよう。寝床を共にする人もいず、夫婦が仲良く着飾っているのを見ると、新婚の若い女を見ると、思わず心が熱くなる。……夜も更け独りで寝て、起きても独り。私のような者ほかにいるはずもない」。

このモノローグと、上述の妙常の内心の告白はまったく同じ趣向といってよい。どちらも人間性を思う存分解き放つことのできない苦痛を表している。『玉簪記』と『双下山』は人物行動の処理において同工異曲であり、どちらも出家

した人の、男女の情愛へのあきらめきれない渇望が描かれている。愛情への渇望は人間として健全な心の営みであり、こうした思いは激しいエネルギーを生み、何をもってしても抑えることができないということを表している。

第四節
『爛柯山』——封建社会の悪女たちへの怨みつらみ

　江蘇省昆劇院の有名な旦角役者で梅花賞の受賞者張継青が得意とした折子戯の一つは『爛柯山』の中の『痴夢』で、彼女は芝居の中で陰険で傲慢、金の亡者な上に恥知らずでありながら、同時にひどく哀れな一人の女性像を作り上げた。『痴夢』を見た人はみなこのキャラクターに対して嫌悪や同情など複雑な感想を持ち、そのイメージを深く脳裏に刻み込む。

　『爛柯山』のストーリーは史実による。このような物語は民間においてはよくあることかもしれない。しかし、物語の主人公が漢王朝の大臣朱買臣だったため歴史に残った。

　朱買臣は字を翁子といい、西漢会稽郡呉県の人である。生年は不詳で漢の武帝の元鼎2年（紀元前115年）に没する。侍中、太中大夫、会稽郡主などを歴任した。彼は漢の武帝が辺境を開拓し周辺の少数民族を鎮圧する戦(いくさ)を支持し、自分なりの政治的見解を持っていた。朝廷で朔方郡を置くことを提案した公孫弘をなじり、公孫弘がほとんど何も言えなくなってしまったこともあった。しかしこのような政治家であっても、かつては苦労の日々があり自分の女房でさえ思うようにできなかったのだ。『漢書』巻64『朱買臣伝』にはこうある。

　「朱買臣、字は翁子、呉の人。家は貧しかったが学問好きだった。貧しかったのでいつも薪を取って売りそれで暮らしを立てていた。薪を束ねて担ぎ、歩きながら声を上げて本を読んだ。その妻も薪を背負って従った。何度も歌ったりしないよう止めたが、買臣はますます声を張り上げる。妻はこれを恥じて離婚を求めた。買臣は笑って、自分は50歳になると金持ちになる。今はもう40を過ぎた。お前は随分苦労した。必ず金持ちになってお前の苦労に報いるよと言った。しかし妻は怒り、あんたを待ってなんかいたらしまいに溝の中で餓死してしまう。あんたが金持ちになんかになるものかと言う。買臣は離婚を止めることができず、彼女の好きにさせる。その後買臣は一人で歌いながら道を歩いた。

薪を背負って墓場まで来た時、前妻とその夫が墓参りに来ていて買臣に食べ物をくれた」。

『漢書』の中の買臣の妻は女性としての徳を持っているとは言い難いが、しかし悪女ではない。彼女は自分あるいは社会の通念から、朱買臣が薪を背負って歌いながら歩くという行為をとがめたので、この気持ちは分からないではない。彼女によれば薪割りはまじめに薪割りの仕事をすべきなのである。書や詩を朗誦しつつ、傍に人なきがごとくふるまって人からあざ笑われれば自分まで恥をかく。ただの薪取りが女房一人食わせることもできず、それでいて上品なさまを装い、まるで体中が詩や書であふれ、ただ生まれてきた時代が悪かったと言わんばかり。朱買臣はしかし妻からのこんな批判を受け付けず彼女を思いやることもなく、逆にますます歌声のボルテージを上げたりするから夫婦仲はどんどん悪くなった。そこで彼と生活をともにすることはもう無理だと妻の堪忍袋の緒が切れてしまったのである。もちろん朱買臣の方も妻と対立したくてやっているわけではない。

　朱買臣のその後の政治実績を見ると、彼は確かに凡庸な存在ではない。そしてまた無名のまま田舎で一生を終えたいとは断じて思ってもいなかった。薪を割り、背負い、市場でそれを売る時に大声で歌を歌う。これが彼なりの商売のテクニックなのである。彼の妻はこうした彼の行為の意味を理解しなかっただけである。

　この記述から見るかぎり、公平に言って買臣の妻は「善人」の部類である。「薪を背負って従った」というのは、彼女が夫とともに生活の困難に耐えることができたことを意味している。とりわけ彼女は再婚した後も買臣に対して恩情を断つようなことをしていない。彼女が新しい夫と法事をした時、飢えや寒さに苦しむ買臣に出くわし、別れても元は夫婦だったという思いから「彼に食べ物を与え」ることさえしたのである。

　もし買臣が妻が予想したように「溝の中で餓死した」のなら、あるいは薪を売って糊口をしのぎ老いて茅舎で死んだのなら、彼らの間の出来事は百年も千年も典籍に記録され、やがて小説、戯曲となって民間に流布することはなく、せいぜい彼らの故郷の隣近所の人々の茶飲み話で終わったことだろう。しかし事実は買臣の妻の予想を裏切り、買臣自身の預言どおりになったのだ。

　しばらく経った後、朝廷のとある役所「上計署」は、朱買臣が「政治の才もあり先聖の書も読んでいる」という、官僚としての資質を備えていることに気

付き、彼を都に連れていって皇帝に上書を出させた。しかしどんなわけがあったのか、あるいは関係部署では木こりふぜいが政治的才能を持っているなど信じなかったからか、それとも役所のことなかれ主義が災いしたか、いっこうに返事がなかった。これには買臣も苦しんだ。彼はもともと貧乏であり準備した路銀も乏しく気にかけてくれる者もいない中、物乞いをして生きていくほかなく都で乞食になった。このようなせっぱつまった状態にあった時、彼は同郷の厳助に会う。厳助はこの時期武帝の厚い信頼を得て中大夫という要職にあった。彼は朱買臣を武帝に推薦し、皇帝の前で彼にその才華を披露させた。買臣は一介の木こりにすぎなかったが、しかし決してただの愚民ではない。彼は『春秋』や『楚辞』などの古典に詳しく、歴史や文学に対する素養があった。朝廷での試験というめったにないチャンスを彼に与えると、はたして漢の武帝は彼を重んじるようになり、彼に頭を下げて厳助と同じ中大夫の職についてくれるよう頼むほどとなった。こうして彼の人生は劇的に変化した。

　まもなく朝廷は東越王が異心を抱き、朝廷に背く態度を見せるようになったことに気付いた。一方買臣は彼が久しく考えていた東越を平定させる方策を献上し、事はとんとん拍子に運んで、彼は武帝により会稽郡太守に任命された。この過程において二、三の波乱に富んだエピソードが残っている。

　その一つは「故郷に錦を飾る」エピソードだ。武帝が彼に会稽郡の太守になってくれるよう頼んだ時、帝はふざけてこう言った。「出世して故郷に帰らないのは、豪華な衣装を着て夜に出かけるようなものだ」。この例えは今も昔も変わらぬ世間というものの真実を示している。つまり自分の知り合いが大出世をした時、人は強烈なうらやましさをかきたてられる。ある人が低い身分から出世してよその土地で役人になっても、その地の人は彼のもともとの身分を知らないので、この人は初めから役人の器なのだろうと思う。したがって恐れ敬うだけでうらやましいとは思わず、ましてや嫉妬などしない。これが自分の同郷の人間が任官するとなると状況は一変する。人々の眼中で彼は貧しく取るに足りない身分である。しかし今やなんと一郡の太守となり、みな臣下として彼に服さなければならない。こうなるとその心理的衝撃は強烈なものとなる。一転幸運がめぐり今までの身分とは打って変わった人間にとって、それは豪華な絹の衣装を着るようなものである。しかしもしそうした衣装を着て暗闇に出かけるなら、人の目など引きはしない。真昼間に着てこそ、人はその衣装の豪華さを知るのである。同様にして自分の故郷で任官して初めて人々は彼の出世を知り、

羨望のまなざしを浴びて初めて事を成就したという成功者の幸福を味わうのだ。

　二つ目は世間というものの非情さである。朱買臣が故郷に戻って任官する前に「古い服を着て印綬を持ち、歩いて郡邸直上計に行った」。郡邸直上計とはおそらく都で会稽郡を治める上計署の役所の一つであろう。買臣はもともと彼らが推薦していたのだが、初めは朝廷に重んじられなかったため、みなだんだんと彼に冷たくするようになった。買臣が食べるものもなく乞食にまで落ちぶれた時、よくこの役所に来ては人にまぎれて食べ物を得ようとしていたので彼らにひどく嫌われた。その後、彼は武帝の寵愛を得て中大夫の職を授かったのだが、そのことを彼らはまだ知らなかった。買臣がここに来た時、役人たちはちょうど宴会の最中だった。しかし誰も買臣にあいさつもせず見て見ぬふりをした。その後、門衛が会稽郡太守の印綬を見て上計の役人に報告すると、ひどく酔っていたその役人は門衛のでたらめな物言いを叱責する始末であった。彼らの前にいるのが確かに本物の太守であることを知ると、彼らは呆然となり「驚き恐れ太守だと言って互いに押し合いへし合いし拝謁しようと中庭に並んだ。買臣はおもむろに出てきた」。傲慢な姿と一転恭しくなる様子は実に醜悪な喜劇の一幕である。もちろん朱買臣の「おもむろに出てきた」態度からは、自慢と恨みをはらしたい小人心理もうかがえる。

　三つ目は前妻への思いやりである。長安厩吏が買臣を上計署郡邸から迎えに行った後、「買臣は車を乗り継いで会稽に向かった。会稽では太守が来ると聞き民衆に道の掃除を命じた。県の役人が送り迎えしたがその車百台あまり。呉に入って前妻に会う。妻と妻の今の夫は道路の清掃をしていた。買臣は車を停め後ろの車に彼ら夫婦を乗せて太守舎にやってくると、二人を庭に入れて食事を与えた。彼らは1カ月滞在したが、その後で元妻は自殺してしまった。買臣は夫に金を乞えてこれを埋葬させた。その後、よくこの夫を呼んでは食事を共にした。恩ある人に対してはみなこれに報復した」。「乞」は「与」で、「報復」は恩に報いるという意味であろう。買臣の同郷の者や恩ある者への態度から見て、彼は前妻夫婦を厚く遇し、決して以前の妻を侮辱しなぶることはなく、真心をこめて彼らを助けたと言えよう。しかしそうした思いとは裏腹に、前妻は1カ月の後自ら首をくくって自殺してしまった。彼女の自殺はまさに心理的苦痛の結果である。自分の浅はかな行為をひどく悔やみ、前夫への忘恩を恥じ、さらには太守府の人たちからの軽蔑に耐えられなかったこともあるのかもしれない。いずれにせよ彼女は深い無念と悔恨からこの世を去った。

この物語は伝奇的色彩があるが、しかし封建社会における文士たちはこの伝奇性を愛すると同時に、そこからさらに深い意味を読み取った。それは妻たるもの、まだ世間に認められる前の夫をどのように遇するべきかということである。彼らはこの物語を枠組みにさらに多くのプロットを考え出し、彼ら自身の夫婦の道徳観を描いた。その代表的な作品は元代の無名氏の雑劇『漁樵記』（明の臧晋叔『元曲選』収録）と明代の氏名不詳氏の作品『爛柯山』である。『爛柯山』は昆腔で演じられたものなので、以下では主にこの作品を分析しよう。

　『爛柯山』で現存するものは清の康煕60年（1721）の抄本で全27齣である。中国芸術研究院戯曲研究所の資料室蔵。この作品のストーリーは簡単に言うと以下の通りである。朱買臣の妻崔氏は毎日夫について山に薪取りに行く。収入はわずかで飢えと寒さに苦しんでいる。ある大雪の日に彼女が一人家に戻る途中、ある道教の尼僧にそそのかされて夫と別れる決意をする。買臣は薪を売ろうとするが一文も手にできなくて、夫婦のいさかいは激しくなるばかりである。崔氏は夫をひどく罵って離婚を迫り、買臣はどうしようもなく離婚同意書を彼女に渡す。崔氏は大工の張西橋と再婚し、衣食満ち足りた生活を願う。ところが張は無頼漢の上、足が不自由であった。彼はしょっちゅう崔氏とけんかをし、崔氏は買臣との夫婦睦み合った日々を懐かしく思い出してひどく後悔する。買臣が会稽郡太守になったとのうわさが伝わってからというもの、彼女の心はひどく動揺し、呆然となったある日夢を見た。買臣が府中の侍女をよこして彼女に豪華な衣装を渡すのだ。彼女は衣装に袖を通し満足する。まさにこの時、張西橋が斧を持って飛び込んできて、崔氏を殺して連れていこうとする。崔氏は驚いて夢から覚める。その後はもはや平静を保つことはできずより深い悔恨に陥る。買臣が会稽郡を治めるためにやってくると、崔氏はその馬をさえぎり自分を元に戻し太守夫人にしてくれるよう頼む。買臣は彼女に馬の前に水を打たせ、もしその水を元通りに回収することができたらよりを戻そうと言う。彼女はもちろん水を元通り回収することはできず、絶望して川に身を投げた。

　明、清の時、演目『爛柯山』は大変人気があった。そのため戯曲集や曲譜本はこの芝居の中のよくできた折子を多く収録した。例えば『綴白裘』は『北樵』『潑水』『悔嫁』『前逼』『痴夢』を収録している。『納書盈曲譜』『六也曲譜』『集成曲譜』『昆曲大全』も似たような場面を収録している。清初、『爛柯山』の上演に関して以下のようなエピソードがある。呉梅村が清朝によって役人に任用されると、士紳たちが宴を設けて芝居を演じ歓送してくれた。その日に張漣、字を南垣と

いう者がいた。張の石工を演じる段になって、役者は張漣がその場にいたので石工の張を「大工の李」と変えた。呉梅村は扇子で卓を叩くと「面白い」と言った。みなは声を上げて大笑いした。しかし買臣の妻が夫に会うところで、買臣が「朱の字は口にするな」というせりふを口にすると、張漣は扇子で茶托を叩いて「つまらない」と言ったので、一堂は驚いた。なぜ驚いたのか？張漣が声を出したこの「朱」は明王朝を意味する。つまり呉梅村が明を見限って満州族の清に投降したことを暗にあてこすったからだ。

『爛柯山』の多くのストーリーは元の雑劇『漁樵記』に基づいている。この作品は買臣の妻をきつく身勝手で、無情、女徳なき者として描いている。例えば『逼休』では

（旦上）前世で徳を積まなかったので、今世で苦しむはめになりました。つまらない男の嫁になったためどうにもなりませぬ。私は劉家の箱入り娘だったのに。父親に見る目がなかったばかりに、私めを朱買臣の女房なんぞにしちまいました。柴刈りで生計を立てる毎日、どうして私まで養えましょう。いつになったらいい目を見ることができるのか。それもようございます。亭主が戻ったら大騒ぎをやらかして離縁状を書かせましょう。この後はいい男を見つけて楽しく生きていったって罰は当たりますまい。

買臣は雪降る中柴刈りから戻ると、こごえた体を温めるために火をおこしてくれるよう頼むが、こっぴどい皮肉が返ってくる。

（旦）フン！お前様がこの何年か山で薪を取ってためてきたお金で、箱の中も籠の中もうなっておるわ。小間使いやら下男やら使い走りやらを雇って、芝刈りから帰ってきたら火をおこし熱燗を頼んで世話してもらったらよかろう。薪の一本、炭火の一かけらもないというのに、よくも大口をたたいていられるもんだ！

買臣は彼女に貧しさや寒さに耐えるよう諭し、また50歳になった頃には上京して官職を手に入れるから、その時は富貴や栄華をともにしようと言う。この甘い夢はもちろん妻からのさらなるあざけりを招く。

（旦）官職だって？いったいどんな？杉の木の官職か、それとも柳の木の官職かい？川の中の水判官か、廟の中の泥判官かい？こんなやつが役人になったら、蛇が呼ばわり、犬が車を引き、蚊が答答靴[141]を履き、女神の亀山水母が人間界でマントウを売り、西王母様もこの世に降りてきて烙餅(ラオビン)をあぶるこったろう。お前様が役人とはこういうことさ！

141　女真族が履くブーツ。

しかも天に向かってこう誓う。以後「死んで黄泉の国に行っても道であんたとは会うもんか」。彼女に逼られて買臣は離婚届けを書く。彼女はこれを手にするや、毎夜買臣をあばらやから追い出そうとする。外は大雪が舞い、天も地も寒さにこごえる。買臣は「外に出たら凍死してしまう。俺だって生きているんだ」と頼む。すると彼女は「凍え死んじまったらいっそさっぱりするじゃないか！」と言ってのける。
　この芝居は彼女の酷薄な人柄を力をこめて描き出し、買臣が成功した後、馬に水をかけさせる場面を盛り上げるための伏線にしている。その目的は観客に買臣が妻とよりを戻そうとしないことを理解させ、彼の行為を支持してもらうためだ。また天下の男子たる者、これら貧を嫌って金の亡者になる女たちに厳しい一槌を振り下ろさんがためでもある。
　買臣の妻が再婚後に木こりの張から虐待を受け、きざはしに頭をぶつけて死ぬ筋書きは、作者がこの人物の人生を通して分というものに甘んじることのできない女たちに、もし不遇の夫を馬鹿にして分をわきまえないことを考えようとするなら、それは大間違いでありついには身も名誉も失い後世の笑い者になるとはっきりと教えんがためである。正しい道とは、貧しさに耐え分をわきまえ、夫を立て夫と艱難をともにすることであり、こうして初めて幸せが訪れいずれは豪華な衣装に身を包み、高位高官の奥方になれるのである。
　元の雑劇の『漁樵記』と明の伝奇『爛柯山』の作者が誰なのかは分かっていないが、この芝居の中の買臣の妻のせりふがすべて生き生きとした生活言語であることから見ると、作者はおそらく下層階級出身で場屋から離れることのなかった知識人であろう。また崔氏のキャラクターと崔氏の結末のストーリーから言って、作者には崔氏のような夫のふがいなさに愛想をつかしている妻がいたのであろう。彼らは無力感と苦痛にさいなまれながら、朱買臣の物語を借りて我が悪女たちへの鬱憤を晴らしているのである。

第五節
『清忠譜』──封建社会の士人の模範

　李玉の代表作『清忠譜』は明末、江南地方の士大夫と市民が共闘して、魏忠賢をボスとする宦官たちと激しく戦った史実に基づいている。

第 7 章 ｜ 昆劇作品の美学と意味

　天啓年間、宦官の魏忠賢は熹宗の乳母客氏と結託して朝廷の大権を握り、朝廷に暗雲をもたらした。多くの悪人たちが次々とその周りに集まり、義理の息子を自称して各地に魏忠賢を祭る生き祠(ほこら)を建て毎日参拝した。正直でまともな士を弾圧するために、魏忠賢は廠や衛などの特務機関をあやつり、四方に密使を送っては大規模な冤罪事件を起こし、清廉な役人たちを逮捕して、至る所で「自分に逆らう者」を殺した。『清忠譜』が描く闘いは、熊廷弼の冤罪事件がきっかけとなったものである。
　遼東経略[142]の熊廷弼は宦官たちと意見が異なったため、彼らは廷弼を好きなように痛めつけようと、口実を見付けて彼を殺しその首をさらした。この事件は東林党[143]の人々の義憤を招き、その怒りは激しくて弾劾の奏上を何度も行うほどであった。魏忠賢は東林党の人間に打撃を与えるために、熊廷弼が生前軍事費17万両を横領していたとの嘘をでっち上げるとともに、楊漣、左光闘、魏大中、周起元などもかつて熊の賄賂を受け取り、軍事費を山分けしていたとの話を作り上げる。こうして彼らを捕まえ獄につなぎ拷問にかけて殺した。しかしこのような極めて恐ろしい雰囲気の中、正直な文士である周順昌と蘇州の市民は危険を顧みず、立ち上がって宦官グループと徹底的な闘争を始める。『清忠譜』の周順昌というキャラクターは非常にうまく作られ、封建社会における正直な士大夫たちの高潔で不屈の精神を表現している。
　周順昌は字を景文といい蓼洲と号した。蘇州府呉県の人。進士出身で、かつて吏部員外郎の任に就いた。彼は清廉の士で金に清潔であり、職を辞して故郷に帰った後は清貧の暮らしを送った。芝居の中では雪の舞う寒さの中、彼の家はガランとして何もなく北風が吹き込むのだが、彼は泰然としてそこにたたずんでいる。彼の門下生である呉県知県の陳文瑞がやって来ても、彼の家には暖を取る薪すらない。門下生がいぶかると、周は「私は一介の貧しい学者で、賄賂を取らない清潔な官僚を10年勤め寒さにも慣れてしまった。暖炉などあるわけもない」。客が暖を取るための酒を所望すると、彼は「一本の白酒、一切れの焼き豆腐」でもてなした。
　物質生活は極めて貧しかったが、彼は依然として政治に関心を持ち、朝廷が政界の悪人どもを追っ払い、高潔の士を任用して国家を振興させることを願った。周順昌はある日魏忠賢の像を罵り、帰ってきてから疲れて眠り込むと復職した夢を見る。夢の中で彼は魏忠賢に腹を立てこれを殴った。しかも皇帝がこれを認め、魏を法のもとに逮捕した。夢はむなしいが、しかしこのような夢を

142　軍事長官。　　143　明末の江南における政治結社。宦官の魏忠賢から迫害される。

見るのは夢の中の願望が一つの像を結んだということであり、いわゆる「昼に思い夜に夢見る」という状態である。彼は自分でもこう言ったことがある。「悪を憎むこと仇のごとく、夢の中でも悶々たる思いを叫び痛哭する。忠心抱きながら果たす術なく、家に居ては机を叩いて主君に命を捧げることのできない己を怨む」(『傲雪』)。

　最も素晴らしいのは、周順昌が劣悪な環境の中で自分の危険も顧みず闘い抜いたその精神である。宦官一派は無辜の魏大中を逮捕する。周順昌は彼と付き合いはなかったが、この時周は魏忠賢の人の道に反する行為への怒りを表すため、蘇州を通って護送されていく魏大中の官船が着くのを待った。船が着いた時、彼はその船に乗って魏大中を見舞い、共に国事を語らって魏忠賢の悪事の数々を責めたて、しかも魏大中と子供同士の婚姻による縁戚関係を結んだ。東廠の特務が出てきて威嚇したが、周はかえってこれを大声でこう怒鳴りつけた。「すぐ帰ってあの宦官の犬に伝えよ。この周順昌は死など恐れはせぬ」。蘇州の巡撫、毛一鷺と蘇州の績造の李実は魏忠賢のために生祠を建てたが、その生祠の落成の日、周順昌はわざわざやってきて大勢の前で魏の像を指差し、激しい怒りをもってそのすさまじい罪行を痛罵した。そして祠を建てるなどという民心を得られぬ茶番劇をあざ笑った。

周順昌（大笑介）（唱）：（大笑いする）この祠がどんなに立派だろうと中の像がどんなに威厳を持っていようと、しょせんは人民の膏血や国の金を浪費したものだ。恥ずかしくも『一柱天にかかげ国の力を守る』などと題しておるわ。氷山が倒れ太陽が照らし始めれば、逆像霧消し、奸祠は焼け、辺りは雑草で覆い尽くされよう。豺狼が国に満ちるを怪しみ、悪鳥ミミズクが巣に満ちるを恨み、臭名を千年の笑い種として残すであろう」。

　このような果敢に悪行を暴き立てる勇気ある士人を、魏の仲間が手をこまねいて見ていることはなかった。周が逮捕された日、彼の家族はみな号泣した。しかし彼は「何を泣いているのだ。わしがもし一歩でも振り返って後悔などしたら、人間の格がたちまち落ちるわ」。夫人が彼にやり残したことを聞くと、彼は自分の家族の行く末を考えるのではなく、龍樹庵の僧侶がかつて彼に題庵を頼んできたことを思い出し、筆を取って「小雲栖」という三文字を書いてやった。このエピソードからも彼が苦難に立ち向かうにあたって実に落ち着いていたことが分かる。彼は逮捕され殺されることなど何とも思わず、民族のために自分の命を差し出すことができるなら本望だと思っていた。

周順昌が都に護送される際、「言いたいことは唇にあり」「腹の中は東林の話だけ」で、法廷で国家の悪党を罵る算段をしていた。彼は激しい拷問を受けたが、ひざを屈して許しを請うことなく傲然と立っていた。その後「アバラ骨は何本か折れ、手の指は一本残らず折れた」が、それでも魏忠賢が現れると、猛然と怒りに燃え、「魏賊！」「宦官の犬！」と叫び続け、机を蹴り飛ばし、手かせ足かせで宦官の手足を打ち据えた。魏忠賢は怒りに震え、周の歯を叩きつぶさせた。周はそれでも立ち上がり、歯もろとも口の中の血吹雪をこの残虐な殺し屋に浴びせた。命が断ち切られるその瞬間、彼は依然として激しい口調で魏忠賢に「生きてお前を殺せないなら、死んで亡霊になって殺してやる」と言った。

中国の歴史において周順昌のような志士仁人は無数にいるが、彼らは民族の長い歴史のために己の生命を惜しまず、真理を堅持し正気を弘揚し強靭で不屈の精神を表し、その己を捨てた義の行為は民族の貴重な文化遺産となった。社会の気風がよどんだ時、それはよどみをゆさぶって社会の風気を浄化し、民族が危機に直面した時、それははためく幟(のぼり)となって、人々が困難を克服し輝きに向かって前進していけるよう導いてくれる。

第六節
『十五貫』——正直で智恵に満ちた役人のイメージ

明代朱素臣の『十五貫』はまたの題名を『双熊夢』ともいう。このような名称が付けられたのは、作者が「十五貫、災いの元。双熊の夢、命運の曲折を予兆す。天また明け、日また輝く」と見たことに依る（『十五貫』第二十六齣『双円』）。1950年代の初め、浙江昆劇団が『十五貫』を改編してこの古い芝居を一新した。その結果多くの人々の注目を集め、今に至るも昆劇の舞台ではこの芝居のいくつかの折子が上演される。

『十五貫』のストーリーは主に宋の話本[144]『錯斬崔寧』から来ている。話本の内容の概略は以下の通り。商人の劉貴が妻の実家から15貫の金を借りて元手とした。夜遅く家に帰った後、めかけの陳二姐がなかなか戸を開けないのを怒って「お前を客に売っちまったぞ」と言い、この15貫は彼女を売った金だと冗談を言った。二姐はこれを真に受けてひどく悲しみ、親に自分の今後を伝えるために、戸を開けてこっそり実家に帰ってしまう。道々崔寧という若者に会い、

144　宋代の説話小説本。

彼は二姐に同行し二人して二姐の実家に向かう。一方、劉貴の家の扉は二姐の出奔後に鍵が開いたままで、そこに強盗が入って劉貴を殺し15貫の金を盗む。近所の人は劉貴が殺されているのを見付けて二姐を追いかけ、彼女と一緒だった崔寧がやはり15貫の金を背負っているのを見て、二人が犯人ではと疑い役所に突き出す。役所はきちんと調べないまま拷問にかけ、二人は耐え切れずに罪状を認めて、ともに極刑に処せられてしまう。1年が過ぎようという頃、劉貴の正妻の王氏が実家に戻る途中で強盗に遭い、そのまま強盗の妻にさせられてしまう。強盗は王氏に劉貴を殺したのは自分だとぽろりともらす。王氏は機会をうかがって役所に行き、このことを訴える。こうしてこの事件は解決を見た。

この話本は実に伝奇性に富んでいる。ストーリーのすべては「偶然」という1文字の上に成り立っている。例えば妻の父親が劉貴に15貫の金を渡し、一方で崔寧が生糸を打って得た金も15貫である。「一銭少なくもなければ多くもない」。劉貴が家に帰った時に王氏はあいにく実家に引き止められてその場にいない。劉貴は二姐を脅かし、彼女は実家に帰ってしまう。その時に入り口の鍵をかけず、その夜たまたま盗賊が入る。二姐は家に帰る途中に崔寧という若者に出くわす。もしこの中の「偶然」が一つでも欠けたなら、この物語はこのようには進まない。昔の人はこの「偶然」を嘘と感じることなく、逆に気持ちよさと美を感じた。だからこそ明末の馮夢龍は『醒世恒言』を編纂する時、この話本を収録し、これを『十五貫戯言成巧禍[145]』と題名を変えたのである。ここからも人々がこの話本にどれほど興味を寄せたかが分かる。

朱素臣は『崔寧を錯斬す』のプロットを採用したほか、もう一つ物語をこしらえ、『十五貫』の物語の主人公崔寧を熊友蘭とし、もう一つの物語の主人公を友蘭の弟熊友蕙とした。熊友蕙が家で勉強している時、その隣人の馮玉吾は童養媳[146]の何三姑にかんざしと耳飾り、15貫の金を保管しておくようにと渡す。ところがかんざしと耳飾りをネズミが熊家へとくわえていってしまう。熊友蕙はネズミが本をかじるのでネズミ捕りを買ってきてネズミを駆除しようとするのだが、ネズミは駆除用の毒餅を食べず、それを馮玉吾の家にくわえていき、三姑のいいなずけである馮玉吾の息子が食べて死んでしまう。馮玉吾は三姑が熊友蕙と密通して息子を殺したのではと疑い、役所に訴える。役所は三姑と熊友蕙に死刑の判決を下す。

さらに朱素臣は『崔寧を錯斬す』の物語に接木をして話をつないでいく。よその土地で働いていた熊友蘭は弟が人に陥れられて投獄されたと聞き、富商の

145　冗談が偶然の災いとなる。　146　息子の嫁として子供の頃にもらったり買ってきた女の子。息子が大人になるまでは下女として働かせる。

陶復朱から 15 貫の金の援助を受け、帰郷して弟を救う。弟は夜闇にまぎれて尤葫蘆（話本では劉貴）の娘蘇戌娟（話本では陳二姐）に逢い、手に手を取って逃亡する。ちょうどその時、妻阿鼠が尤葫蘆を殺し 15 貫を盗む。そこで友蘭も思いもよらない災禍に出くわしてしまう。

　物語がこう発展した後、朱素臣はもとのストーリーの流れを変え、以下のような内容にしていく。常州の太守況鐘は刑の監督を命じられたが、熊兄弟が冤罪を訴える夢を見たために、降格の恐れを顧みず山陰県に行って調査をし友蕙の冤罪を明らかにする。また無錫にも行き、友蘭の無実の罪も覆す。その後、熊氏兄弟はそれぞれ、蘇戌娟、何三姑と結婚する。

　物語は二転三転し事件は藪の中だが、このストーリーは人々を芝居の魅力のとりこにしていく。しかし今日の歴史の高みから見るなら、この芝居の成功の鍵はこうした複雑なストーリーにあるのではなく、責任感のある公正で智恵に富んだ役人況鐘のキャラクターにある。

　況鐘は実在した歴史上の人物である。熊氏兄弟も実在したが、しかし実際起きた事件は 15 貫という金や鼠がかんざしをくわえていったなどということとは無縁である。『況太守集・太守列伝』によると、況鐘が明の宣徳年間に蘇州の知府だった時、「裁きは明断で、民に冤罪あればこれを覆さないことはなかった。熊友蘭、熊友蕙兄弟が冤罪事件に巻き込まれた時、太守はこの冤罪を晴らすために力を注いだ。郡をあげて公の裁きの素晴らしさを讃え、伝奇にしてこれを演じ、すべての裁きを世に伝えられないのを惜しんだ」。『明史』も況鐘の正直と果断さをこう伝えている。況鐘が蘇州で役人になった時、蘇州の治安はかなり乱れていた。「賦役が多くて重く、官場は乱れて最も治めがたい」。況鐘は「非常に清廉」で「強きをくじき、善行を育て」「権勢に頼ってほしいままに不法を行う者は杖を振り上げてこれを殺した」。彼は任官して 1 年もたたないうちに、千五百人のならず者たちを逮捕したという。そこで「一府大いに震え、みな法を奉る」ようになった。「官吏はよこしまなことをする勇気が萎え、民は冤罪に苦しむことはなくなり、みなが包公[147]の再来と讃えた」。

　『十五貫』における況鐘のイメージは、実際の況鐘の姿を映したものである。蘇州にくるや公正廉潔であることを決意して神仏にこれを誓い、任に就くや民に幸せをもたらした。彼は監斬[148]の役目を奉命した後、冤罪を見付けると何度も悩み苦しんだ後、危険を犯して冤罪を晴らすことに決めた。彼には事件を審問する権利はなかったので、いく晩もかけて都察院に駆けつけ、巡撫の周忱に

147　公平無私、清廉潔白で知られた宋代の高官包拯（ほうじょう）。　　148　死刑執行の監督官。

面会を求めて、死刑執行を猶予して再審してくれるよう頼んだ。周忱はよけいなことをしすぎると思い、「勝手に職務を離れ、お節介千万」であり「余計なことに首を突っ込んで揉め事を起こす」と況鐘を批判し、その都度、況鐘を追い返して刑の執行に当たらせた。況鐘は周忱と激しく対立し、罪状が事実と異なっていてはむやみに民草を殺すわけにはいかず、刑を執行するのは難しいと言い、金印を保証として自ら再調査したいと告げた。周忱はしかたなくこれを認め、しかし期間は半月に限る、もしこの間に事件を解決できなければ況鐘を弾劾にかけると言った。

『見都』では真実を極めようとし、民衆を大切にする況鐘の高潔な人間性が余すところなく描かれている。上司からは五更[149]前に死刑を執行するよう要求されている。時は急を要したため、彼は夜中に巡撫の役所に飛び込み門を叩いて面会を求める。彼は再調査というものが、いかに危険かを熟知していた。下手をすると直属の上司の機嫌を損ね、この案件を審議する官吏の不興を買う。しかし彼は人命を救うということだけを考え、もし庶民が無実の罪で殺されたなら自分は心安らかに生きることはできない、たとえこの職を失っても悔いはないと思うのだ。このような役人のイメージは封建社会においては皆無に等しく、ここに普遍性はない。作者はこのキャラクターの創造に力を注いだが、しかしこれは底辺に生きる庶民の願望にすぎなかった。

況鐘は正義感が強く民衆のために生きる高潔な人物であったばかりでなく、智恵にも富んでいた。事件の再調査の過程の中で、彼の優れた才能は余すところなく表現されている。況鐘は占い師に扮して熊友蘭事件の起きた無錫にやってくる。陶復朱と妻阿鼠の会話を聞いて、友蘭の15貫がもとは陶が彼の弟を救うために渡したものだと知る。陶復朱が急いで蘇州の役所に行き真相を話そうとすると、妻阿鼠はあわてふためいてこれを止める。況鐘はこれに疑念を抱き「なんでこんなに弱りきった様子をし、役所に届けようとしているのをやっきになって止めるんだ？ここには不正があるぞ。どうも怪しい。このびくびくした様はどうだ。馬脚を現しているではないか」そこで「その不正」を調べようと決心する。以下はその時の対話であり実に面白い。

外：いったいどんな悩みがあるんだい？それを漢字一文字で書いて御覧なさい。吉凶を占ってしんぜよう。

丑：あいにく文字を知らないので書くことができません。

外：では言葉にするがよい。

---

149 午前3時から午前5時頃。

丑：ではあっしの名前にしましょう。「鼠」という字です。

外：お名前は「鼠」かね？

丑：いいえ。あっしの名前は婁阿鼠です。賭場ではちょいと有名なんで。

外：この「鼠」という字はどこで使うのかね？

丑：裁判所です。

外：（字を書くしぐさをする）14画か。偶数で陰爻に属する。鼠もまた陰だ。陰中の陰とはあの世の象徴。もし裁判を占うなら、急いでもはっきりはしないだろう。

丑：はっきりしなくてもかまわないが、事件に巻き込まれちまいますかね？

外：これは自分のことかね？それとも誰かに頼まれているのかね？

丑：（言葉に詰まる）頼まれたんでさ。

外：画数から見るに自分のことだと大変だ。これは災いの主な原因だ。

丑：なんでそんなことが分かるんで？

外：「鼠」は干支の頭に来る。お前さんがこの災いの張本人だろう？

丑：（驚き呆然とする）

外：しかもそこで何かを盗んでいる。そのことが事件を起こしている。

丑：そいつはおかしい。何で物を盗んだなんて分かるんで？

外：鼠はよく物を盗む。だからだよ。

丑：（呆然とする）

外：それにこの人の姓は尤[150]だろう？

丑：どうしてそれが分かった？

外：鼠が一番好きなのは油[151]だ。だから分かったのだ。

丑：（後ろを向いて）これは占い師じゃない、仙人だよ！

外：（うなずく）

丑：まずは彼にはかまわず現在のところを見てくれ。とばっちりはあるかい？

外：とばっちりを受けないですむことなんかあるかね。今や悪行露見の時だよ。

丑：どうして分かる？

外：あんたの字は鼠だ。今はちょうど子から始まる月、時期からいっておのずと分かってしまう。

丑：先生。逃げてよそで暮らしたいんだが逃げられるかい？

150　音は「ヨウ」となる。　151　これも音は「ヨウ」。

外：事実を話してくれればね。人の代わりか、それとも自分の占いなのか、ちゃんと言えばうまく導いてしんぜよう。

丑：実を言えば自分のことなんで。

外：よろしい。これで逃れることができるぞよ。

丑：逃げられるかい？どうして分かる？

外：自分のことなら空に来たことにはならない。「空」の字を「鼠」の上にかぶせれば、「鼠」ではなくなり、頭をかかえて逃げ惑う「竄」の字になる。（またちょっと思案し）ほら、これで逃げていけるのじゃよ。ただ鼠は疑い深い。あれこれ考えて逃げる時間を失うじゃろう。

丑：占いの先生、あんたは実に素晴らしい。実によく当たる。ただ私は迷っている。だから占ってもらってるんだ。今教えを賜ったらそれに従いましょう。逃げたいと思うがどうですかね？

外：もし逃げることができたら万に一つの失敗もない。ただ今日逃げることだ。もしこれが明日に延びると逃げ切れない。

丑：今日はもう日も暮れた。ちょっと都合が悪いが。

外：またこれだ。鼠は昼間寝て夜動くもんだ。夜逃げが一番じゃないかね。

丑：なるほど。それともう一つ。どこに逃げるのが一番ですかね？

外：鼠は巽に属する。巽は南に属する。東南に逃げるのがよかろう。

丑：水路で東南を目指すことにしよう。ただ船があるかなあ？

外：もし行くのならわしが船を持っている。もし今晩船に乗るなら蘇州杭州を一路行って新年に間に合う。もし嫌じゃなければこの船でどうかね？

丑：それは願ったりかなったりだ。もしうまく逃げおおせたら先生は我輩の大恩人だ。どうかあっしの礼を受けてくだされ。

婁阿鼠は決してぼんくらではなく狡猾で疑い深い。しかし況鐘の方が一枚上手だった。彼は先の婁阿鼠と陶復朱との会話から、婁阿鼠の言葉には必ず事件とのかかわりがあるだろうと判断した。そこで彼の顔色を伺いながら徐々に誘導し、ついには巧みに婁阿鼠が殺人の下手人であることを彼自身の口から白状させたのである。婁阿鼠をちゃんと監獄に入れるため、おとなしく自分についてこさせて蘇州に連れていった。況鐘は占いの知識を使って彼に禍から逃れる方法を教えたように見せかけ、実は婁阿鼠をうまく動かして自ら裁きの網にその身を投じさせた。『廉訪』の一幕はこの芝居の中で一番観客を沸かせる場面で、そうした効果を生む一番の理由は、況鐘の非凡な智恵をうまく表現し、観客が

その智恵の魅力に酔いしれ、しかもこの正直で恐れを知らぬ役人に観客が心打たれるからである。

朱素臣の『十五貫』はその発表時から昆劇の舞台で活躍し、よく演じられる見せ場も多かった。例えば『商贈』『殺尤』『皋橋』『審問』『朝審』『宿廟』『男監』『女監』『判断』『見都』『踏勘』『訪鼠』『測字』『審豁』『拝香』などの幕である。清代呉県の人董国琛の詩は『十五貫』という芝居の社会的な影響力についてこう唱っている。

「悪をくじき善を称揚しようと、昔をしのび古(いにしえ)の昔話を芝居に伝える。
　伝奇『十五貫』の芝居をやれば、どこの家でも声を揃えて況包公の歌を歌う」。
清代天長の人宣鼎は『三十六声粉絳図詠』の中で、舞台でよく演じられる『十五貫』の折子戯『判斬』『見都』『訪鼠』『測字』などについて以下のような感慨を述べている。

「蘇州の台閣は冷たい煙霧の中、下には虎跑泉が流れる。高くそびえる祠では祭祀が不断に行われ、現地の人々が今に至るもこの清廉な役人を讃える。時を伝える槌の響きは夜のしじまに響き、人々は裁きを急ぐ冤罪を抱える。事は切迫し刀は振り下ろされようとしている。況は夜通し都堂の門を叩き、都堂これに怒り狂う。都堂都堂怒ることなかれ、すべては民衆の命のため。都堂いわく鉄案山のごとし、誰がこれを覆(くつがえ)せよう。役人はみな怖がり、況一人が落ち着き払って都堂に言う。あなたの怒りの激しさを誰が抑えられよう。あなたは虎のようで誰もあなたの髯(ひげ)を抜く勇気はない。況は虎に皮をはがれても虎を恐れはしない。民衆の命に関わること。民衆は国の大本。あなたは彼らをわけも分からぬまま死地に追いやることができるのか？ 況鐘は何度もお願いし、また時間を制限しての解決を約束する。彼はついに真犯人を突き止めて冤罪を晴らす。この時、都堂はおのれの不明を知る。況鐘のような人物は一点曇りなき晴天のよう。彼こそは民衆をいとおしむ父であり母。この芝居の中の彼は強盗ではなく、大ネズミを捕まえる」

この『図詠』は『十五貫』の流行と人々の況鐘への心からの賛美を伝えている。

1956年浙江の昆蘇劇団は『十五貫』を改編して、熊友蕙や鼠がかんざしや餅をくわえて持っていってしまう場面を削除して、『鼠禍』『受嫌』『被冤』『判斬』『見都』『疑鼠（あるいは『踏勘』）』『訪鼠』『審鼠（あるいは『雪冤』）』の８幕とした。この改編版は主となるモチーフをもとにしてさらに昇華し、この事件の描写を通して頑固な主観主義や周忱の官僚主義を批判し、況鐘の民衆に対する勇

気ある責任感や実事求是の態度、調査研究の精神を讃えるものとした。

『十五貫』を演じた役者の中で最も評価の高い役者は、婁阿鼠を演じた王伝淞である。況鐘がこの事件は窃盗事件であると断じその人の姓は尤であると言った時、婁阿鼠は驚いて色を失い、椅子からもんどり打って後ろに転げ落ちるや急いで椅子の下にもぐり込んで様子を伺う。ここで彼は絶妙な演技をした。椅子から飛び上がりまた転げ落ちるという動作によって、婁阿鼠というこそ泥の品性の低さや、犯罪者としての複雑な心理を見事に演じたのだった。

第七節
『長生殿』——皇帝と妃の恋と民族の災難

洪昇の『長生殿』はフィクションではなく、史実や民間伝承、元代雑劇における李隆基[152]、楊貴妃のラブストーリーに基づいて改編されたものである。

李隆基は唐の明皇と呼ばれる。即位の初めは政治に励み、経済は発展し、国力は増強し、国民は仕事を楽しみ、大唐帝国は「開元の治」の繁栄を謳歌して、社会全体に天下泰平を喜ぶ気風が満ちた。しかし開元24年から、彼は面従腹背の李林甫を宰相とし、大小の政務を彼に任せて自分は悦楽にふける生活を送るようになった。

楊玉環とはみなが知っている楊貴妃のことである。弘農華陰（現在の陝西省華陰県）の人。早くに両親を亡くし、叔父の楊玄珪に育てられた。16歳の時に寿王李瑁の妃となる。3年後、唐の明皇の寵愛する武恵妃が病死し、明皇はひどく悲しんだ。ある宦官が彼の前で寿王の妃楊玉環の美貌を讃えると、彼は楊玉環とは舅嫁の関係であるにもかかわらず、これを奪って我が物とした。この年明皇54歳、楊貴妃20歳であった。楊貴妃を得てからというものの明皇はさらに女色をほしいままにして政治を顧みず、ついには安史の乱を招いた。

玄宗と楊貴妃のこの物語は中唐以後文人墨客が強い興味を抱き続け、詩歌や歌賦、野史、筆記、戯曲、小説のテーマにして大いに喧伝した。有名な白居易の『長恨歌』、陳鴻の『長恨歌伝』、楽史の『楊太真外伝』、無名氏の『梅妃外伝』、白朴の『唐明皇秋夜梧桐雨』、呉世美の『驚鴻記』などである。

陳鴻の『長恨歌伝』の中の楊貴妃は美しく聡明でしとやかな女性である。玄宗皇帝は彼女を一目見るやその美しさに心を奪われる。彼女の「髪の毛は滑ら

---

[152] 唐玄宗の名。

かで体つきはほっそりと、その挙措も優雅でなまめかしく」、入浴後の姿はいっそう美しかった。「久しぶりの華清池で、玄宗は楊貴妃にともに温泉につかるよう命じた。楊貴妃は温泉から出るとぐったりし、あの薄い絹の衣を着る力さえなかった。顔はつやつやと輝き人の心を惑わすほど」であった。好色な玄宗は喜びを抑えきれず、黄金の螺鈿の小箱を贈ってその愛情を示す。それ以後二人は性愛に我を忘れる。翌年には貴妃に冊立され、皇后の半分の服飾待遇を受けるようになる。楊貴妃が寵愛を受けると一族もその恩恵を受け、「叔父や兄弟はすべて高官に取り立てられ、姉妹はみな国夫人となり、その富は皇帝を超え、車や衣装、屋敷に至るまで皇族の待遇と変わらなかった」。楊貴妃とその一族の取り立てられようは人々の羨望を招き、当時巷では「男は侯になれずとも女を妃にすれば、見てご覧よ、器量良しの娘を持てば大出世だ」と歌われた。

　その後楊貴妃の従兄弟の楊国忠が宰相となり、彼は権力を弄んだ。賄賂をほしいままにし、朝廷ではさまざまなトラブルが起こって、民間に怨嗟の声が満ちた。安禄山はこうした機に乗じて反乱を起こし、都の長安まで兵を進めた。玄宗はここでようやく安禄山の謀反に気付き、巴蜀まで逃げるしかなかった。馬嵬という所で軍人たちは楊国忠を殺し、国民の怒りをなだめるために楊貴妃をも殺すことを求めた。「玄宗はこれを免れることはできないと悟り、しかしその死を見るにしのびず、袂で顔をおおってこれを連れていかせた。逃げ惑い、最後はなんとひもで吊るされた」。

　陳鴻の筆による玄宗は情深き男である。安史の乱が平定されるとまた長安宮に戻り、しばしば追憶にふけり悲しみやまず、道士に命じて仙女となった楊貴妃を四海に探しに行かせる。

　白居易の『長恨歌』は玄宗と楊貴妃の物語を讃えると同時にこれを批判する。彼らの愛は清らかで感動的であり人間性の美しさを体現している。玄宗は彼女のために自分の身分も忘れ、政務のすべてを放棄してしまう。「春の宵は短いので日が高く上ってから起き、これより帝は早朝の執政をやめてしまわれた」「のびやかな歌と踊り、笛や太鼓の音に帝は終日飽きることはなかった」。兵士から楊貴妃を引き渡すよう迫られると、「帝は助けることができずに顔を覆い、振り返る時はその目からは血の涙が流れた」。安史の乱が鎮圧された後、玄宗は西蜀を経由して長安に戻る。途中楊貴妃が殺された場所を通ると「世の中が変わり帝の車も方向を変える。ここに至れば躊躇してそのまま過ぎ去ることはとてもできない。馬嵬の坂の泥土の下に埋められている花のかんばせは今はもう見

こともできず、その場所のみむなしく残る。君臣互いに目を見合わせては涙にくれ、東に都門を望んで馬にまかせて帰る」。その後玄宗は秋雨に梧桐の葉が落ちる時、宮中に遺されたものを見ては楊貴妃との日々を思い出す。長い夜、帝は思い焦がれる苦しみに「夕べ宮殿に蛍が飛ぶのを見ては悄然と物思いにふけり、孤灯燃え尽きてもいまだ眠りにつけず」。彼は道士にその魂魄を連れてこさせようとする。道士たちは「上は空の果てまで、下は黄泉の国まで」探すが、「茫々と果てしなく見付けることはできなかった」。その後とうとう海上の仙山に楊貴妃を見つける。彼女もやはり人間界に残した想い人を忘れることができず「花のかんばせに寂しく涙を流し、梨花一枝春雨にぬれたかのよう」、かつて互いの心を確かめ合った螺鈿の小箱や金のかんざしを持っていき、自分の変わらぬ思いを伝える。この一組の恋人たちはそれぞれ心の中で「天では比翼の鳥となり、地では連理の枝とならん。いつか時が尽きるとも、この哀しみ綿々として尽きる日なし」と誓う。

　白居易は彼らの間の真摯でロマンティックな愛情を描写はしたが、しかし彼らが二人だけの喜びのために国に禍をもたらしたことを批判した。詩の第一句は「漢の皇帝、色を重んじて国を傾ける」とあり、好色な皇帝が民族の大業や国家の前途、国民の生死を捨てて顧みず、「これより君王は早朝の政治をせず」とは思い切った表現である。寵愛する妃を喜ばせるために、彼は権力を乱用して楊氏兄弟姉妹を高い地位に抜擢する。「土地と高い身分を与えた」。詩人杜甫の『自京赴奉先県咏懐五百字』もこれを証明する。帝王と楊氏兄弟姉妹、そのほかの貴族たちは豊かな物質がもたらす快楽を享受していた。「宮廷の金の皿はみな楊貴妃の兄弟姉妹に与えられ、楊家の居間にはかぐわしい香の煙が立ち上る中、美女が集う。彼女たちは高価なテンのコートをまとい、美しい楽の音に耳を傾ける。らくだのひづめのスープを飲み、市場に出たばかりのオレンジに舌鼓を打つ」、このようなぜいたくな生活は労働人民の血と汗を搾り取った上に成り立ったものだ。彼らが食べる物や使う物、それらは実はすべて民の脂、民の膏である。「朱門の中で酒肉の宴を繰り広げている」時、必然的に「道端では凍死した死体が横たわる」という悲惨な現象が起きる。そしてここから鋭い階級間の矛盾と民族間の矛盾がもたらされる。野心家の安禄山はこの矛盾を利用して、中華民族を苦難の淵に追いやる戦いを起こした。謀反をおこした軍の角笛が天地を揺り動かし、『霓裳羽衣曲』を鑑賞していた皇帝と妃は動転する。李白の『古風』第19首はこの時の災難をさらに詳しく描写している。「洛陽平川

を見れば胡兵が大勢歩いている。野草は流血に染まり、悪人どもが高い地位に就いている」。これらすべては玄宗が楊貴妃との愛に溺れた結果、引き起こされたのである。

　元の雑劇の大家白朴が以前の資料をもとに書いた『梧桐雨』は、元代に極めて大きな影響を及ぼした作品である。この作品は玄宗と楊貴妃の愛を否定した。芝居は玄宗がその好色さから、寿王の宮殿から息子の嫁である楊貴妃を奪うスキャンダルから始まる。楊貴妃が寵愛を得て、一族は栄光に包まれ高い地位を得る。しかし彼女は決して老いぼれた玄宗を愛してはいなかった。彼女が愛したのは胡旋舞をみごとに踊る安録山である。安禄山が漁陽の節度使に封ぜられると、彼女はこのこのために苦悩し落ち込む。そしてこう心の内を述べる。

　「近頃、辺境から少数民族の将軍が送られてきました。名を安禄山といい、ずる賢く巧みにおべっかを使い、また胡の旋舞に長けております。帝はこれを私に与えて義子とし、宮廷への出入りをお許しになりました。思いがけなく我が兄君楊国忠がこれの落ち度を見付け、帝に奏してこれを漁陽節度使に封じ辺境に送ることにしたのです。もはや会うこともかなわぬかと私の悩みは尽きませぬ」。

　この独白は彼女と玄宗の間に愛情は存在しなかったことを物語る。

　馬嵬で兵が乱を起こした際の玄宗のふるまいからも、彼らの間に真の愛情がなかったことが分かる。皇帝を守るべき軍でさえ皇帝の命に従わず楊貴妃を処刑するよう強く求めた時、楊貴妃は玄宗に助けを求めた。

　旦：私は死を惜しむものではありません。でも陛下のご恩に未だ報いておりません。この何年か陛下にいただいた恩愛をどうしてやすやすと捨てることができましょう。

　正末：妃よ、もうだめだ。近衛兵が心変わりしては朕の身も危ないのだ。

　旦：陛下、どうかどうかお助けくださいまし。

　正末：朕はどうしたらよいのだ？

　楊貴妃は「情」で玄宗の心を動かそうとする。自分は死にたくないのではなく、恩愛を断ち切れないのだと言って、なんとかして自分を助けるようにと玄宗にすがる。しかし玄宗は帝王の玉座を守るため、たかが一人の女のために国家を捨てるわけにはいかず、無情にも言葉をはぐらかし、高力士に妃を仏堂に連れていかせて自尽させ、その後兵士たちにその遺体の検分させよと命じる。

　もちろんこの芝居でも、最後は玄宗の楊貴妃に対する懐旧の情をこまやかに

描写する。曲詞は非常に感動的である。

【伴読書】いらだっていると懸命にすだく秋の虫の声が聞こえる。入り口の御簾が巻き上がり冷たい西風が吹き込んでくる。黒雲が空を覆い、心も重い。衣を肩にかけてベッドに座りカーテンにもたれるがどうしても眠れない。

【叨叨令】部屋の外の雨の音。幾万という真珠が玉の皿に落ちるかのごとく、また豪華な舞台で高らかに響く歌声のようでもある。一筋の湧き水がはるか崖の上から流れ落ちるようであり、また戦場で無数の太鼓が力一杯打ち鳴らされているようでもある。この雨の音は実に耐えがたい。

【倘秀才】激しい雨に梧桐の葉はひとたまりもなく萎れ、雨のひとしずくに私の心は打ち砕かれる。梧桐の葉はもはや井戸と美しい調和を作らず、まきにして燃やしてしまうしかない。

　玄宗の楊貴妃に対するこうした深い想いをどう理解すればいいだろうか？この情はいつわりではない。また作者が構想を練った時にうっかりして作り出した矛盾でもない。玄宗は皇権を失った後、その晩年は寂しいものであった。その身辺にもはや幻惑させられる美女はおらず、耳にあふれる美しい歌声もない。彼はすることもなく多くの時間を過去の追憶へと費やした。彼はその生涯に出会った女たちに思いをめぐらす。その美貌といい、その技芸の才といい、楊貴妃の右に出る者はいない。朝も夜も歓楽にふけり、美女と入浴を共にした情景、これらはもう二度と戻ってはこない。そこで彼の心に失落の思い、わびしさ、悲しさがあふれるようになったのだ。

　洪昇の『長生殿』が内包する思想は豊かであったため、人々は長きにわたってこの主題にさまざまな感慨を抱いた。まとめてみるとおおよそ3通りの見方がある。一つ目は愛情がテーマだというもので、この二人の愛情のドラマを通してこの作品は相手への一途さという愛の理想を伝えているという。二つ目は批判がテーマだというもので、作者は二人の間の螺鈿の小箱の贈り物に寄せて、封建社会の支配者の荒淫無恥や政治の腐敗を批判し、後世の戒めとしているという。三つ目のテーマは二つで愛情と批判であり、そのうち批判が主要なテーマで、愛情は二次的なテーマだという

　作品から見ると、作者は「情」を極めて重視している。彼は最初の幕『伝概・満江紅』の詞の中で、

　「今も昔も恋の道で真心を貫くはどなたでしょう？本当に真心を通すなら、ついには末永く連理の枝ともなりましょう。万里を南北に隔たれても憂うことな

く、二つの心の生死を論ずるまでもありません。この世の男と女が縁なきを嘆くのは情がないだけのこと。金石をして感じさせ、天地を巡らせ、日や月のように輝いて青史に名を残す。臣の忠なる、子の孝なるを見れば、これすべて至情によるのです。先聖[153]はかつて鄭衛の歌[154]を削りませんでした。我らは義を取って調べを翻し、太真外伝を借りて新詞を譜にのせますが、ここにはただ男女の情あるのみでございます」と言っている。

玄宗と楊貴妃二人の愛情の清らかさを表すために、作者は「史家は汚い歴史的事実についてはおおむねこれを削って書かず」、楊貴妃がもとは寿妃であったことを表に出さず、彼女と安禄山との宮中における淫楽についても一言も触れないという態度を取り、逆に二人の間の貞節と忠実を強調している。この芝居はこの愛情を描写する上で、浅くやがて深く、肉体の恋から精神的な愛へと段階を踏んで描いている。初め玄宗が楊貴妃に惹かれるのはその美貌である。「なんといとおしいことよ。紅玉のように鴛鴦の枕に眠っておる」(『春睡』)、愛情の基盤はもろいので、玄宗は平然と心変わりをする。しかしひそかに誓った後は、彼らはどちらも相手から離れることができないと悟る。一方の裏切りは双方の苦痛となり、そこで愛情はふらふらしたものから一途なものへと変化する。馬嵬の変は彼らの愛への試練だった。この情景は非常に感動的である。

「(旦はひざまずき)陛下の深い恩を受けその恩に報いるには、この身が殺されようと足りませぬ。今この危急の時に、兵士を抑えるためにどうぞ自尽のお許しを賜りませ。陛下が安全に蜀の地に向かうことさえできますなら、たとえ死んでも生きてお供するようなもの」。

愛する人のために、喜んで自分の命を含めたすべてを捨てる。これはまさに真摯な愛情そのものである。それでは玄宗はそれに対してどう応えたのか？彼は慟哭する妃を抱いてこう言った。

「妃よ、何ということを言うのだ！お前がもし死んでしまったなら、帝であろうと四海の富を持っていようと何になろう。国が滅び家が失われてもお前を捨てたりはせぬ！」

国と愛人両者の選択を前にして、彼は喜んで後者を選んだ。「国を捨て愛する女を選ぶ」封建社会の帝王にとってこのような行動はめったにあるものではない。その後、楊貴妃と高力士の懸命な説得で、玄宗は苦悩の中で彼女を捨て去る。

(旦)：陛下の恩愛はかくも深くとも、事ここに至っては生き延びる術はありませぬ。もし恋々とするなら玉も石もすべてを失い、私の罪はもっと重くなり

---

153 孔子。　154 鄭国、衛国の歌。ともに詩経の中にあるが軽薄、みだらであるとされる。

ましょう。陛下よどうぞ私なぞお捨てあそばして、この国をお守りくださいませ。

（醜が高力士に扮して涙をぬぐい、ひざまずく）：貴妃様はすでに命をお捨てになるお覚悟。どうか陛下にはこの国をこそ第一に、恩愛は耐えてお捨てくださいますように。

万事休す、自分が共に死んでも無意味だという状況に追い込まれて初めて、玄宗は楊貴妃に自死を許した。

楊貴妃の死後、この美しい縁が終わることはなく、縁はさらに続き情意はより深まっていった。楊貴妃は冥土に着くと、玄宗との約束を守って「情意に背こうとも、金釵鈿盒の約束は背きがたし。怨みを抱いて冥途を守らん」（『神訴』）。玄宗はこの世に生きてはいるものの楊貴妃を失っては何の意味もなく、もはやこの世に一人残されて生きていたくなどなかった。「ただ一日も早くこの塵土を離れ黄泉の国に参って、お前と地下にて連理の枝となりたいのだ」（『見月』）。

ここで考えなければならない一つの問題がある。それは二人の間には真摯な愛があったのかという問題である。人の心理と生理からこの問題を考える時、心身の健康な人はみな異性の愛を求めたり、異性への憧れをかき立てる。このような情には深いものもあれば、表面的なものもある。容貌に惹かれる情は浅いが、しかしそれもまた情であることは確かである。中国の古典戯曲に現れるあの一目ぼれはこの種の情である。玄宗は楊貴妃を一目見るや恋に落ちるが、それは彼女の美貌ゆえであったのは確かである。しかしその後生活を共にするにつれ共鳴し合い睦み合い、深い愛情が育まれていったとしてもおかしくはない。従って『長生殿』で描かれる二人の愛情には、生活の基盤があったと言ってもよいだろう。

しかし「情」を肯定し、「情」を描く観点からだけ見るのでは、『長生殿』の思想を完全に正しく理解することはできない。帝王と妃の愛情という特徴からこの作品の思想的意義を分析するべきであり、こうして初めてこの作品の真髄を理解することができるだろう。

帝王と妃の愛情の特徴の一つは政治性である。歴史上どの王朝であっても、帝王が一人の妃を寵愛する時、必ず政治に影響を及ぼす外戚集団が現れた。この集団は皇帝の庇護を受け、また実際に権力を掌握し、一定期間において彼らの意向が朝廷の政策や官吏の任用を決定した。一方彼らは自分たちの権力が限定的なものであることをよく知っていた。そこで多くは国を統治する者としての根本的な利益から物事を考えようとはせず、その行為の多くは法を曲げ賄賂

を取ることであった。『長生殿』の楊国忠はまさにそうした人物である。第3幕『賄権』で、彼はこのようなせりふを言っている。

「国政は我が手の内にある。三台八座[155]は尊崇を極め、退朝して私邸に帰れば無数の官僚が下風を拝す。この楊国忠すなわち西宮楊貴妃の兄である。右大臣の官におり、司空職に進む。陛下のご威光を分けていただき、風雷の如き号令を司っておる。(冷笑して)豪奢を極め享楽の限りを尽くし、賄賂を収め権を招き、まこと天を回す力ありじゃ」。

このような己の欲望を満たすことだけを考える人間が、どうして朝廷において良い政治を行うであろうか。当然国家は危機に瀕し、民の恨みの声は巷にあふれる。死罪を犯した安禄山は機会を失して刑に服する覚悟をしていたが、楊国忠は自分の勢力を拡大させ党派を大きくするがために、これを刑に処さなかったばかりか逆に手を組んで辺境の将とし、安史の乱の禍根を残した。もしも玄宗が楊貴妃を寵愛することがなかったら、楊国忠が政治の舞台に登場することはなかった。そうなると歴史はこのようには展開しなかったかもしれない。

帝王と妃の愛情の特徴の二番目は搾取性である。封建社会の帝王は四海の富を持っている。自分の愛する者にはほしいままにそれをばら撒く。大きいものとしては土地や地位を、小さいものとしては金銀その他宝飾類を。これらの財貨はすべて下層庶民の労働の賜物である。皇帝や妃、またその一族たちのぜいたくな暮らしは、無数の庶民の飢えや寒さに襲われる生活がその基盤になっていた。『長生殿』第15幕の『選果』ではこの様を描いている。楊貴妃は生のレイシが好きだったので、玄宗は涪州と海南にレイシを送るよう命じた。鮮度を保つため無数の馬を走らせ、リレー式でレイシを迅速に都に運ばせた。その状況はまさに臣下たちが歌っているごとくであった。

「海南のレイシはとりわけ甘く、貴妃様は格別に好まれる。摘む時は葉ごとくるみ、固く封して竹籠に入れ、昼夜分かたず運んで一里たりともおろそかにはできませぬ。一駅また一駅と馬を走らせるのでございます」。

駅から駅へのリレーは急を要し、多くの作物を踏み潰し、多くの人々を踏み付けた。芝居の中で家来が盲目の人を踏み殺し、庶民が取り沙汰する様子が描かれている。

「(浄立ち上がり斜めに向かってお辞儀をする)お願いでございます。あの馬を走らせた者に命の償いをさせてくだされ。

(外)ああ、あの馬を走らせた者はレイシを貴妃様に献上しようとしているの

---

155 いずれも政府の最高機関。

だ。道々どれだけの人を踏み殺してきたか知れやしない。命の償いなんかするものか。ましてやこんなめくらなんぞ」。

楊貴妃は華清池で温泉につかるのが好きで、華清の池は臨潼にあり長安から数10キロ離れていた。毎回帝の車や儀仗兵が往来するたびに、どれほどのお金が使われたことか！玄宗は彼女と湯を共にし、その「亭亭たる玉体、浮波蓮の花に似たり」という姿を飽くほどながめるためにそれをあきらめる気はさらさらなかった。

帝王と妃の愛の特徴その三は残酷さである。宮中では后妃から一般の女官まで、皇帝の寵愛を求めない者はなかった。いったん寵愛を受ければ本人が女性としての満たされた暮らしや子育てを楽しむことができるだけではない。その一族にも莫大な利益がもたらされるのである。しかし寵愛を受けることのできる者はたった一人である。そこで宮廷内では熾烈な競争が生まれた。それは場合によっては互いに死ぬか生きるかのレベルになることさえあり、歴史上このような話は枚挙にいとまがない。『長生殿』でもこの状況を描いている。

楊貴妃がまだ宮中に入る前、玄宗が愛していたのは梅妃であった。梅妃は姓を江、名を採萍といった。福建仙游の人である。『開元天宝遺事』ではこのように描写している。

「妃は文才があり、自分を才女の誉れ高い謝道蘊に比するほどであった。ほんのりと化粧をするだけでその姿は匂うかのよう、絵に描くこともできないほどであった。梅の花を愛して住まいの欄干にはことごとく梅の数株を植えたので、皇帝はその住まいを「梅亭」と呼んだ。梅の花がほころぶとそれを愛で、夜になってもその場を離れることができないほどであった。皇帝は彼女の好みを尊重し彼女を「梅妃」と呼んだ。妃の作品には『蕭蘭』『梨園』『梅花』『鳳笛』『玻杯』『剪刀』『綺窓』の七つの賦がある」。

梅妃はこのような高雅な文学の才があり優れた文学的教養があったので、もちろん玄宗の寵愛を得、楊貴妃が現れてからもその愛着はすぐに断ち切られることはなかった。『長生殿』第18幕『夜怨』では玄宗が梅妃とこっそり会う場面が描かれている。一方楊貴妃はこのことを非常に憂いた。彼女は皇帝の寵愛における自分の位置や、それが万全のものではなく少しでも気を許せば他人に奪われてしまうということがよく分かっていたからである。そこで彼女は毎日「行く雲の風の流れるままに引かれることを恐れ」「あだ花の日ごとに妍を競う」ことを心配した。こうして冷酷にも梅妃を「冷宮」に押し込め、また戻ってき

て皇帝と旧情を暖めることを恐れ、いつも用心していた。彼女の内心の独白は寵愛を競う妃どうしの闘いの残酷さを示している。「江採萍よ江採萍、私はお前様を受け入れないではないが、たとえ私がお前様を受け入れてもお前様が私を受け入れることはあるまい」。玄宗が翠華西閣に梅妃を訪れたと聞くと「その言葉に驚き震える。心の痛み何に例えん」という有様でほとんど理性を失い、玄宗と梅妃の美しいひとときをめちゃくちゃにしようとした。

　帝王と妃の愛の特徴その四は脆弱性である。帝王がある女を愛する時、多くはその容貌や体つきの美しさに惹かれている。しかし若い女性の美は永遠のものではない。数年もすればそれは輝きを失ってしまう。しかも宮廷の女性たちは絶えず移り変わり、外の世界の若い美女たちが次々に入ってくる。こうして皇帝はより若くより美しい女性に引き寄せられ、寵愛を受けていた妃はまるで扇子か何かのように打ち捨てられるのである。古代の詩歌の宮廷の怨みをテーマにした多くの作品がその証拠である。『長生殿』の中の玄宗と楊貴妃の愛の物語はまだそうしたことまでは伝えていないが、それは楊貴妃がその青春の色あせる前に非命に斃れたからである。もし安史の乱が起きず、あるいは馬嵬の変が起きずに彼女がだんだんと年老いていき、顔は黄ばみ皺が増えてきたなら、玄宗は今までどおり彼女を愛しただろうか？答えは断じて否である。

　総じて玄宗と楊貴妃の愛は生活の真実に符合し感動的である。しかし彼らの身分が異なるために、その愛には固有の限界と汚点がある。ある意味から言うならば、その愛が深ければ深いほど、社会や民族への危害は大きくなり、楊貴妃以外の妃たちの憂いや怨みは深くなる。『長生殿』の作者はそうした帝王と妃の間の愛情を正確に理解していた。したがって彼らの愛に対してはこれを讃えると同時に批判し、玄宗は「情に溺れ政治をいい加減にした」と書いた。彼がこの作品を書いた目的は「これをもって後世の戒めとする」ためである。帝王たちにこの「楽しみきわまって悲しみ来る」様子を見てもらい、ある種の啓発をしようとしたのである。

第八節
『桃花扇』——亡国の教訓を総括した作品

　『桃花扇』は明末の復社[156]の文人侯方域と秦淮の名妓李香君の愛情物語で、南明[157]興亡の歴史を背景にしている。作者は『桃花扇小引』の中で「『桃花扇』という芝居はみな弘光朝で起きた出来事で、この時代を知っている人たちはまだ存命である。舞台の歌舞や部外者の指摘によって、三百年の歴史を持つ国家が誰によっていつどこで消滅していったのかを知ることができる。見る者に感慨の涙を落とさせるだけではなく、人の心に教えを残し、末法の世の一助とするものだ」と言っている。ここからも、彼が侯方域と李香君の物語に借りて南明王朝の興亡の歴史を書き、南明王朝が滅びてしまった歴史的原因とその教訓をまとめ自分の感慨をこれに仮託しようとしたものであることが分かる。

　新しい政権が瞬時にして消滅してしまったのなら、その原因はどこにあるのだろうか？『桃花扇』は観客にその原因を示す。1644年、李自成は農民一揆を率いて北京に攻め入り、崇禎皇帝朱由検を煤山にて縊死させた。李自成の一挙手一投足は呉三桂の疑念と不満を招いた。もともと李と同盟を組むつもりだった呉三桂は突然満州族の清側に付き、清の兵隊を入関させた。清軍は北京を占領すると、続いて河北、山西、河南、山東の一部を手中に収めた。この年の旧暦5月、明朝の南方の大臣たちは南京で福王朱由崧を皇帝に擁立し年号を弘光と改め、これを歴史では南明と称する。この時国土の大半はまだ敵の手に落ちてはおらず、未だ数百万の軍隊を擁していた。一方南京には永楽帝の時代から六部の役所があり、北京からの命令は来たものの長江以南の地域に対してはまだ威勢を残していた。そこに弘光朝廷が建って明の皇統はまだ断たれておらず、もしこの段階で人民に立ちあがって敵と戦うよう呼びかけ、君臣が一丸となって艱難辛苦を共にしたならば、この厳しい局面を打開し押し返すことも不可能ではなかった。少なくとも東晋、南宋のように、国土の半分は守れたであろう。しかしわずか1年という時間で南京は清軍に落とされ、福王は捕虜となった。南明政権はなぜかくも短時間で崩壊してしまったのだろうか？孔尚任は我々にこう教える。「その根本的な原因は愚昧な君主、ごまをするばかりの臣下、そしていわゆる民族の精鋭たちが主体的に国家存亡の危機を救うべく立ち上がらなかったことである」。

156　明末清初の江南における政治団体　157　明末の農民反乱指導者、李自成による北京陥落後、明の皇帝一族が華中、華南に打ち立てた亡命政権。

皇帝弘光の朱由崧は敵の大軍の前で、民族の存亡の危機という決定的な時期に前に進もうとせず、朝から政務に励むなど望むべくもないありさまで、彼の心は国家政治の中にはなかった。ただ妃や宮廷役者を選び、内殿で大学士の王鐸の書いた「酒杯を手にするほどの楽しみがこの世にあろうか？このような月を百年に何度見られるというのだ」という對聯を掛けるだけであった。朱由崧のイメージというのはまさにこうしたものであって、作者の彼に対する愚昧の帝王としての描写は史実通りである。『小腆紀年附考』巻8にこのような記載がある。

「危機の知らせが刻々と入る中、王は大晦日の日に興寧宮にお越しになり憮然としておられる。諸臣がつめかけて兵は敗れ敵の迫り来ることを伝え聖断を仰ぐと、王いわく『後宮はひっそりとして、新春なのに南では正月のにぎわいもない』。宦官の韓賛周は泣いて、陛下は正月を前にご先祖や先帝のことを思っていらっしゃるのかとばかり思っておりましたが、なんとそのようなことをお考えでしたか！と言った」。

このような皇帝がどうして清に抵抗するために国民を引っ張っていくことができるだろうか？また政治を毅然たるものとし、党争や混乱、派閥抗争をやめさせることができるだろうか？

それでは民族の屋台骨を背負った軍政大臣たちはどうだったのか？馬士英、阮大鋮らは新しい君主を擁立する過程で国と軍の権力を握ろうとした。彼らは悪事をほしいままにし、皇帝に対してはおべんちゃらを言うばかり、「ただ南唐の李後主のようになることを勧めるのみで、敵に侵略されても憂えず」「顔にくまどりを描けないのが残念で、喜んで胸に琵琶を抱かん。……これぞ臣下のつとめ、君主へのご奉公」。まともで能力のある文臣、武将に対してはこれを排斥し打撃を与え、その政治的軍事的権力を取り上げてしまった。史可法は国家の大黒柱的臣下だったが、これに対しても何かと横やりを入れて彼に手出しをさせないようにした。左良玉が兵を指揮して討伐にあたった時、彼らは「北の兵の馬に叩頭の礼をしようとも南の賊の刀で切られたくはない」として長江を防備することで清の侵略を防ごうとはせず、全軍を挙げて左の兵と戦う始末だった。南明軍事の主力の江北四鎮である劉良佐、劉沢清などは内部闘争や縄張り争いに明け暮れ、実力を温存しようとして国の利益をまったく顧みなかった。

侯方域のような名士たちは人品高潔、勢力も宦官たちと拮抗してはいたが、大敵を前に自ら国家の危機を救う責任を担おうとはせず、遊郭に入り浸り局面

の危険を目にして議論はしても有効な手を打とうとはしなかった。

　この作品は南明の支配層の腐敗を暴露しこれを責めると同時に、下層階級における多くの英雄的人物を情熱をこめて造形している。中でも李香君という役柄は光彩を放っている。

　彼女は、異性を思い幸せな結婚を夢見た深窓の令嬢たち、崔鶯鶯、杜麗娘などとは異なり、またあれこれ計画を練るおきゃんでやり手の趙盼児や杜蕊娘とも違う。彼女は遊女に身を落としてはいたが、政治的頭脳の持ち主で物事がよく分かっており義を重んじた。また、民族の存亡の時に何が清で何が濁かを見分けることができ、正しい道を貫くことができた。彼女は遊女としてその色香や芸事で妓楼の花であり、その名声は秦淮[158]に響き渡っていた。しかし決して体を売ることはなく、美しい愛に忠実であった。欲望に誘惑されることなく、脅しに屈することもなかった。彼女はかよわき女性として圧迫を受け、人から蔑視されていた。しかし邪悪な権力者の前で昂然と頭を上げ彼らを厳しく非難して、少しも恐れることなく凛として立ち向かった。この極めて美しく感動的な人物像を、『却奩』『辞院』『拒媒』『守楼』『罵筵』などの場面や矛盾、衝突の中で、作者は少しずつ提示していく。ここでは『却奩』『罵筵』を例にとって分析をしていきたい。

　『却奩』のストーリーはこのように展開していく。光禄卿、阮大鋮は宦官の魏忠賢に取り入ろうとしたため、士林[159]に軽く見られ、官職を奪われて南京蟄居を命じられる。しかし寂寥に甘んじることなく、ひそかに活動を始め、再起を図る。ある日孔子廟で祭祀が行われた際、呉次尾など復社の文人に出くわす。彼らは阮大鋮が孔子の祭祀に出席したことを罵り、それは先賢に失礼であり、品位を汚すとしてひどく侮辱した。阮大鋮は人々から責め立てられるこの状況から逃れて、二度と以前の政治的汚点をあげつらわれることのないようにしようと、楊龍友の意見を聞き入れた。呉次尾や陳定生の友人侯方域に代わって秦淮一の美女李香君を身請けするお金を出してやり、利と色を餌にして侯方域に自分への包囲網を解いてもらおうとした。こうして楊龍友の心遣いのもと、侯方域は一銭も使わず秦楼で李香君と契りを交わすことができた。その翌朝楊龍友は二人のもとにやってきた。そこで『却奩』の1幕がある。

　この芝居の前半で、作者は侯方域が美女を抱く愉悦に筆を費やしている。珠翠、綺羅が揺れる平康の巷で「男女の深情けは花の蜜のよう、満ち足りて他に思うことなく」情を交わして後は「胸は歓びに酔い痴れる」ばかり。このような状

158　南京を流れる川の名で、周囲に賑やかな通りを持つ。　　159　知識人仲間。

態は封建社会の日常においてはなんら指弾されるものではないが、いかんせん非常時である。崇禎16年はまさに国家の危機が内外に渦巻いていた。李自成軍は破竹の勢いで北京に向かい、山海関の向こうでは満清貴族がしばしば挑発をしかけて中原の様子をうかがっている。明王朝は怒涛うずまく大海に浮かぶ1隻の破船であり、沈没の危機が身近に迫っていた。しかしこの国のエリートである侯方域がこの非常時にも妓楼で女を買い廊で歌を求め遊郭通いに時を忘れ「南朝風のぜいたくを真似て」、国家の命運や民族の前途などは眼中にない。作者がこのような筋を持ってきたのは、むろん口では天下国家を論じながら、その実国家の危機を救おうと立ち上がろうとはしない復社の文人たちをあてこする意図があるからである。作者から見ると、復社の文人たちの資質は悪くはない。このような動乱の時、国家存亡がかかっている肝心な時には当然自覚して国家の支柱になるべきなのだ。しかし彼らのふるまいは失望させられるものだった。「文章をこね回したり、酒場で女を買う」。この意味からいって、彼らもまた明朝の滅亡に対する責任から逃れられない。

　上層社会の堂々たる人物たちと比べると、社会の底辺にいた歌妓李香君からは気高い人格が伝わってくる。やり手婆[160]の李貞麗と侯方域が、楊龍友が送ってきた「数々の宝の箱、屏風、ついたて、御簾」や金の杯、銀の燭台に喜んでながめていると、香君は鋭い政治的嗅覚でそこにある種の陰謀をかぎとる。そこで巧妙な手口で楊龍友に迫り、その陰謀を白状させる。しかし侯方域は女を得た喜びに溺れ、その女を得るべく助けてくれた者にはひたすら感謝感激、政治的なことには注意を払おうともせず、さらっと「円海（阮大鋮のこと）のせっぱつまった言葉を聞けば気の毒だ。たとえ魏党[161]でも悔い改めているならそんなにつれなくもできまい」「定生、次尾はみな私の親友だから、明日会ったらとりなしてやろう」と言う。この政治的原則を売り渡した承諾は香君の思いもよらないことだった。彼女は烈火のごとく怒った。

　「あなた様は何ということをおっしゃるのです！阮大鋮は権力に取り入って破廉恥の限りを尽くし、女子供でもこれに唾を吐きかけない者はいません。人が責めているのにあなた様は助けようとなさる。どんなお考えからなのです？
（唱）【川撥棹】考えなしの軽いお言葉、罪を許してしまうなら、人からあれこれ言われよう。
（せりふ）あなた様はあ奴めがお金を出してくれたからって、私のために公を捨てるおつもりか？こんな簪、衣装のたぐい、私はどうでもよいのです。（簪を抜

160　妓楼の一切を取り仕切る女性。　　161　宦官魏忠賢側の人間。

き着物を脱ぎ）着物を脱いで貧乏しても、名前は香るというもの」。

　香君のこのようなきつい叱責に、侯方域はひどく驚いたに違いない。香君は彼の目中では美しく歌のうまい妓楼の女にすぎなかった。まさか政治的人物に対してこんなにも判断力を持ち、悪と賢を区別できようとは思いもよらなかった。しかし香君は非凡な女であり、このような言葉を発するには必然性があった。

　彼女は廓の女ではあったが、国事を気にかけていた。妓女として社会のさまざまな階層の人物、忠臣も奸物も、仁者とも下衆とも出会ってきた。東林党の人間が国家の存亡をかけて宦官の一味と闘ってきた歴史も知っていれば、宦官たちがあの手この手で破廉恥な行為をしてきたことも目にしている。復社の創立者張溥とも何度も会っていた上に、復社のシンパで唄の師匠、蘇昆生の影響も受けて、彼女は心から復社の党人に心服していた。彼らの政治的な主張を擁護するため、彼らの事業に身を投じる決意さえしていた。このような思いを胸に秘めていたからこそ、彼女は復社の文士侯方域に心底惚れたのである。つまり彼女の愛には政治的色彩がこめられていたと言うこともできるだろう。もし侯方域が宦官側の人間であれば、彼がいかに美貌で魅力があろうとも、その財布がいかに重かろうとも、彼女がなびくことはなかっただろう。彼女の侯方域への愛は、並の佳人が才子に抱く性愛ではなかった。このような愛にももちろん感情的な要素はあるが、しかしそれはいつも理性のコントロールを受けている。このような愛憎のはっきりした人柄を前にすると、侯方域は自分がいかに政治的に無知であったかを悟り、彼女を畏友として見るようになった。

　目的を達しなかった阮大鋮は、李香君や侯方域に対して恨みを抱いた。南明政権が成立すると、彼は馬士英にすり寄りこれに重用される。いったん権力を握るや、公に私に侯方域を追い出しにかかり、また李香君に結婚を迫る。香君はこれに必死にあらがい血しぶきが扇に飛び散る。最後にはやり手婆の李貞麗が彼女の身代わりになり、やっとのことでこの難を逃れる。李香君は宮中で『燕子箋』の役柄を演じることを承諾させられるが、彼女はこれを機会に馬、阮の悪行をとことん暴露する。

【五供養】堂々たるお歴々の皆様！朝廷は南に移って半分に。でも皆様のおつむの中は栄華と出世の欲ばかり。国を守る一大事の時に女色の悦楽を一番とし、裏庭に亡国の花を添えて私をなぶり、寒風と凍りつく雪景色の中、酌をさせはべらせます。

【玉交枝】東林の皆々様、私たち青楼の女は皆様の味方。あ奴らは義理の息子

だの何だのと、魏家は滅びる気配もない。私の心は雪と同じく純白で、鉄石のように恐れを知らない。あ奴らと戦い抜いて、吐けども尽きぬほととぎす、吐けども尽きぬほととぎす。

　馬や阮が実権を握っている時、銭謙益や王鐸ら多くの学者や政治的見解に優れていると自称する者たちが、次々と馬や阮にすり寄り媚びへつらっていた。しかし李香君は違っていた。信念を守り、いかなる悪辣な勢力にも屈しなかった。苛酷な現実に直面して、舞台を戦場に命を代価とすることを恐れず、悪辣な勢力と正義の戦いを繰り広げた。社会的な地位から言うと彼女は取るに足りない人間である。しかし彼女のこの戦いは正義の存在を教えてくれる。

　『桃花扇』は現代的意義に満ちた歴史劇である。この作品が述べている歴史的な出来事は、その多くが史実に基づく。作者は『桃花扇凡例』の中で、「朝廷の政治の得失や文人の集散、みな事実で嘘はない」と述べている。前述した李香君の却奩の物語のような、歴史的な出来事ではないが生活の中で起きたような話は、侯方域の『李姫伝』に記載されている。もちろん、歴史劇は歴史書とは違い、演劇の形を取ってある時期の歴史を描く。歴史劇は複雑な歴史を取捨し、生活の素材を加工しディティールを脚色して、歴史的人物や歴史的な事件を一層豊かで具体的なものにしていかなければならない。したがって『桃花扇』は歴史とまったく同一ではなく、史実と大きく異なるということはないという前提のもとに、一部の内容に手を加え整えている。例えば史実によると、史可法は1645年5月に南京が落ちてからも自刎することなく、1参将によって小東門から出されて清の兵士の捕虜となり、その後屈せずに死んだ。一方『桃花扇』では、史可法は揚州で投身自殺をしたことになっている。この加工は史可法の「城あれば人あり、城なければ人もなし」という敵との徹底抗戦の決意を表すとともに、この民族的英雄が敵と戦って死んでいく壮烈な最期をいっそう際立たせている。

　『桃花扇』の脚本構造もまた評価が高い。作者は侯と李の出会いや別れを全編を通じた縦糸に巧妙に配し、そこにディティールを細やかにからませて構成している。侯方域の糸は史可法や江北四鎮、また長江上流の左良玉とも結ぶ。李香君の糸は朝廷内の権力層や秦淮の妓楼の中のさまざまな人間にからまり動かしていく。侯、李の出会いと生涯の誓いは、復社の文人たちと阮大鋮との闘争を描き出す。また、侯、李二人の出会いと別れは、左良玉の兵を率いての東下や侯方域の諫言の手紙、柳敬亭を遣わす等の物語を引き出す。最後に王朝が移

り替わるという状況のもとで別れた二人は再び出会うが、この時男女の情などは亡国の悲しみに比べれば語るに足りないものだった。２本の糸は南北に交差し、ストーリーの起伏は激しく、しかし話の流れは決して冗長に陥らず、パノラマのように南明興亡の歴史を映し出す。

第8章 輝ける京劇の二百年

　京劇は前世紀には国劇と言われ、ほぼ全国にあまねく普及していた。京劇以外の劇種はいずれも地域的な限界があったが、京劇はそうした限界性を持たず、長江の南北、いずれの地にもファンを持っていた。京劇は多くの外国人の目に中国を代表する演劇と映っている。広く知られ歴史も長く多くのファン層を擁しているので、多くの地方劇がその影響を受けている。服飾から様式的な所作まで、また演目から折子戯まで、地方劇は多く京劇に学んだ。京劇は昆劇が衰退した後、昆劇に代わって演劇界の覇者となった。

第一節 徽漢が合流して新しい演劇を生み出す

　前文で紹介したように北京は元代から伝統演劇上演の中心地であった。昆劇が隆盛を極めていた頃、北京の人々の昆劇への熱中ぶりは、昆劇発祥の地である蘇州に勝るとも劣らなかった。清代の中期にはこんな俗謡が流行していた。「どの家も収拾起、どの家も不提防」。収拾起とは昆劇『千忠戮・惨睹』【傾杯玉芙蓉】という曲の前３文字であり、不提防は『長生殿・弾詞』【一枝花】の前３文字である。ここからも当時昆劇がどれほど各家庭に浸透していたか分かる。人々はみな有名な演目の有名なシーンに出てくる歌を歌うことができた。昆劇は文人、士太夫、芸人によって、どんどん細やかで優美に洗練されていってしまい、人の心を打つような脚本も現れなかったので、やがて一般大衆のファンが離れ

ていき衰亡の道を歩み始めた。

　昆劇の覇者としての地位が大きく揺らいでいたころ、花部と呼ばれていた地方の小劇がその粗削りな魅力で昆劇に挑戦し始めていた。最初に現われて挑戦したのは京腔である。京腔は高腔ともいい、京畿[162]一帯で流行していた弋陽腔が北京方言や土語と結び付いてできたものである。乾隆年間、京腔は北京で一世を風靡していた。集慶、萃慶、宜慶、双慶、永慶、慶成など六つの有名劇団が北京の九つの城門で代わる代わる上演するほどであった。京腔の音調は高らかで、昆劇の柔らかく嫋嫋たる歌い方とははっきりした違いがあった。昆劇に聞き飽きていた観客は京腔に引きつけられ、昆劇を上演する劇場には閑古鳥が鳴いた。昆劇をずっとひいきにしてきた朝廷も、大戯を編纂する際もはや昆腔のみを採用することはなく昆腔と弋陽腔の両方を採用した。

　第二の登場は秦腔である。秦腔は乾隆年間に音もなくいつのまにか発展し、陝西、甘粛、寧夏、青海、河南などで流行した。乾隆年間の中期、各地の大勢の秦腔芸人が北京に集まり、昆腔とも高腔とも異なる芸風で北京の人気をさらった。秦腔芸人の中で最も傑出した役者は魏長生である。魏長生（1744－1802）は字を婉卿といい、四川金堂の人。三番目の生まれなので「魏三」とも呼ばれた。家は貧しく、13歳の時に西安で演技を学び花旦を演じた。彼は乾隆39年（1744）に劇団について山西から北京に出てきて演じたが、興行収入がかんばしくなく再び西安に戻ったのだという。その後数年にわたって研鑽を積み、乾隆44年（1779）再度上京した。「双慶部」に入って『滾楼』を演じ、それが大評判となって「四川の役者の風格を披露し、劇場をおおいに沸かせ」（天漢浮槎散人『花間笑語』）「京腔は閑古鳥が鳴き」「六大班には誰も興味を持たなくなった」。魏長生の演技は自然かつ細やかなことで有名だったが、色情的な部分もあった。保守派の一部は田舎っぽい秦腔を好まず、秦腔芸人の芝居は何かでしっぽをつかまえられ、上演が禁じられた。魏長生たちはそれに対して打つ手がなく、一度昆弋班に入ったが後に北京を追われた。

　秦腔が定着しなかったのは、観客が再び昆腔を好むようになったからではない。弋腔が北京で人気を博した際、昆劇はすでに演劇世界のリーダーとしての役割から退いていた。空いた座は最後に京劇によって取って代わられた。

　清の乾隆55年（1790）は乾隆帝80歳の大寿の祝いの年である。国を挙げての祝賀の中、各地の役人たちはどう祝おうかとあれこれ頭をひねり皇帝の歓心を買おうとした。閩浙総督の愛新覚羅・伍拉納は「皇帝の傘寿の祝いを引き受

162　都（みやこ）とその周辺。

けた」浙江塩務[163]の命を受け、杭州で上演している徽調「三慶班」を皇帝の長寿の祝いに北京に送った。この地方の腔調が北京の舞台に登場するや、なんと北京の上流から下々の庶民まですっかりとりこになってしまい、その後この地に根付くことになった。

徽調とは吹腔、高撥子やそこから派生した二簧調を指し、安徽の安慶地区に生まれた声腔の劇種である。これは形成の過程で、秦腔、弋陽腔、昆腔、青陽腔の影響を受けた。このためこれの腔調は複雑で、昆腔、梆子、弋陽、二簧、そして流行りの小唄などの要素を持っている。

「三慶班」が上京した後には、蘇州の四喜徽班、揚州の春台徽班そして武漢の和春徽班などが陸続として続き、四大徽班は北京で大人気を博した。これらの班社を徽班と呼ぶのは、その主な声調が徽調であるというだけでなく、安徽の商人たちが資金援助していたこととも関係がある。清代の安徽商人は塩業の経営を主とし、莫大な利益を得ていた。彼らの多くは故郷を離れ、揚州、杭州などに駐在していた。望郷の想いを満たすため、またよその地方の人間との付き合いの必要から、富商たちは故郷の方言で芝居をする劇団を自宅に置きたがった。もちろんそれは昆劇の劇団である。役者の多くは演技が卓越しており、衣装や小道具もきらびやかであった。乾隆帝傘寿の祝いの前、皇帝が南巡した際にも、何度も皇帝お出迎え役をつとめ皇帝の覚えもめでたかった。三慶班の北京での芝居は、揚州の塩商人で安徽籍の江鶴亭が手配したものである。

三慶班の中心的な役者は高朗亭（1774－？）といい、旦角で安徽安慶の人。北京に来た時はまだ17歳だった。北京で上演するや好評を博し、30歳で三慶班の班主を任された。彼は徽調が北京の演劇界に君臨する上での基礎を築き、当時の人は彼を「二簧の老名人」と呼んだ。彼の演技はその笑顔やしかめっ面から一挙一投足まですべてが女性らしさを表しており、生き生きと真に迫るものだった。「物思いにひたっているところも、罵ったり大声を上げたりしているところもどれもこれも見聞きする者を引き付け、彼が女でないことなど忘れてしまう」。

徽調は秦腔の影響を受けているので秦腔の楽調があった。そこで北京に入ってからも、引き続き秦腔の楽音を取り入れるのは難しいことではなかった。逆にそのことで調和が取れ、徽調の美しさが一層増した。このような秦腔吸収の主なルートとしては秦腔役者が徽班に入るというやり方があり、例えば秦腔の名役者としては魏長生の弟子である劉朗玉がいる。彼は嘉慶年間に三慶班の中

163　塩の売買業務。

心的な役者となった。

　徽調が発展して京劇になった重要なポイントは秦腔と結合したことではなく、漢調の芸人が道光年間に北京に上演に来た際、これと融合したことにある。京劇は初め皮簧腔と呼ばれていた。これは西皮と二簧の二つの節回しが結び付いてできた新しい節回しのことである。一般に西皮腔は湖北で生まれたと思われているが、しかしそのおおもとにあるのは陝西の梆子腔である。これが湖北の襄陽一帯に伝わり、湖北芸人の豊かな加工を経て西皮腔になった。二簧はもともと徽調の主要な節回しで、それが長江を経て湖北の黄岡黄陂地区に至り、この地方の特色を持つ二簧になった。その後襄陽一帯の西皮と黄岡黄陂の二簧は武漢で一つになり、こうして皮簧腔ができあがった。これはまた漢調とも楚調とも呼ばれる。嘉慶17年（1812）漢調の役者米応先が北京にやってきて徽班の春台班に入り、道光年間には漢調の役者王洪貴と李六余、三勝も上京して春台班に入った。徽班の音楽の中にはもともと秦腔の要素がある。漢調二簧もまた安徽の二簧から来ている。そこで徽班は漢調の歌い方を容易に受け入れることができた。徽調の役者たちもまた西皮二簧を容易に取り入れることができた。

　湖北の皮簧調は徽班の二簧調などと結び付くと、一定の時間を経た後でその姿は変化していった。まず以前の旦角を主とする演目が変わり、老生を主とするようになった。また歌と所作をともに重んじるようになり、例えば演目も『文昭関』『譲成都』『法門寺』『草船借箭』『四郎探母』『定軍山』『捉放曹』『碰碑』『瓊林宴』『打金磚』『戦樊城』『打魚殺家』などになった。次に音声についても音韻の規範を模索し、北京の観客の耳になじむ音に合わせるようにした。その音は京腔、崑劇、漢調の発音の特長を吸収するとともに、上演するものであるという特性を備え、一種独特の舞台せりふの語調となり、中州韻、湖広音と称された。さらに役柄別の発音方式が作られた。例えば老生や老旦なら地声で、旦角や花臉[164]ならば裏声を用い、同じ地声や裏声でもそれぞれ異なった発声方法があった。同時に男女の声が同じで、調べが異なる唱法も編み出された。例えば生と旦の同じ声による歌唱では、音高差が4度あるがとても調和が取れている。これは比較的良い発声方法を採用しているからである。四つ目として、楽器は最終的に胡琴で歌の伴奏をするようになった。胡琴は笛に比べてさらに柔軟に歌に合わせることができ、節回しや間奏、拍子を旋律やリズムの中で一定の縛りから逸脱させ、指揮法の柔軟性や声腔の表現力を増すことができた。一定の期間それらをすり合わせた結果、二つの節回しはしっくりとなじむようになり、

---

[164]　原文のまま。花臉役は裏声を使わないとの説もある。

こうして新しい劇種——皮簧腔が生まれた。

皮簧腔という呼び方は民国[165]初年まで続いた。王夢生『梨園佳話』では「徽調とは皮簧のことである」と述べている。しかし光緒年間や宣統年間の上海では別な呼び方があった。それが「京調」である。これは北京の皮簧班がよく上海へ公演に行っていたからで、上海ではこれと安徽省の皮簧腔を区別するためにこう呼んだ。民国以降、上海の劇場はほとんどすべてが皮簧腔の芝居で占められるようになった。そこで京戯、京劇が一般的な呼び方となったのである。ある考証家は「京劇」という言葉は1876年『申報』の中の「図絵伶倫」に初めて現れたと述べている。

第二節
隆盛に向かう京劇——前後三傑と「四大名旦」

皮簧腔という新しい劇種が現れると、それはまるで清新な春風のように人々の心を陶然とさせた。皮簧腔の芝居を見ることは北京の住民の欠かすことのできない生活の一部となり、庶民に支持され守られて京劇はたくましく成長した。

京劇の最大の支援者は清朝の宮廷であり、康熙年間には早くも宮廷に「南府」という機関が設けられた。これは民間の芸人を呼び、彼らによって若い宦官や芸人の子弟に芸を仕込んで宮廷での上演の便宜を図るものであった。道光5年（1825）には南府を昇平署と改め、花部の乱弾戯を上演させるようになった。さらに咸豊年間になると、朝廷は皮簧腔班を招いて宮廷で芝居を上演させた。咸豊帝はこれを鑑賞した際「そのリズムに基づいて自ら修正し、その欠点を指摘して役者たちを恐れ入らせた」。程長庚など有名な役者は、宮廷で芝居を披露した後、みな褒美をたっぷりともらった。同治、光緒年間になると、宮廷の皮簧腔びいきはさらに進んだ。西太后もまた皮簧腔の大ファンで、宦官たちに皮簧戯を学ばせる一方、彼らをしょっちゅう宮廷に招いては皮簧戯を演じさせた。彼女は韻律を解し、芝居のせりふに通じていて、脚本に手を入れることさえあり、くまどりについても自らあれこれ提案することができた。

光緒帝も京劇の太鼓を使った音楽に造詣が深く、よく鼓師と銅鑼太鼓を使った曲の練習をしていた。彼は自分でも京劇を演じ、西太后の誕生を祝うために『黄鶴楼』の趙雲を演じたり、周瑜役の李蓮英と演じ合ったこともある。昇平署

165　中華民国。1912年成立。

の資料を見ると、宮中の上演活動は極めて頻繁で、王朝の皇族たちは観劇を主な娯楽としていた。

　こうした皇族たちの美意識は当然上流社会から一般民衆にまで影響を及ぼし、その音頭のもと、皇族、八旗[166]の子弟、富豪から下々の者までみな京劇という芝居を見ることに夢中になった。政治的な観点から言えば、これは支配者たちが国政を忘れ頽廃的な芸術や女色に溺れて、帝国主義時代にあって列強たちが虎視眈々と中国を狙っている際に国家と民族の安寧を顧みないことを意味していた。しかし皮簧戯の発展という視点から見るならこれは極めて素晴らしいことで、国の支配者たちの皮簧戯への耽溺ぶりは、客観的に言って京劇を物質、精神的に支えることとなった。咸豊帝はかつて程長庚が芝居を終えるとこれを招き、褒美として六品頂戴花翎[167]を与え、彼を北京の梨園公会、精忠廟のトップに据えた。西太后が50歳の誕生日を迎えた際は、三慶などの劇団が1カ月のうちに何度も宮廷に招かれて芝居を打ち、そのつど四百両ほどの銀貨が褒美として与えられた。庚子年（1900）の後は北京の有名な役者を招いて宮廷で上演させる際、その人数約140人。彼らには毎月固定給を出す以外に、演技をすると給料以上の褒賞が与えられた。王公大臣や富豪巨商たちも劇場に芝居を見に行き、または自宅の宴席に劇団を呼んだ。その際の入場料や褒美の額も低くはない。皮簧戯の役者の収入は他の職業に比べてかなりの高給だった。多くの人が皮簧戯の劇団に入門して演技を学んだために競争は激化し、すでに技能を持った人もそこに甘んじることなく精進に励み、まだ無名の人はさらに努力してその人気を争った。こうした激しい競争の中で皮簧戯のレベルは上がっていった。

　宮廷での上演は皮簧戯の舞台芸術にさまざまな試みを許し、また手本ともなった。宮廷では物質的条件に恵まれていたので、舞台の照明、カキ割りや小道具などの面で、最良の効果や最も美しい衣装などを目標に構想を立て、金に糸目を付けることもなかった。そこで舞台は平面的で単純な構造から、多層で立体的なものとなり、舞台衣装も貧弱だったものが、人物の年齢、身分、地位また所属した民族や時代に基づいて作られるようになった。京劇の道具箱には、大衣箱、二衣箱、三衣箱、兜頭箱の区別があったが、このことは宮廷での芝居の上演と大いに関係がある。清朝の宮廷ではかつて頤和園で『混元盒』（張天師と金花娘娘が相戦う物語）を演じたことがある。この神話物語を本物らしくするために舞台を3層に分け、神仙や妖怪たちが上から下へと移動して雲や霧に乗る様子を表し、また下から上へと移動して地獄から出ていく様子を表して、異

---

[166] 清代の支配階級である満州族が所属した社会、軍事組織。　[167] 装飾品。

次元の世界を見せようとした。また照明も美しく小道具にもいろいろなものが使われた。

　北京の文人や学者たちもまた京劇の発展に大きな貢献をした。具体的にいうと、一つは役者を助けて彼らの教養を高めようとした。役者の多くは貧民の出身であったり、芸人の子供であったりしたため、教養は低く人物の内心の世界を理解したり鮮明な人物像を作り上げることが難しかった。しかし、役者が文人と交流する中で、文人の多くは喜んで役者たちに読み書きや書画を教えた。聡明な役者たちは多くの詩書を読み、さらには文芸理論を読む者やこれを得意とする者まで現れた。これらは彼らが演じる上で大きな助けとなった。二つ目は、知識人たちが演技や歌唱の指導をしたこと。例えば晩清の進士である孫春山は、舞台の節回しに関して優れた研究をした。彼は小旦を唱い、その声は鈴をころがすようで人の心を打った。このような効果を得たのは、彼が多くの名優たちの優れた点を取り上げそれらを融合させたからである。そこで旦役者たちはみな彼に虚心に教えを請い、その方法を会得したがった。彼は腔の方法を役者の張紫仙に伝授し、張は『孝感天』を歌って会場中を感動させた。三つ目は彼らが脚本を書き、演劇に関する理論研究を進めたことである。斉如山、羅瘿公などがこの方面に残した功績は極めて大きい。斉如山（1875－1962）は子供の頃から京劇が好きで、また博覧強記であった。文学や歴史に造詣が深く、フランス語、ドイツ語ができた。民国元年（1912）海外留学から帰ると、国内の演劇界に西洋演劇の衣装、セット、照明、化粧法などを紹介し、その後京劇の理論研究や芸術の実践的な研究に身を投じるようになった。『中国京劇の組織』『京劇の変遷』『戯班』『国劇概論』『国劇要略』など、彼はこの方面に関する数十冊の本を出している。また上演の実践の中で主に梅蘭芳と協力し、彼のために『牢獄鴛鴦』『嫦娥奔月』『天女散花』『西施』『洛神』『廉錦楓』『太真外伝』『全部宇宙鋒』『鳳還巣』『黛玉葬花』『千金一笑』『童女斬蛇』『上元夫人』『麻姑献寿』『俊襲人』『覇王別姫』『春秋配』『花木蘭』『一縷麻』『鄧霞姑』『孽海波瀾』『宦海潮』などを書いた。彼は西洋の神話劇や歌舞劇の特徴を参考にして、それを中国の古典舞踊と結び付け、新しい上演形態を生み出した。梅蘭芳は30年代に欧州に行って公演し成功をおさめたが、これは斉如山のプロデュース力と切り離すことができない。彼は京劇の海外での発展に多くの貢献をしたと言えよう。

　京劇の発展は票友の支持が必要不可欠でもあった。「票友」という呼び名の由来は二つある。一つは清の雍正年間に清が西北の反乱軍と対峙したことに起因

する。士気を鼓舞するため、八旗の子弟は子弟書という歌物語を自作自演し、軍に入って宣伝活動を行った。朝廷は彼らに龍票というものを渡して軍に入る際の証明証としたが、彼らは演じることで報酬をもらおうとはしなかった。そこで彼らを「票友」と呼び、その後報酬をもらわずに上演する素人役者をすべて「票友」と呼ぶようになったのだという。もう一つの由来は道光年間、清の朝廷は清初、旗籍の兵士は劇場に入って観劇してはならないという規定を依然施行していたのだが、兵士たちの業務外時間を楽しいものにするため、兵士が太平鼓詞などの語り物を自作自演することは許していた。兵士たちは許可証を手にそのような場所に行って楽しんでいたため、営利以外の目的で芝居をする人を票友と呼んだのだという。

　北京の票友の数の多さは驚くほどで、上は金持ちや権力者から下は庶民に至るまで、さまざまな職業、さまざまな階層に票友がいた。彼らは長期に渡って観劇し、脚本や役者のしぐさや姿勢、節回しなどをよく研究していた。それが一定のレベルに達すれば自分もやってみたくなる。機会さえあれば一演じる。もとの職業をやめて「下海」し、芸の世界に飛び込む者さえいた。清王朝の皇族で世襲将軍の溥侗は、およそ譚鑫培の芝居であるなら何でもできた。生、旦、小旦、花旦などすべてにおいて優れており、多くの名優たちはその演技力にうなったという。また老三の鼎甲[168]、ある役所の記録係の家柄の出である張二奎、同光十三絶の一人で落第書生の蘆勝奎、新三鼎甲[169]の一人で名家出身の孫菊仙、米商人の許蔭棠、刀商人の劉鴻声、米商人の孫毓庭、銀行のマネージャー貴俊卿などはみな芝居がうまく、俳優たちの高い評価を受けていた。これら票友たちは観劇の際、役者たちにアドバイスをし問題点を指摘した。下海する者に至っては、高いレベルの役者の層を直接拡大するとともに役者たちの教養レベルを高めたわけである。「戯劇改善家」と呼ばれる汪笑儂はもとの名を徳克金といい、抜貢[170]の身分で河南省太康県の知事であったが、芝居を愛し、よく舞台で演じた。ところが芝居が仕事に差し障るほどになり上司に首にされてしまった。そこで彼は下海し、京劇の役者になった。このように教養ある人が戯曲上演の仕事に当たるのだから、当然戯曲のレベルは一段とアップした。

　一般の庶民も京劇の発展に貢献し、彼らは観衆の大部分を占めた。もし芝居小屋や田舎の臨時舞台の前に彼らの姿がなければ、京劇はどうあろうと最大の影響力を持つ劇種とはならなかったろう。彼らは素晴らしいと思えば大声で「好(ハオ)」と声をかけ、下手だと思えば容赦なく野次を飛ばした。このようなささ

168　旧世代の老生役のうち前三名。　　169　新世代の老生役のうち前三名。　　170　通常の試験を受けず抜擢されて挙人の身分になった者。

かも手加減のない評価によって、一般庶民の美学が京劇の脚本や芝居に大きな影響を与え、また芝居に臨む役者たちにいささかも手抜きをさせず真剣に演技に臨ませた。

　このような発展段階において、一部の役者たちの功績も大きかった。彼らは演技をしながら苦労して模索し、京劇の音楽や発音、演技などの様式化に大きな役割を果たした。道光年間に北京にやってきて、徽、漢の二腔を一つにした余三勝については前で述べたが、ここではそのほかの役者についても若干の紹介をしておきたい。

　程長庚（1811－1878）は名前を聞椒といい、またの名を椿、字は玉珊、また玉人ともいった。住まいを「四箴堂」と号した。安徽省潜山県河鎮郷程家井の人。彼は最初は京徽班の「三慶班」に入って老生役者となり、北京で高い評価を得た。朝廷からは六品頂帯[171]を授けられ、内務府は彼を三慶、四喜、春台三班の班首に任命した。彼は人物の英雄的気概を表現することに巧みで、舞台下の観客にその威武豪胆な精神を直接伝えた。『文昭関』の伍子胥、『戦長沙』の関羽を演じてはその威厳あるさまや眼光鋭く人を射るさまを表現し、声音は激昂して激しく震え、雲を貫き石を裂くかのごとくで、観客は感嘆してやまなかった。

　程長庚が京劇に残した主な貢献としては、昆劇と京腔の発音の方法を吸収し、そこから京劇のせりふ回しや節回しを編み出したことである。彼には昆劇に関する豊かな経験があり、よく昆と徽を兼ねて演じていた。また昆劇における中州韻を借りて、当時の念唱の音を規定し、京劇の音を徽漢の発音とは別なものにし、それらが持っていた田舎臭さを取り除いて音楽美を生じさせた。

　演技の上では人物の性格を強調し、同タイプの人物を演じる際の違いを際立たせた。彼は役者たちに演技をする時には自分の創造性を発揮するよう求めた。ある日彼は『群英会』の中の魯粛を演じたが、舞台に現われて見えを切る際には両手で玉帯の両端の端帯を握り、とばりに入る際は普通の役者のように足を上げて長衣をからげることをせず、まず長衣を上に上げてから足を上げて歩き、この人物の荘重さを表したと伝えられている。彼は実に生き生きと魯粛を演じたので、同じ舞台の脇役の役者までもが見入ってしまい、自分がどこにいるかも忘れ、歌うことも演じることもせずに立ち尽くしてその姿を鑑賞していたという。

　彼は人柄が高潔で役者の人格やプライドを守り、同業者が困っている時はよくそれを助けた。明清以来芝居には「站台」という悪習があった。いわゆる「站

171　官位を表す装飾品。

台」とは、芝居が始まる前に役者がまず舞台に立って観客にその姿を鑑賞してもらうのである。もしも舞台の下の下卑た権力者などに気に入られると、芝居がはねた後には彼らの楽しみの相手にならなければならない。程長庚は梨園のトップになった後にこの悪習を廃止させ、芸人たちの人格を守ろうとした。芸人はみなこれに賛同し、京劇の舞台は面目を一新した。彼はよく金持ちの宴席に高額の報酬で一人呼ばれたが、それをことごとくやんわりと断って劇団員全員で芝居をさせてもらえるよう頼んだ。晩年に体が弱っても、劇団の同業者の生活のために無理をして芝居に出ることがよくあったという。

　京劇が繁栄し続けるために、程長庚は人材の育成にも心を注ぎ、京劇前期において中心となる役者を育てた。「老生新三傑」や「新三鼎甲」と呼ばれた譚鑫培、孫菊仙、汪桂芬などはみな彼の薫陶を受けた。彼はさらに四箴堂科班を設立し、陳徳霖、銭金福、張淇林など有名な役者たちを育てた。

　「老生前三傑」の中では余三勝、程長庚のほかに張二奎がいる。二奎（1814－1869）は本名を張勝奎といい、また張士元ともいう。字は子英。兄弟の順序が二番目だったため張二奎と名付けられたのだという。彼の出身に関しては諸説あり、直隷（今の河北省）衡水とも浙江ともいう。また安徽省出身という説もある。祖父や親の代は儒教を学んだ官僚で幼時父親について上京し、その後は彼本人も宮廷に入って役人になり、工部都水司経承に任官している。京劇を熱愛して節回しやしぐさを熟知し、その後よく票友の身分で和春班の芝居に出た。24歳の時に人に告発され職場を追われ、生活のため、また自分の趣味のために官僚から役者になった。まず和春班に入り班主も務め、その後、和春班は「双奎社」と名を改めた。後にはまた四喜班も管轄し、老生役者となった。

　彼はせりふの発音に北京語を用い、声は朗々として気が充実し、曲がりくねって技巧に富んだ節回しを嫌って「老樹枝なし」「枯れてうるおいがない」と評された。彼は「重気噴字」という唱法を編み出したが、これはある重点的な唱句の最後の1～2文字で息を吐き出し、激しい勢いをつけるもので、この唱法は後世にも伝わった。彼の唱やせりふは北京語を用いたため、楚音を多用した余三勝、徽音を多用した程長庚とともに代表的な役者となり、「奎派」と呼ばれた。彼は唱功を主とした「王帽戯[172]」がうまく、『打金枝』の唐王、『上天台』の漢武帝、『金水橋』の李世民、『回龍閣』の薛平貴、『四郎探母』の楊延輝、『取榮陰』の漢高祖、『黄鶴楼』の劉備などを、ゆったりとして優雅、整っていて上品な姿で生き生きと演じた。この時代の人たちは次のような戯れ歌を歌って彼を程長

172　帝王、将軍、宰相などを演じる芝居。

庚、余三勝と比較した。「四喜班に張二奎というのがやって来た。三慶班の長庚は人気を取られて八の字眉毛、和春班の段二は客が入らず余三勝に2回演じさせたとさ」。

「老三傑」が相次いで世を去ると京劇を受け継いだのは「後三傑」で、これは譚鑫培、孫菊仙、汪桂芬の三人を指す。彼らは老生という役柄を完璧なレベルまで磨き抜いた。

譚鑫培（1847－1917）は本名を金福、英秀と号し、字は鑫培、人は彼を字で呼んだ。湖北省武昌の人。役者の家に生まれ、11歳で北京の金奎科班に入って老生を学び、昆、乱、文、武のすべてを学んだ。この役者養成所を出た後、生活は苦しかったが場所と時間を選ぶことなく絶えず練習を続け、北京の三慶班に入って程長庚に認められた。程から武生役をやめ、文武の老生役に変えてひげを生やすことでやせた頬という見た目の欠陥を直すようアドバイスを受けた。譚鑫培はそのアドバイスを受け入れ、武生以外に老生を多く演じるようになった。譚鑫培は程を心から尊敬し、程が芝居をするたびに舞台に背中を向けて座り、心静かにその声に聞き入りその声音(こわね)の変化を味わったり、舞台に向かって座りその一挙手一投足や顔の表情を観察していたという。芝居がない時は部屋の隅でその動作や節回しを真似ていた。程は彼を目にかけ「自分が死んだら独立しなさい。……20年経てば私の予言が正しかったことが分かるだろう」と言ったことがある。

譚鑫培はまた余三勝や張二奎の演技技法や風格をも学んだ。彼は幼い頃に漢調の薫陶も受けていたので、彼の芸術には余三勝の痕跡もある。上京後にも何度も余三勝に教えを請うていた。彼はかつて張二奎の弟子の楊月楼、俞菊笙と同じ舞台に立ったこともあり、「奎派」の芸術も学んでいた。彼は多くのものからその長所を学び、それらを合わせて取り入れた。徽派の豪放磊落、漢派の柔らかさ、奎派の雄渾さなどを一つにし、さらに地方劇の節回しやそのほかの役柄の歌唱方法まで吸収しており、甘く潤いがあり柔らかくコシがあり、高らかでありながらざわつかず、柔剛相備えた譚派の風格を作り上げた。

譚鑫培は伝統演劇の社会的意義についても比較的よく認識していた。彼は演劇とは「悪を懲(こ)らしめ、奇や烈を述べ、人としての道があり、悩みや怒りを悲歌慷慨の中に吐き出すことができるものだ」と言っている。演劇には道があり、正気を揚げ、邪悪を抑える働きを持つということである。彼は社会にも関心を持ち、貧困と脆弱が山をなす中国の政治の刷新を願っていた。1905年に杭州の

貞文女学校校長の恵興女史が教育経費を集めようとして辱めを受け、怒りのあまりに自殺したという事件があった。この事件がメディアを通して伝わると、中国人はこの不正を怒った。ある人がこの事件を京劇にすると、譚鑫培は権力者を怒らすことを恐れず何日もこれを公演し、将軍瑞興の悪行を暴いた。またこの時の興行収入三千六百両余りの銀を杭州に送金し、貞文女学校に寄付した。

徳高く芸も優れているので、譚鑫培は当時の人々の尊敬を集めた。孫菊仙は長く上海におり、汪桂芬が病没する中、人は譚鑫培を「演劇界の帝王」と呼んだ。1912年には北京正楽育化会の会長に選ばれ、当時の竹枝詞[173]にいわく「国家の興亡は誰も気に留めないが、北京中の人がみな争って叫天児[174]と叫んでいる」。ここからも人々の心の中で譚鑫培が占めていた位置が分かる。

1917年譚鑫培はすでに齢70、病気がちで舞台に上がることはできなかった。北洋政府の総統黎元洪が宴席を設けて広東督軍の陸栄廷を招いた。警監の李達三は上司にごまをするために、病気の譚鑫培に『洪羊洞』への出演を迫った。芝居の最中で彼は吐血し途中でやめざるを得なかった。家に帰っても憤懣を抑えられず、さらに病状が悪化して1917年5月10日、恨みを残してこの世を去った。

汪桂芬（1869－1906）は名を謙といい、字は艶秋、美仙と号した。小名を恵成という。出身地や籍貫は不明。幼いころから劇団で老生や老旦を学び、14歳で三慶、四喜の班に入り演技を学ぶ。18歳の時に喉を痛めたため胡琴を学ぶことにし、その後は程長庚付きの琴師となる。数年経つと程の唱や念の各種技法についての理解が深まり、その間一度も声の訓練をやめず、再び舞台に立つことを決意する。清の光緒2年（1880）に喉が回復し、春台班の舞台に立つ。『文昭関』や『天水関』などの演目が初演。高い評価を得「長庚の再来」と称される。彼は喉を痛めてからの境遇の浮き沈みが激しく、同僚のあざけりなども受けたため、反抗的で強情な性格になった。名をなした後も角の多い性格は変わらず偏屈でだらしなく、劇団の経営者や地方の権力者としばしばもめごとを起こした。ある日某親王が彼を屋敷に呼んで芝居をするよう取り決めたが、彼は間際になって行くのをやめた。親王は怒って兵士をやって彼をつかまえ、舞台の柱に縛り付けてこれを鞭で打った。しかし彼は屈せず、大声で「死んでも芝居なんかしてやるもんか」と叫んだ。中年以後は落魄し体力も衰え、往年の美声はもはや出なかった。よく髪を振り乱し行脚僧の格好をして自ら「徳心大師」と称した。47歳の時に清朝の内務府大臣の継禄が彼を宴席に招いたが、これを断っ

173　地方の風俗を描写する歌。　174　「叫天児」は譚鑫培のあだ名。

たため、継禄は罪名をでっちあげて彼を逮捕し打ち罵った。汪桂芬は内務府から追い出された後、壊れかけた廟を通りかかり、傷と内心の苦痛にさいなまれたままこの廟の中で死んだ。

汪桂芬の節回しは程長庚の技法を会得していたほかに、自分の独創も付け加えていた。朴訥で浮付いたところがなく、強く激情的、声量豊かで高らかで「脳後音[175]」で成功した。

彼が喉を振るようにして声を出すと、ガス灯のかさの上の埃がパラパラ落ちてきたという。当時の人はこれを「天風波涛のごとく心を揺り動かす」と言った。彼の歌唱は演じる人物の性格を浮かび上がらせ、人物の内心の情感と結び付いた。『文昭関』の伍子胥を演じる時、「逃出龍潭虎穴中」の「虎」の字を滑音ではなく「脳後音」で声を張り上げ、伍子胥の悲憤激昂の思いを表現した。

孫菊仙（1841－1931）は名を謙、またの名を学年、宝臣と号し、字は菊仙、彼は字で呼ばれた。

少年のころから武術や芝居を習い、18歳で武学校に入ってそこでの優等生となり入隊したこともある。軍功により花翎三品の称号を受け、候補都司[176]となった。解任後の1870年、29歳で上海へ行き、茶園を経営するとともに芝居に出て上海の観客から好評を得た。1886年に昇平署に選ばれて入り、教師として16年勤めた。西太后の寵愛を受け三品頂戴を授けられた。民国になると彼は頻繁に被災者や孤老や孤児のためのチャリティに出演し、その正義漢ぶりは演劇界によく知られた。

孫菊仙は若いころ程長庚に師事しその影響を受けた。しかし彼は師から得たものを自分の条件に合わせて成長させた。彼の声は高らかで広がりがあり、太くも狭くも、大きくも小さくも、荒くも細やかにも、いかようにも歌うことができた。彼は演唱の技法や息継ぎ、音色、抑揚を重視し、人物の置かれた環境や情緒によってそれを変化させた。その老生の節回しは強く純朴でナチュラルであった。彼のせりふは湖北音や中州韻にこだわらず、多く北京音を用いてなんともいえない味わいがあった。彼の演技には形も雰囲気も備わっており、どの人物を演じようともまさにその人そのものであった。彼の得意な演目としては『捉放曹』『李陵碑』『四郎探母』『戦樊城』『文昭関』『三娘教子』『碌砂痣』『完璧帰趙』『群英会』『法門寺』『魚蔵剣』『御碑亭』『罵王郎』『逍遥津』『胭粉計』『火焼上方峪』などがある。

辛亥革命で清朝が倒れると、中国には多くの新しいものがもたらされ、それ

175　第十章第三節参照。　176　郡司という役職の欠員待ち身分。

らはさまざまな業界に影響を与えた。京劇ももちろんその影響を受けた。昇平署はなくなり、王侯貴族や八旗の子弟は特権や経済的基盤を失って零落し、平民となった。さらに、北京で上演する重要な場である供奉戯[177]がなくなり、堂会戯も減ってしまった。演じる場の変化は演目の変化をもたらし、かつて朝廷と封建支配者を喜ばすために演じられた演目は市場を失い、西欧の科学や民主の風の影響を受けるようになって、京劇改良の呼び声がどんどん大きくなっていった。京劇はさまざまな要素の影響のもと、時代に近付き庶民に近付いて革新を進めた。

　客観的に言って京劇の演目はそもそも京劇の成熟の時から、北の雑劇や南戯、昆劇のように、時代の息吹を伝え人々の声を反映し、社会の行方を指し示して人生や政治制度などの深い洞察へと人を導くものではなかった。そうではなくて、かつての演目から材料を選んで再加工し、あるいはそれもせずに過去の名作の中の折子劇を上演するだけであった。多くは帝王や将軍、政治家、才子佳人をそのテーマとし、舞台にはいわゆる「史劇」が氾濫し、新しい現代劇はほとんどなかった。京劇はこのような状況のもと、観客を引き付けるために俳優の演技や歌唱だけに頼った。伝統演劇は宋代から清末民国初年まで以下のような分け方をすることができる。宋元から明中期までは脚本の時代である。役者や劇作家についてはほとんど人に知られていない。人が勾欄に芝居を見に行ったのは、芝居の中身を見たかったからである。それらは風雲怒涛の時代を反映し、庶民のために声を張り上げ、それらを見ることで人々は興奮し腕を握りしめて気分を晴らした。明の中期から清の中期までは劇作家の時代である。役者はあまり知られることなく、脚本も一部の名作を除くと、数も多すぎる上、どれも有名ではなかった。しかし劇作家は科挙に合格した高級官僚であったり、全国に知られた文豪で、彼らの脚本はその名声によって読まれた。清中期以降は劇作は衰え、誰が京劇の脚本を書いているのか知る者はいなかった。知っているのは「同光十三絶」「老生前三傑」「老生後三傑」「四大須生」「四大名旦」などのみで、人が芝居を見るのはいつもその演目を見ているからという理由であって、ストーリーに魅かれているわけではなく、鑑賞し堪能するのは役者たちのしぐさであり振りであり、また節回しでありまなざしであった。つまりこの時代は役者の時代と言うことができるだろう。公平に言うなら、芝居の内容を重視せずその歌唱の技巧を重んじるというのは、まともな鑑賞とは言えない。そうした鑑賞のしかたは六朝時代文学技巧を弄んだ四六駢儷体の文章のように、

177　皇帝やその妃のために演じる舞台。

芝居を多くの庶民から引き離し衰退へと導く。一方で晩清になると民族存亡の危機という深刻な状況が、ほかの文芸と同様に戯曲にも民衆を目覚めさせ啓蒙する重責を担うよう求めるようになった。伝統にしがみついてもっぱら形式美を求める姿は、知識人たちの非難を浴びるようになったのである。

　戯曲改良を主張する人々は、戯曲の主な任務は社会改革を推し進めることで、人々に社会の現実の問題点を教え、そうすることで一致団結し、国力を高めるのだとした。現代革命のリーダーである陳独秀は、『戯曲を論ず』の中で次のように述べている。

　「演劇とは、世の中の人々が最もこれを見ることを楽しみ、聞くことを楽しみにしているものであるから、これは容易に人の頭に入り、人の心を震わすことができる。……今国家は極めて危険な状態にある。国内の風気は閉ざされ、時代を憂う人々は学校を設立しようとしている。しかし教えることのできる人数は足りず、効果も今ひとつである。小説を書き新聞社を起こしても、文字を知らぬ無学の人に対しては何の効果もない。ただ演劇を改良すれば、これで社会のすべての人々の心を動かすことができる。聾唖者も見ることができ、盲人も聞くことができる。まことに社会を改良するための二つとない良い手段である」。

　陳独秀は演劇の社会的な効果を新聞や小説よりも大きいと見ていた。

　演劇にその巨大な社会的な役割を果たすよう求めるのであれば、古人や古事を演じ続けたり、陳腐な忠孝の教えを宣伝させるわけにはいかない。そこで京劇改良の提唱者は劇作家たちに民主や愛国を称揚し、人々に勇気を出すよう激励し、見下されている現状を変え、社会の気風を変える作品を書くよう求めた。演劇が反映する問題は、「政治の改革、民族の独立、風俗の転換」であるべきで、こうした言論界の理論に導かれて劇作者たちもそれに熱く応え、20年間に百部以上の新作京劇が創作された。反帝国主義愛国闘争を表した『黒竜江』『非熊夢』や、仁人志士が世を憂う『潘烈士投海』、康有為の百日維新の過程を描いた『維新夢伝奇』、清末の革命党が満清政府を倒した様子を描いた『黄粛養回頭』や『蒼鷹撃』、新しい女性像を描いた『女子愛国』や『恵興女士』などがある。

　戯曲改良活動の中で最も優れた業績を残したのは汪笑儂（1858－1918）である。汪笑儂は北京に生まれ、満州族八旗の出身、本名を徳克金、字は潤田、またの名を僻、字を舜人、仰天と号し、竹天農人とも署した。光緒5年に科挙に通り、その後は献金によって河南省太康県の知県に任命されるが、ある事件がもとで失職する。彼は子供のころから芝居を習い、孫菊仙の教えを受けたこ

ともあり、その技量は非凡であった。官職を離れると上海の丹桂茶園に行って芝居をし、やがてプロの役者になる。日清戦争後には民族の危機が日ごとに深刻化し、憂国の情と高い文学的素養を持つ汪笑儂は京劇改良の声に影響を受け、戯曲をもとに社会の変革に参与しようと思うようになる。彼は新しい京劇作品、新しい節回しを作って『二十世紀大舞台』という雑誌の創刊を援助する。彼は絵に添えた詩の中で次のようにその志を述べている。「手をたくしあげて乱れた風紀を大改良する。淫靡な音、だらりとした調べを剛健な力を持つ芝居に変えていく。国中の舞台で私の主張を芝居にする」。1910年、彼は上海から済南に行って公演し、戯劇改良社社長に迎えられる。1911年には天津の正楽育化会の副会長、戯劇改良社社長になり、1916年に再び上海へ戻って芝居をする。しかし晩年は落ちぶれ、死後上海伶界連合会がお金を出して真如梨園公墓に埋葬した。

汪笑儂の劇作と芝居は歴史に題材を取ったものが多く、例えば『党人碑』『馬前潑水』『桃花扇』『馬嵬駅』などがある。しかし彼は決して歴史のための歴史劇を書いたのではなく、歴史を題材に今を例え、時の政治を風刺した。1898年戊戌の変法の失敗により六君子は昂然と正義に殉じた。譚嗣同は処刑前に詩を吟じ、自分の死が民衆の抵抗の志を目覚めさせることを願った。汪笑儂はこれに深く感動し、「彼は天を仰いで笑ったが、私は長く歌ってこれを泣く」と烈士の精神を描いた。そこで書かれたのが『党人碑』で、北宋の書生謝瓊仙が酔って腹を立て、元祐党人[178]の碑を壊した故事を借りてこれを悼んだ。劇中謝瓊仙の口を借り、蔡京、高俅、童貫などが朝廷の権力を握り、私利私欲を貪って国事をないがしろにしていることをあてこすった。その矛先ははっきりと西太后を上にいただく愚昧な奸臣に向けられていた。

20世紀初め、新しい京劇の創作で影響力の比較的大きかった人物に欧陽予倩がいる。彼が書いた作品の多くははっきりした反封建色があり、その思想的意義や言語構造の面でいずれも革新的な創造を行った。代表作に『潘金蓮』があり、この芝居の影響は深くかつ多岐にわたった。

新しい芝居は時代と生活に密着したもので熱烈な愛国の情があり、加えて照明やセットなどの工夫が絶えず施されていて人気を博した。上海ではその地域性から、平等や民主への渇望はほかの地域より強く、そのため新しい芝居は上海の民衆から強く支持された。当時の上海で新しい芝居を上演する有名な役者には、汪笑儂、王鴻寿、周信芳、王恵芳、三麻子、小子和、林顰卿、郭蝶仙、七盞灯、小連生、夜来香、夏月珊などがいる。

178　宋代における志を同じくした人たちのこと。

清朝が倒れると、京劇の上演形式や役者たちの収入、育成などの面で大きな変化が起きた。このような変化は京劇という表現芸術の発展をさらに促した。

　上演形式の変化は旦角が大黒柱になるという状況をもたらした。程長庚などの時代から舞台の中心的な役柄は生角で、かつ老生を主とした。これまで紹介してきたように、京劇の誕生以前、北京の劇壇では何度も花雅の争いがあり、そのうち秦腔と昆、高の争いが最も激しく、ついには皇帝が出てきて秦腔を北京から追い出した。皇帝が彼らを追い出した理由は、その演目にみだらなものが多いということだった。秦腔の中心的役者、魏長生は花旦役者だったが、彼が上演する風情戯は男女が情を交わす場面が欠かせなかった。せりふや歌詞の中には露骨にみだらな言葉があった。保守的な士太夫たちはこれはポルノであり、青少年に悪影響を及ぼすとして上演を禁止した。またかつての上演方式はその多くが宮廷や宴席で行われたもので、宮廷でこのような内容の芝居を上演するというのは朝廷の品格にかかわる。たとえ堂会であっても親たちや嫁、子供、孫たち家族といっしょにこのような内容の芝居を見るのはやはりきまりが悪い。そこで生角戯、特にまじめな内容で伝統的道徳を称揚するような老生戯が旦角戯に取って代わって上演された。こうした状況は、芝居が戯園[179]を主とした場所として上演されるようになるまで続いた。

　清朝が滅亡した後、宮廷での芝居の上演は消滅し、堂会もかなり減った。役者の多くは芝居小屋に移り、芸を売って金を稼ぐようになった。一方、芝居小屋で芝居を見る観客たちの多くは一般市民で、彼らに一番受けるのはラブストーリーであり、旦角の声や姿を楽しんだ。そこにはややポルノチックな要素があったかもしれないが、新旧政治体制の交代期、社会が不安定な時代にあってはそれをとがめる者はいなかった。芝居小屋の中では老若男女が共に座っているが、お互いに見知らぬ者どうし、関わり合うこともない。つまりここでどんな芝居を見ようとも、ばつが悪い思いをすることもないのである。梅蘭芳は『舞台生活四十年』の中で旦角が人気を博すようになった理由について以下のように分析している。

　「昔の北京では夜芝居を上演することは禁じられていた。また女性は芝居を見に行くことが許されなかった。世間も男女が一緒にいると風紀が乱れるというムードが一般的だった。……民国以後、多くの女性客が芝居小屋に芝居を見にやってくるようになり、演劇界全体が急速に変わった。かつては老生、武生の芝居が主流であった。というのも長い間芝居を見るのは男性客だけであり、彼

---

[179] 芝居小屋。劇場。

らは老生、武生の芝居芸術に対してみな一家言を持っている。女性客は芝居を見始めたばかりであり、面白いところが見たい。まずはきれいな見せ場を見たいのである。譚鑫培のようなひからびた爺さんの芝居などはその好さが分からないし、見ても興味も湧かない。そこで旦の芝居が彼女たちのお目当てとなっていった。何年もしないうちに青衣が人気を集めるようになり、役柄の中では一躍重要な位置を占めるようになった。新参の観客たちもこの傾向を後押しした」。

梅蘭芳は旦角が演劇界の大黒柱になっていった状況は主に女性客が旦角の芝居が好きだからと考えているが、これはすべてそのとおりとは言えない。しかし芝居を上演する場所が戯館に変わったからであるというのはそのとおりである。

観客は旦角の舞台を好むので、旦角を主役にした演目と旦角をクローズアップした舞台が発展した。旦角の一部は名を挙げ、国民注視の的となった。一部の著名な役者とその周辺の芸術顧問たちの努力により、旦角戯の内容と表現からポルノ的なものが取り除かれ、気品がありまじめなものになった。旦角役者も人気を高めるとともに、人として尊重されるようになった。その代表が王瑤卿と「四大名旦」である。

王瑤卿は(1881－1954)名を瑞臻、字を稚庭または稚庭、号を菊痴、芸名を瑤卿、晩年はまた名を瑤青と変えた。祖籍は江蘇省清江。父親は王絢雲といい、著名な崑曲の俳優だった。王瑤卿は北京に生まれ、9歳の時に芝居の手ほどきを受けた。相前後して田宝林、謝双寿、張芷荃、杜蝶雲、銭金福、時小福、万盞灯、陳徳林、譚鑫培、楊小楼など有名な役者たちに師事した。彼はかつて名票友の紅豆館主（傅侗）と芸事について共同で研究し、理論面から、演劇の演技における法則性と特徴について探った。また譚鑫培とは長きにわたって手を組み、『汾河湾』『南天門』『牧羊圏』『金水橋』『珠簾寨』などの芝居を演じた。当時の人々はこの二人を「珠聯璧合——美しい珠を連ねたような名コンビ」だと讃えた。

王瑤卿は京劇の舞台においてかつて生角が主役であった状況を、旦角を主役とするように変えた。また1909年に劇団の責任者として上海の丹桂園で芝居を打った後、上演した演目には再演および新編の『五彩輿』『十三妹』『琵琶縁』『福寿鏡』『穆天王』『荀灌娘』『棋盤山』『木蘭従軍』などがある。1912年に彼は王鳳卿や梅蘭芳とともに舞台に出、大変な人気を博した。こうして演劇界における旦角の地位は一層堅固なものとなった。彼は多くの師に学んだので、さまざ

まな優れたものを取り入れることができた。また役割の制限を打破し、青衣と刀馬、閨門、花旦や昆劇の旦角などの良い点を取り入れ、唱、せりふ、しぐさ、立ち回りなどに独特の改善を行った。その歌いぶりは明麗で剛健、雄健にしてさわやかであった。またしぐさでは歩き方や水袖の技巧をうまく使って、人物の感情を表現した。また刀馬戯を演じるにあたってはその巧みなテクニックによったが、その技量は正確であざやかだった。せりふは京劇のしきたりにも合っており、また生活の中で使われる言葉にも近かった。彼は京白[180]と韻白[181]の中間的な「風攪雪」というせりふテクニックに長けており、それを使って登場人物の風格や人品を表現した。彼の芝居の突出して優れたところは、演じる人物の性格や身分、ものの考え方、感情に基づいて「その人」を演じたことである。彼が造形した人物像はみな真に迫り、何玉鳳なら悪を憎むこと仇のごとく、義を見て勇気を奮う（『十三娘』）。花木蘭ならその孝行ぶりは感動的で、智勇に長けている（『木蘭従軍』）。また胡阿雲なら反抗的で暴力的、死んでも屈しない（『万里縁』）し、荀灌娘ははつらつとして智勇揃っている（『荀灌娘』）という具合である。

　43歳を過ぎると次第に声が枯れ、だんだんと舞台からは遠ざかるようになった。しかし変わらず演劇に力を尽くし、若手俳優たちを懸命に育てた。「四大名旦」はみな彼の薫陶を受けている。王瑤卿は学生の良い所を見つけるのがうまく、その個性に応じて教育し、長所を発揮させるようにした。中華人民共和国成立後は、中国戯曲学校の顧問、校長になった。

　「四大名旦」とは梅蘭芳、程硯秋、荀慧生、小尚雲を指す。彼らの出現は京劇という表現芸術をまた新たな高みへと押し上げた。この四人の中では梅蘭芳の功績が一番大きい。

　程硯秋（1904－1958）はもとの名を承麟といい、のちに「承」を「程」に換えた。もとの芸名は菊衣、その後艶秋と改名し、ほどなくまた硯秋と換えた。満州族の貧しい家庭に育った。演技の上ではかつて梅蘭芳、王瑤卿の影響を受け、若い頃声がつぶれた時には詩人の羅癭公の援助を得た。彼は進取の気性に富み、追求していく勇気を持った芸人で、念や唱では音韻にこだわり、四声を重んじ、自分の声の特徴に基づいて、一種むせび泣くような、抑揚があり切れるがごときつながるがごとき節回しを作り上げ、独特の芸術性を創造した。彼が演じた芝居はその多くが旧社会の下層階級に属する女性の悲しみを表現したもので、例えば『青霜剣』『荒山涙』『春閨夢』『亡蜀鑑』や建国後改編された『竇娥冤』『祝

180　北京語で言うせりふ。　　181　韻を含んだせりふ。

英台抗婚』などである。

　荀慧生（1900－1968）は名を詞、字を秉彜、留香と号した。若い頃は白牡丹という芸名を持ち、直隷（現在の河北省）出身。初め梆子戯を学び、後に皮簧を学んだ。陳徳霖、王瑶卿などに師事し、芸風を打ち立ててからは、楊小楼、余叔岩、高慶奎、梅蘭芳、周信芳、蓋叫天などの名優たちと相前後して共演した。しぐさでは、京劇の青衣、花旦、閨門旦、刀馬旦、梆子旦角などの演技を融合し、節回しでは、京劇の老生、小生や老旦の節回しの旋律の要素を巧みに取り入れ、昆曲、梆子、漢劇、川劇あるいは歌曲の中の有益な養分を吸収し新しい節回しを創作した。また彼のせりふは歯切れよく、柔らかく潤いがあり、伝統的な京白と韻白の基礎のもとに、その二つが相混じった口語に近い発声法を編み出し、感情は真に迫り、かつ韻律美に富んでいた。

　尚小雲（1900－1976）は名を徳泉、字を綺霞といい、直隷（現在の河北省）出身。初めは武生を学び後に正旦に転じた。孫怡雲に学び、小雲と改名した。彼の歌いぶりは発音は正確で腔はまろやか、顫音を用いるのに長け、その一方で豪胆でもあった。せりふは文と文の間が切れそうで切れないせりふ回しで、明朗で感情はみなぎり、「尚派」の風を打ち立てた。彼が得意とした演目には『二進宮』『祭塔』『昭君出塞』『梁紅玉』などがある。

　梅蘭芳（1894－1961）は字を畹華といい、原籍は江蘇省泰州で北京生まれ。祖父の代から演劇を業(なりわい)とした。祖父の梅巧玲は「同光十三絶」の一人で工旦角だった。父親の梅竹芬は昆曲と京劇の旦角役者だった。伯父の梅雨田は譚金培の琴師である。彼は演劇一家の薫陶のもと、幼時から芝居についてある程度心得ていた。8歳で芝居を学び始め、10歳で初舞台を踏んだ。21歳のころからその名は中国中に響き渡るようになった。彼の演技に魅せられた人々は数知れない。初めて育化小学校でチャリティー公演に出演した時、彼が遅刻したため、その晩は譚鑫培、楊小楼など実力派がそろっていたにもかかわらず客は満足しなかった。梅蘭芳が来ないために芝居は中止となり、彼が駆け付けてやっと続けられた。梅蘭芳は長期にわたってどこで演じようと劇場を満員にした。今も多くの人々が梅蘭芳の舞台を見たことを生涯の誇りとしている。梅蘭芳はかつて京劇を引き連れて海外に行き、中外文化交流の使者としての役割をも果たして大きな成功を収めた。1919年、1924年、1956年と三度日本を訪問し、1930年にはアメリカも訪れている。1935年、1952年にはソ連を訪問した。彼がアメリカで上演することになったのは、アメリカの駐中国大使芮恩施[182]が離任パーティ

182　Paul Samuel Reinsch。アメリカの学者で外交官。

の席上で「もし中国とアメリカの人々の間の理解と友情を深めたいと思うなら、一番良いのは梅蘭芳先生をアメリカに招き、彼の芸術をアメリカ人に見せることである」と提案したのがきっかけだった。こうして梅蘭芳は政府と民間の人々の後押しにより、京劇団を引き連れてアメリカを訪れることになった。その時上演した演目は、『貴妃酔酒』『芬河湾』『覇王別姫』『春香鬧学』『刺虎』『虹霓関』『廉錦楓』『天女散花』『打漁殺家』『蘆花蕩』『青石山』などである。梅蘭芳一行は72日間上演したが、上演したニューヨーク、シカゴ、ワシントン、サンフランシスコ、ロサンゼルス、サンディアゴ、シアトルなどどこでも熱烈に歓迎された。観客は魅了され酔いしれ、有名な劇の理論家の斯達克・揚[183]は新聞で「梅蘭芳の芸術の前では、私たちは実にちっぽけだ。彼の表現は完璧の域に達しており、私たちを夢のような芸術の殿堂にいざなってくれた」と評論した。多くの大学が彼を講演に呼び、文学博士の学位を贈る大学もあった。

1935年にはソ連文化部の招きで、梅蘭芳は団を率いてソ連を訪れた。この上演はソ連の表現芸術家と理論家をおおいに啓発し、彼らは中国の伝統演劇の表現形式や時空間の自由な流れ、韻文と散文を交互に使用すること、くまどり、セットのない舞台などの特徴から、中国の伝統演劇は西洋の古い戯曲の表現形式だけでなく、西洋の現代劇が提唱する演劇精神とも相通じるものがあることに気付いた。梅蘭芳の芸術表現に関する座談会では、一流の理論家や芸術家たちが競って発言し、観劇後の感想を述べた。有名な演劇監督のメイエルホリド[184]はもともと演劇の仮定性原則を提唱していた。つまり演劇とは芸術家によって生活を「表現」するものであり、もとの姿に照らして生活を模写するものではないと考えていた。梅蘭芳の演技を見てからはそれに勇気付けられて自分の理論主張への自信を深め、自分がちょうど演じていた新劇『聡明の誤ち』を再演することをその場で決めた。ソ連に滞在していたドイツの演劇家ブレヒトは、役者の演技は観客を演劇の場面の中に引っ張っていくべきではないし、劇中人物の運命や劇作家の創作目的のために動かされるべきではなく、観客には常に自分は劇場で劇を見ているのであり「この時この場所」は物語が起きた「あの時あの場所」ではないということを自覚させるべきであり、劇や役者の演技を見ながら理性的な思考をするよう観客を導くべきであると考えた。彼は中国の伝統演劇を見て自分の同志を見付けた思いになり、中国の伝統演劇は自分の理論の正しさを証明していると考えた。有名な映画監督アイザック・スターンの以下の言葉は京劇を外側から見た深い洞察力がある。「この伝統が作り上げた非常

183　原名は不明。　　184　Vsevolod Meyerhold。

に精緻な表現のしかたこそ、この演劇が人を驚かせる特徴の一つだ。……象徴性や記号性を持ち、しかも具体的な演技は演ずる者の個性を表している」。

梅蘭芳の海外公演の成功の最も偉大な意義は、外国人に中国の伝統文化の豊かさと輝きを知らしめたことであり、中国の民衆の知恵と非凡な想像力を教え、中国人は「アジアの病夫である」という間違った考えを改めさせるのに役立ったことである。

京劇の市場化によって劇団の花形役者制度が形成され、役者間の収入格差が広がった。これ以前は、劇団の主な収入源が堂会や宮廷のお召上演だったので包銀制が取られていた。班主と役者は一年に一度契約を交わし、一年を通しての給金が決められた。班主のもうけが多かろうと少なかろうと、役者たちとは何の関係もなかった。役者間の収入格差は小さく、違いは役柄間にあるだけだった。このような分配制度だったので、役者たちは観客の上演演目や演技への要求に無関心だった。京劇が完全に市場化されると多くは芝居小屋で上演されるようになり、芸術の商品化という情勢に適応するため、各劇団は「戯份制」と「名角挑班制」を採用するようになった。「戯份制」とは、役者の収入と上演を直接リンクさせる方法である。芝居に出れば収入が入り、出なければ一銭も入らない。「名角挑班制」とは、有名な役者を柱として暗黙裡に役柄がピラミッド式になっている劇団構造のことで　花形役者の収入は脇役の数十倍だった。民国の初年、看板役者の一日の収入は二、三百銀で、最低でも数十元は取った。その他大勢の役では1日に数吊[185]か数十吊銭だった。このような劇団体制と分配制度は役者が班主に依存するかつての関係を完全に変え、役者の芝居への精進を刺激するものとなった。

第三節
完全に様相を変えた現代京劇

中華人民共和国成立以前、共産党が指導する根拠地では、京劇という芸術形式をいかに利用していくかということに関して、革命闘争と工農兵に奉仕するために多くの試みがなされていた。1942年、抗日の根拠地延安では平劇（京劇のこと。当時の北京は北平と呼ばれていたことから）研究院が設立され、毛沢東は記念に「推陳出新」と書いた。この4文字は党の指導者が指示した京劇革

185　昔の貨幣単位。北京では銭100文または銅貨10枚が1"吊"。

命の方向であった。「推陳出新」とは止揚の精神で京劇の遺産を受け継ぎ京劇の改革運動を行うことで、民族の新しい演劇形式を作り上げることである。このような思想的指導のもと、延安では相前後して『逼上梁山』『三打祝家荘』などの演目が上演され、時代の高みに立って封建社会の人が人を食う本質を提示し、人が人を圧迫する制度を批判し、被圧迫階級の闘争を情熱的に讃え、農民と社会の下層にいる人物を主人公として描写した。毛沢東は『逼上梁山』を見た後で非常に喜び、作者の楊紹萱と演出家の斉燕銘の二人に以下のような手紙を書いた。「紹萱、燕銘同志。お二人の芝居を見ました。素晴らしいお仕事をなさいました。お二人にお礼を申し上げるとともに、役者のみなさんにも私からのお礼の気持ちを伝えてください。歴史は人民が作るものです。しかし古い芝居では（人民から離脱したあらゆる旧文学や旧芸術においては）人民は塵芥であり、旦那さま、奥様、お坊ちゃま、お嬢様が舞台を支配していました。このような歴史の顛倒が今お二人によって再びひっくり返され、歴史の真面目(しんめんぼく)を回復したのです。今後古い劇は新生面を開くことになるでしょう。ですからこれは実におめでたいことです。郭沫若は新劇の歴史劇において良い仕事をしています。お二人は旧劇で同様の仕事をなさいました。これは旧劇革命の画期的なスタートとなるでしょう。このことを思うと本当にうれしいです。どうかもっと多く書きもっと多く演じ、それらを劇のあるべき姿として全国に広めてください！」

　毛沢東の以上の手紙から見ると、彼が重視していたのは演目の内容であり、京劇はあらゆる文学とともに人民を讃えるべきであり、人民を正義の主人公にすべきだと考えていたことが分かる。

　これより、共産党統治下の地域では、京劇のみならず地方劇はすべて毛沢東の示すこの伝統演劇革命の方向に向かうことになった。中国共産党は伝統演劇の社会的役割を重視しており、共和国成立の翌日には、すなわち1949年10月2日には中華戯曲改良委員会が成立され、まずは「改戯、改人、改制」が行われた。「改戯」とは、迷信を宣伝し鬼神を触れ回り封建道徳のカスを讃える演目を上演禁止とし、欠点はあるが何とか認めることのできる演目を整理、改編することである。形式上でも、舞台イメージを浄化し、遅れた、凡庸で醜悪な演技を取り除き、新しい時代や新しい生活などを反映した新しい芝居を作るよう励ました。各地の文化宣伝部は各地の伝統演劇役者の講習班を立ち上げ、彼らを組織して情勢を認識させ、政治と伝統演劇理念を学ばせて、そうしたことによって彼らの政治的、文化的リテラシーを高めるようにした。「改制」とはかつ

ての劇団制度を廃し、全民所有制と集団所有制の劇団を新たに立ち上げ、戯份制を給料制に換えることである。このようにして、役者の経済面を保証し、役者間に平等な関係を打ち立てた。役者たちはすぐさま自分は国の主人公であり、もはや人に蔑まれる「河原乞食」ではないと思うようになり、伝統演劇を書き上演する颯爽とした意気込みは空前の高まりを見せた。

　京劇は他の地方劇と同様、1949年から1966年の文化大革命が起こるまでの間、素晴らしい成果を上げた。観客から喜ばれ影響力の大きな多くの演目が作られた。例えば、『海瑞上疎』『海瑞罷官』『満江紅』『強項令』『謝瑤環』『紅灯記』『蘆蕩火種』『智取威虎山』『節振国』『奇襲白虎団』などである。しかし、京劇改革が一番強力に推し進められ、広範囲にわたってそれが普及したのは1966年から1976年にかけての10年間であった。実権を握った権力者たちに非常に重んじられる中、京劇は最終的に代表的な意味を持つ「八つの様板戯[186]」が残った。

　1964年6月5日、国家文化部は北京で全国京劇現代戯試演大会を開き、そこで一部の演目が注目を集めた。例えば、同名の上海地方劇を改編した『紅灯記』と『蘆蕩火種』、曲波の小説『林海雪原』を改編した『智取威虎山』、朝鮮戦争期にあった本当の話に題材を取った『奇襲白虎団』などである。これらは専門家からも一般観衆からも優れた作品と認められたが、江青らによって政治的に利用され、これら優れた演目の加工やレベルの引き上げなどに口を挟まれ、「様板戯」は彼らの文芸革命の勝利の果実となってしまった。その結果、文革の10年間は内外の文学作品は読んではならず、優れた映画や音楽も鑑賞が禁じられた。

　「様板戯」というありようはひどく非科学的である。芸術が最も重んじるのは独創であり、人真似ではない。どんなに良いものでもそれを手本として真似するわけにはいかない。文革中「様板戯」は芸術の金型(かながた)となり、多くの似たような作品を生み出した。「金型」である以上それと同じでない作品は一律に悪い作品とみなされ、世に出すことは許されなかった。そこで「文革」の10年間、文芸創作はほとんど停滞状態に陥った。

　様板戯の創作理論は「三突出」と呼ばれた。「すなわち全人物の中で正義の味方を突出させ、正義の味方の中で主となるヒーローを突出させ、主となるヒーローの中で最も中心的な人物を突出させる」ということである。完全無欠な中心的人物を作り上げるために、様板戯はあらゆる人物を添えものとし、彼らが舞台に出る時間は中心人物より多くあってはならず、革命思想も中心人物より

186　手本とされた演目。

優れていてはならず、節回しや見た目も中心人物より美しくてはいけなかった。時には中心人物が山場でその立場をしっかりしたものにし愛憎を明確にして無私の精神を持つよう描き出すために、時代や環境の特性を考慮することなくむりやり階級闘争の筋書きを持ってきたり、わざと二番手以下の人物の品格や知力や意志を低く描いた。このようにした結果、芝居のストーリーは生活のリアルさからかけ離れ、劇中人物はもはや生きている人間ではなくなり作者の思想を表す記号にすぎなくなった。

　文学という芸術が生活を反映する時、それは多様でなければならない。豊かな生活感こそ文学という芸術の豊さを決定付ける。英雄的な人物を描いてもいいし、平凡なあるいは品行下劣な人物だって描いていいのである。火花散る、やらなければやられる階級闘争を反映してもかまわないが、ちまちまと何の変哲もない市井の生活を反映してもいいのだ。「様板戯」の「三突出」という創作理論は、文芸創作という馬車を広々とした大地で思う存分駆け巡らせようとはせず、狭い路地裏に追い込んでしまった。

　しかし公平に言えば、「様板戯」も良いところが一つもなかったわけではない。なぜなら「様板戯」はその初めの段階から加工の段階に至るまで、なんといっても多くの文芸工作者の心血が注がれているからである。具体的に言うなら、様板戯には肯定できる点が四つある。その一は、様板戯の全演目がすべて新たに作られた現代劇であり、20世紀のさまざまな時期における生活を描写しているということ。その「描写」には劇作家のはっきりした主観的意向がこめられており、現代史や生活の客観的な反映ではない。しかし劇作家は目を現代に向けるべきで、ただひたすらに後ろを向き常に昔の話から題材やストーリーを探すようなことはするなという材料選択の方向は正しいと言うべきだろう。二つ目としていくつかの演目は「三突出」の理論で英雄的な人物が作られており反映される生活面は狭いが、それでも共産党の指導による新民主主義革命を讃え肯定し、共産党員を苦しむ大衆のために血を流すことも犠牲をも恐れない無私のイメージで描いたことは、今日でも依然として一定の教育的意義があると思う。例えば『杜鵑山』『紅灯記』『沙家浜』『智取威虎山』『奇襲白虎団』などである。今でも一部の劇団ではこれらの演目を上演していて、新旧観客の人気を博している。このことはこれらが一定程度認知され、教育的芸術的な価値を持っていることを意味している。三つ目は、音楽や節回し、せりふに関して意義ある、成功した試みを行ったということである。多くの演目の節回しはもはや京劇の

流派や役柄にこだわることなく、すべて劇中人物の性格や心境、内心の活動を表現するための必要性から考えられ、詞の意味に基づいて曲が書かれた。板式では、西皮寛板、排板、回龍、二簧二六板など新しい板式が作られた。一つの劇で、また数種の劇中で重複する節回しはなかった。節回しについては大きな変革が行われたが、しかし京劇の音楽的要素には変化はなかった。どんな節回しでもちょっと聞けばそれが依然として京劇であることはすぐ分かる。これらの演目の節回しをできるだけ多くの大衆に分かってもらえるよう、節回しについての担当者は高難度の音や技巧的歌唱法などを排し、その結果人々は聞いて意味が分かるようになり自分でも歌えるようになった。その当時の小中学生や労働者、農民は、様板戯を多少歌うことができたが、これは普及を目的とした節回しと多いに関係がある。「様板戯」はせりふでも節回しでも標準語で発音するようにしたが、これも多くの大衆に受け入れられた要因の一つである。そのほか伴奏楽器においても京胡が主伴奏の地位に就いたほか、西洋楽器が増え、伴奏楽器を多彩で豊富、充実したものにした。四つ目は新劇に学んだということである。あらすじを場面を区切る主な根拠とした。一般的には、第1場では固定的な時間、場所で物語を演じたので、舞台には時代、時間、場所などを反映するセットが置かれ、物語の真実味が増した。

　「様板戯」は無数の人々を迫害に追いやった象徴として、未だ多くの人が気持ちの上で受け入れられないでいる。しかしある時代の芸術現象としてやはりこれは研究の価値があり、その中の優れた部分は京劇の振興の役にさえ立つならこれを参考にする態度を持つべきであろう。

「文革」の後、10年演じることが禁じられていた京劇の時代ものが演じられるようになると、人々が殺到し伝統演劇の劇場は一時大変な活況を呈した。しかしこうした状況も長くは続かず、1982年以降、京劇は他の劇種と同様衰退に向かい始めた。政府や上演団体がどんなにこれを救う手立てを講じても、今に至るまで成果は上がっていない。

　京劇とそのほかの劇種の衰退の原因としてはいろいろ考えられるが、主なものは以下にあげたいくつかである。一つはこの20年間に民衆の生活の真実を反映し人の心を打つ、劇中のせりふがまるで自分が言おうとして言えなかったものであるような、そんな作品が生まれていないことである。新作も少なくないが、しかしその描写するものは現代生活の主流ではなく、反映しているものはこの時代の人間ではない。うめきの声もまたこの時代の真の苦悩の叫びではない。

二つ目に民族全体の資質が上がり、その美意識は映画や小説の影響を受けて変化してきている。舞台の人物のキャラクターへの評価基準も昔とは違う。しかし伝統演劇の方はあいも変わらずで、依然として昔のまま、筋の偶然性、誇張、人物像の類型化、演技や歌の形式化など、文化的素養の高くない市民や農民の鑑賞レベルに合わせるために作られた表現形式となっている。つまり伝統演劇の前進の足取りは、時代の進歩や絶え間なく先に進む民族の足取りに追い付いていないのである。劇場に閑古鳥が鳴くのも必然なのだ。三つ目として自分自身の立ち位置を変えようとしないというのも、京劇衰退の一因である。伝統演劇は明らかに一般民衆や農民の芸術であり、明らかに年配者に好まれる芸術である。しかし京劇関係者や上の人間はそのようには見ていない。彼らは伝統演劇を新劇、バレエ、オーケストラ、ポピュラーソングなどと同等に見ている。有名な伝統演劇俳優を人気歌手と同一視しているため、都市の高級劇場で公演し、小さな劇場や農村で公演しようとはしない。チケット代もポピュラー曲のコンサートに合わせ、その結果、お金のある高給取りのサラリーマン層や若い人たちは行きたがらず、お金のない労働者、農民、退職者などは行きたくても価格が高くて見に行けないという状況になっている。

　目下京劇の状況は厳しい。しかしこれは民族の文化の土壌に深く根付いたものである。上演体制の改革が進めば、きっと今の苦境を乗り越え多くの民衆の中に戻ってくるに違いない。

第9章

京劇の名作の文化的意義

　京劇の脚本の多さは想像を超えるほどである。曾白融主編の『京劇演目辞典』によれば、五千三百本余りに上るそうである。今日舞台で上演されるもの、あるいは上演はされず脚本だけが残っているものは千本以上ある。

　京劇の脚本はその上演形式から言うなら、本戯、折子戯、小戯、連台大戯の４つに大きく分けられる。本戯とは始めから終わりまで揃っているもののことで、上演時間内にすべて演じ切る。一般に生、旦、浄、丑が演じ、唱、せりふ、

しぐさ、立ち回りのすべてが揃っている。折子戯は本戯の中の1幕または数幕で、上演時間の関係から、あるいは本戯が間延びしていて観客が飽きてしまうので、戯班がその中のもっとも面白い部分を演じてみせるものである。小戯はストーリーはすべて揃っているのだが、プロットが簡潔で、登場人物も2〜3人のみ、しぐさに偏るか、唱に偏るかした「両小」戯や「三小」戯がある。連台大戯は「長本大戯」ともいい、筋が複雑で起伏に富み、数日に分けて演じないと演じ切れないもので、今のテレビ連続ドラマに似ている。

　その創作年代と物語の内容から分けると、伝統劇、新編歴史劇、現代劇に分けられる。今日の上演状況から見ると伝統劇は折子劇を演じることが多く、また舞台にはセットがなく、伝統的な衣装を着て節回しも昔のものを真似る。新編歴史劇は今劇作家が一番力を入れているものである。これは宋元以来の劇が「後ろ向き」であるという伝統と関係があるのかもしれないし、劇作家たちの現代生活に対する把握が足りないのか、あるいは思想にタブーがあることと関係があるのかもしれない。しかし今日の若者やインテリたちは、古いものを古いまま表現することにますます満足しなくなっている。たとえ劇作家の創作の目的が昔のものを使って現代を述べるという点にあったとしてもである。現代劇は文革後は数の上からは少ないとは言えないが、質的にはレベルが高いとは言えない。この百年近く、創作された現代劇のうち、時の試練に耐えて古典的な作品となり得るものは多くはないだろう。

　しかし京劇二百年余りの歴史を見るなら、その発展の過程においてやはり優れた作品は作られてきているのであり、それらは暴政に反対し、民生を重んじ、人格を尊重し、仁や信を鼓舞し、民主や自由の思想を歌い上げるものを含んでいたからこそ、代々観客の人気を集めてきたのである。またキャラクターのはっきりした人物像を浮き彫りにしたからこそ、観客はこれを記憶にとどめているのである。覚えやすく真似をしやすく文学性もあり感情豊かな唱があったからこそ、人々に愛されたのだ。以下の節では、京劇の名作のあらすじとその文化的な意義を述べていきたい。

『捜孤救孤』

　伝統演目。原作は元代の雑劇作家紀君祥の作品。この芝居は春秋時代の晋の霊公が無軌道で荒淫、桃園を建てて女色にふけり、たわむれに弾丸を飛ばしては道行く人にこれを当て喜んでいるようなありさまを描いている。このような、君主にあるまじきふるまいを上卿の趙盾が批判すると、霊公はこの忠告を受け

入れなかったばかりか、逆に鉏麑に趙盾の殺害を命じる。鉏麑は忠臣を殺すことに耐えられず自害してしまう。霊公の死後、景公が即位し、大将軍屠岸賈が趙盾を無実の罪に陥れ、景公は趙氏一門三百人余りを殺す。生まれて半年に満たない乳飲み子がたった一人生き残り、食客の程嬰によって救い出された。この乳飲み子が趙氏孤児である。趙氏一門を根こそぎにするため、屠岸賈は晋国全土にこの孤児と同年齢の幼児を捕まえて殺すよう命じた。難を防ごうと、程嬰は実の息子を公孫杵臼に預けると、公孫が趙氏孤児をかくまっていると訴える。こうしてこの趙氏孤児を守るため、晋国公主、韓厥、公孫杵臼、程嬰の息子が自らの命を差し出した。20年後、孤児は程嬰の庇護のもと無事成人した。程嬰は趙氏がこうむったぬれぎぬについて、絵物語りにして孤児に話して聞かせた。そこで孤児は屠岸賈が不倶戴天の敵であると学んでいった。この時晋国では悼公が位を継ぐ。程嬰は計略をめぐらして屠岸賈を殺し、孤児は一族と一族のために命を投げ出してくれた烈士たちの仇を討った。

　この芝居は義の気高さというものを高らかに歌い上げている作品で、義と利が生死の境を分ける中、多くの人が生を捨て義についた。忠臣を殺すまいとして鉏麑は命令に逆らって自尽し、趙一族の最後の血を守るため韓厥は自刎する。公孫杵臼もまた命を差し出し、程嬰は血を分けた息子を身代わりにさえした。「義」が彼らの献身を求めた時、これらの人々は自分の将来や家族の幸せを考慮することなく、自分が支払わなければならない代価を気にもかけず、躊躇もせずに義を貫いたのである。この芝居の主要な人物である程嬰は、義の品性において他より一段高い。屠岸賈が趙氏孤児を程嬰の子供と思い、これを義理の息子にしようとして程嬰を食客に招く。程嬰は真相を隠すため、この仇に向かって媚を売るしかなく、「不義」の汚名を受ける屈辱に20年も耐える。このような行動は一時の「義」への献身に比べてずっと難しい。もし義を他のあらゆることの上に置くことがなければこのような汚辱の20年に耐えられるものではない。

　この芝居は老生戯で、かつては公孫杵臼が主人公であったが、譚鑫培以後は程嬰が主人公になった。後に余叔岩がこの芝居の中の節回し部分を発展させ、余派の代表的演目となった。

『文昭関』

　伝統演目。『一夜白須』ともいう。この物語は『東周列国演義』第72回から採られている。伍子胥が、楚の平王に親兄弟を殺された仇を討とうと呉国に向

かう。そこで武器を借りようと昭関を通りかかった時、隠士の東皐公に出くわす。公は昭関には彼をつかまえようと人相書きが張られていると告げる。伍子胥はしかたなく東皐公の屋敷にかくまってもらう。7日間隠れていたが焦慮から髯も髪も真っ白になり、人相書きとは見た目がだいぶ変わる。伍子胥とその親友皇甫訥は顔が似ているので、まず皇甫訥が伍子胥を装って関所から出ていき、関所の役人がこれを捕らえようとする混乱に乗じて伍子胥本人が関所を突破するという手を東皐公が考え出し、このもくろみは果たして成功した。この芝居は一見ただの奇想天外物語だが、実は孝道思想が盛り込まれている。暗君である楚の平王は無道にも伍子胥の親兄弟を殺す。彼はその敵を討とうとし、さまざまな苦難に出くわすがめげることはない。このような精神こそこの芝居が訴えようとしていることであり、観衆がこの芝居を評価するゆえんでもある。中国の民間故事の中にはこのような物語が多い。その典型は例えば『乾将莫邪[187]』で、伍子胥の故事とほとんど同じである。これらの物語は民衆に対して、暗愚で非道な君主であるなら「忠」にこだわるべきではなく、とりわけそのような状況のもと、忠と孝のどちらを取るべきか矛盾が起きた時は、孝を取るべきであると暗示している。この芝居は老生戯で唱功を重んじ、程長庚、汪桂芬、王鳳卿などがこの芝居を得意とした。

『嫦娥奔月』

　伝統演目。斉如山が1915年に梅蘭芳のために書いた。『淮南子』と晋干宝『捜神記』から採られている。夏朝時代において貧しい国の君主後羿が夏朝の大臣の地位を奪った。彼は射技の優れていることを頼みとして国事をおろそかにしたため、民の生活は苦しくなり怨嗟の声が国中に満ちた。後羿の妻嫦娥は絶世の美女であったが、粗暴な夫に嫌気がさしていた。後羿は西王母の蟠桃の会に出かけ、長寿の薬を頼み込んで手に入れ、酔っ払って帰ってくるが、その薬を嫦娥がこっそり飲んでしまった。後羿が探しても薬は見付からず、彼は怒って妻を殺そうとする。嫦娥は急いで逃げたが、薬を飲んだせいで体が軽くなりそのまま月宮まで飛んでいった。後羿は追いかけたが、月の中に住む呉剛に打ち負かされてしまった。その後、嫦娥は王母の命を受け月宮の管理をするようになった。月宮では宴を催し、集まった神仙をもてなした。嫦娥は長い着物の袖をたなびかせて舞い興を添えた。この芝居は梅蘭芳の「時代もの」の一つで、唱と舞の両方を重んじるのが特徴である。嫦娥神話がもともと描いているのは、財産の私有制が行われるようになってから人の心に貪欲と私欲が芽生え、たと

187　『捜神記』に収録されている物語。

え夫婦の間でも互いに騙しあい、何とかして相手の利益を我がものにしようとする姿である。そのため嫦娥は貪欲に対する罰として、月に行ってから人間からガマに姿を変えられてしまったのだ。この芝居はこの神話をもとに作られたが、話の主旨はもとの神話とはまったく逆で結婚をした女性の不幸がテーマになっている。そして結婚の束縛から逃れ、自由を手にしようとする行動を肯定している。これは1915年の作品で、婦人解放運動がまだ始まる前であり、その点で大きな社会的意義を持つ。

『宇宙鋒』

伝統演目。『金殿装瘋』ともいう。秦朝の宦官趙高は子供の結婚相手の親である匡扶と仇同士となり、人をやって恩賜の剣「宇宙鋒」を盗ませ、秦二世の胡亥暗殺を企みこの罪を匡扶にかぶせる。匡扶は一家全員が牢に入れられ息子の匡忠だけ変装して逃げたため、この家の嫁である趙高の娘艶容は実家に戻された。ある日二世胡亥が夜趙の屋敷を訪れ、その娘の美貌をのぞき見てこれを妃にしようと思い、翌日宮中によこすよう趙高に命じる。趙高は大いに喜ぶが、艶容は夫への気持ちを変えようとせず、侍女啞奴の指示に従って着物を裂き顔をわざと醜くして狂人を装った。翌日、艶容は金殿に行き、発狂したふりをして君主の暗愚と家臣のずる賢さを罵り、父趙高をからかった。二世はこの状況を見て本当に狂ったと思い、この話は御破算となって艶容は貞節を守ることができた。この芝居は青衣戯で、芝居の中の艶容による長い唱詞は、追い詰められて狂人を装う言葉にし難い思いや悲憤、悲しみを表していて感動的である。梅蘭芳の代表作。

『宇宙鋒』は封建社会における女性たちの、人に支配されるがまま人生を自分の足で生きていくことのできない不幸な運命を描いている。しかし劇中人物として作り上げられた女性艶容には時代性がはっきりと刻まれている。彼女は劣悪な環境の中、あやつり人形に甘んじることなく、それに対してとことん抗い、ついには勝利を収めた。これは運命におとなしく流されてしまうこれまでの女性のイメージとはだいぶ異なる。

『覇王別妃』

伝統演目。ほかに『九里山』『楚漢争』『烏江自刎』『垓下囲』『烏江怨』『亡烏江』『十面埋伏』などとも呼ばれる。この芝居は清の逸居士(傅緒)の作。素材は『史記・項羽本紀』『西漢演義』第79回、80回から採っている。明代の沈採に似た題材で『千金記』がある。楚と漢の戦で、漢軍の大元帥韓信が謀士李佐車に対し、項羽を

騙して投降させるためにその兵をおびきよせるようにと命じた。項羽はおのれのみ信じ、多くの将や愛妾虞妃の説得に耳を貸さずに自ら大軍を引き連れて九里山に進軍するが、そこで待ち伏せをしていた敵方により垓下で包囲されてしまう。夜中、項羽軍は至るところから楚の歌が流れてくるのを聞き戦意を喪失する。項羽はもはやこれまでと、愛馬の雛をなでて慨嘆し、虞妃とも別れの杯を交わす。項羽は感情を高ぶらせて悲歌を歌う。「力は山を抜き、気は世を覆う。時に利あらず雛行かず。雛の行かざるを如何とすべき。虞や虞やなんじを如何せん」。項羽は自分の死後に虞妃は必ずや劉邦の手に落ちると思い、つらかったが虞妃への深い思いから、彼女が幸せに生きていくことを心から願った。そこで「お前は生きのびて漢王に尽くしなさい」と勧める。この言葉は悲しみのきわみにあった虞妃の心を突き刺し、自分の貞節のあかしにと自ら剣に伏して自尽してしまう。項羽は兵を引き連れ包囲を突破したが、多勢に無勢、敗走して烏江のほとりに着いた。江東の故郷の人々に会わせる顔がないと思い、向こう岸まで乗せていくという船頭の勧めを謝辞して自尽する。この芝居は老生[188]と青衣の対台戯である。1918年、楊小楼、尚小雲が演じ『楚漢争』と名づけられた。後に楊小楼、梅蘭芳によって改編され『覇王別姫』となり、項羽と虞妃の別れの場面が強調され、唱あり舞ありの感動的な作品になった。この芝居は1922年に初めて上演され、その後も人気は衰えず梅派の代表作となった。

　この芝居が文化的に内包するものは深く、単に勝敗をもって英雄を論じてはいない。書き手の思いは項羽側にあり、このむこうみずな将軍の優しさと剛直さ、義の厚さを表現している。死に臨んで愛馬との別れを惜しみ愛する女をいつくしむ様を通して、人間性の輝きを表し、この世の真善美を歌い上げている。

『貴妃酔酒』

　伝統演目。『京劇劇目初探』によれば、この演目は徽劇四喜班、呉鴻喜の手になるという。徽劇、漢劇はみなこの芝居を演じる。唐の明皇の寵妃楊玉杯は百花亭で宴を設け、明皇とともに酒を酌み交わそうと準備をしている。しばらく待っても帝は現れず、やがて帝は別の宮殿に行き、梅妃江採蘋と楽しく過ごしていることを知る。貴妃は怨みや怒りを抑えきれず高力士、裴力士に自分につきあうよう命じ、一人酒を飲んで深酔いし、寂しく我が宮殿に戻る。この芝居は後に梅蘭芳などによる整理を経て、不健康な演技とせりふを取り除き、楊貴妃の内心の悲しみや怨みを強調する内容になった。これも梅派の代表作である。この芝居の意義は封建社会の宮廷に暮らす妃たちの結婚の苦しみを描き、罪深

188　原文のまま。この芝居は老生ではなく、くまどりをする浄角によって演じられるという説もある。

い宮廷の結婚生活を批判し、幸せな結婚を追い求める人間性を肯定している点にある。

『将相和』

伝統演目。翁偶虹、王頡により1950年、京劇の伝統演目『完璧帰趙』『渑池会』『廉頗負荊』から採って編集。もともとは『史記・廉頗藺相如列伝』による。戦国時代、趙国の上卿藺相如は璧を無事持ち帰り、また渑池会で国王の尊厳を守ったことから宰相に任じられる。その地位は大将である廉頗の上であった。廉頗は自分の功績の高さにおごり、藺相如の下に甘んじようとはしなかった。そこでしばしば藺を侮辱するようなふるまいに及んだ。藺相如は大将との仲をうまく保ち、敵に乗じる隙を与えまいとしてそれに耐えた。廉頗は藺相如のそうした苦心を知って深くおのれを恥じ、藺の屋敷にわびに行った。この芝居は二つの人間性を讃えている。一つは大局を重んじ、国家の利益を個人の利益の上に置くということ。二つ目は過ちを知ったら改め、メンツにこだわって自分の主張に固執する態度を取ってはいけないということ。藺相如の寛容さがなければ、廉頗の過ちを知って悔い改めるという行為もなかった。同様に廉頗のそうした行為がなければ、藺相如のおのれを抑えて和を求め、国家の安定を守るという目的も達成できなかった。この芝居は老生戯[189]で、20世紀50年代「古きを押して新しきを打ち出す」方針において成功した演目である。李少春と袁世海、譚富英と裘盛戎がこの演目の演技で有名になった。

『打漁殺家』

『慶頂珠』『討魚税』ともいう。伝統演目。最も早い時期の上演としては、嘉慶15年（1181）に出た『聴春新泳』に記載があり、秦腔による演目とされている。清代中期に京劇としても演じられるようになった。その後この芝居は京劇の常演演目となり、50年前なら中国人でこの芝居を知らない者はいないほどであった。

この物語は清代の陳忱による『水滸後伝』第9、10回から採られている。しかし元の人物や話とは大きく変わり、李俊などの登場人物は簫恩父娘となった。また小説では、李俊などの人物が地元の有力者丁自燮や欲深な官僚呂志球をこらしめた後、楽和の主張を入れてこの二人を釈放し、彼らが心を入れ替えるよう説得し、上は朝廷に恩義を尽くし、下は民衆を愛する良き官吏になっていくというストーリーであった。それが芝居では、簫恩父娘が路頭に迷った後、憤然として悪者のボス丁自燮を殺し、その後父親は自刎し娘は婚家先から逃げ出

189　原文のまま。ここは「花臉老生」によって演じられるという説もある。

すというストーリーになっている。20世紀に一部の役者によって簫恩が自刎する結末が変えられ、娘といっしょに逃げ出すというストーリーになった。譚鑫培、余叔岩、馬連良、周信芳、楊宝森、譚富英、高慶奎などがこの芝居を得意とした。

『打漁殺家』は長い芝居ではないが、思想や人物像の造形において多くの成果を上げている。

　思想面から言うなら、これはある思想をシンプルに述べたというより、さまざまな関連性のある思想を表したものである。まず封建社会の中で痛めつけられる民衆と封建勢力との改善しようのない矛盾や、官が民を反抗に追いやる現実を深くえぐり出している。この芝居は初めの部分で、簫恩父娘の対話を通して彼らの暮らしの苦しさを伝える。簫恩は年老い、「川の水に照らされて目はかすみ」「年とともに気力は衰え」「漁の仕事はしたくはないが、ふところに金もなければ親子二人生きていく術もない」。娘の簫桂英は父親の苦しさを思い、これからの生活の希望のなさを思って思わず声をあげて泣く。官僚や権力者は当然貧苦にあえぐ民衆を思いやり、彼らがなんとか生きていけるよう助けるべきである。しかし時の政権にそうした意思はなく、役所ではなんらお達しがないにもかかわらず、役人どもが勝手に漁税を取り立て、しかも旱魃に水が干上がって魚も取れないことを知っていながら容赦しない。権力者やボスたちが民衆をいじめ、役所もまた正しい措置を取ろうとせずに抑圧者の側に立つ。簫恩は骨のある男であったが、最初は役所や権力者たちと事を構える気はなく何度も耐えた。李俊、倪栄らが彼のために一肌脱ごうとした時でさえ簫恩はそれを止め、用心棒の男たちが来て挑発した時も簫恩は手を出さずに耐えた。用心棒が彼を引っ立てに来た時、彼はほかにどうしようもなく初めて手を出した。たとえそうなっても、彼はまだ法律的な手段で事を収めようとしていた。しかし県官呂子秋はものの道理も分からない奴で有無を言わさず彼を40回も打ちのめす。さらに夜に何度も丁家に行ってわびるよう責め立てられた。このような状況になって、まさに元代のことわざに「渓流の水ほど穏やかなものはない。平らでないところに流れていって初めて大声を出す」とあるように、彼は人としての尊厳のために立ち上がり丁一族を殺したのである。

　次に下層の民衆間の友情を表した。芝居では李俊と倪栄の登場の場面があるが、これは下層の民衆同士が助け合う友情を描くためである。簫恩の生活は苦しいが、友人に会う時は酒や魚で彼らをもてなす。李、倪の二人は簫桂英に会うと気遣わしげに年齢を聞き、婚約しているかどうかを確かめ、簫恩父娘への

心からの配慮を見せる。丁家の男が漁税を取り立てにやって来るのを見ると、自分たちとは関係ないのに身に禍いを招くことも恐れず厳しくこれを一喝し、最後に親子に気前よく銀貨や白米を与える。

　三つ目には、父娘の情愛の深さを表している。桂英は素直で親孝行な娘である。彼女は父親につらい漁の仕事はやめるように言い、朝早く起きると「香りのいいお茶を入れて父親ののどの乾きをうるおす」のだ。簫恩が県の役所に訴えに行こうとした時、桂英はいても立ってもいられず、「草葺の家に坐って待ち、父親が戻るとあれこれ様子を聞く」。父親が彼女に川を渡って丁の一族を皆殺しにすると告げた時、彼女は何度も怒りを静めるよう父親をさとした。彼女はこの行動は凶と出るだろうと感じて不安であり、桂英は父親がむざむざと殺されることのないように願った。しかし簫恩が決心を固めるや、彼女は決然として父親に同行し父親の助太刀をすると言った。しかし父娘が舟に乗って川を渡る時、娘はこの行為は凶と出ると思い至って、縄をほどいて帆を降ろし舟をこぐのをやめ、怖くもないのにわざと怖いと言って、父が丁家に行って凶行に及び身の破滅を招くのを避けさせようとした。桂英の言った「子供は親を失いたくないのです」というせりふは胸を突く。

　この短い芝居は三つの内容を表しているが、散漫さやばらばらな感じはしない。それはこの三者において内在的な連携が取れているからである。簫恩はもともと梁山の好漢であった。かつて腐敗官僚に歯向かい、悪辣なボスたちに逆らった経歴があり、彼が後にいともたやすく用心棒の男や丁一族を打ち負かしたことを考えると、彼の腕が並みではないことが分かる。彼が社会の悪ボスのいじめに耐えて初めは幾分弱々しく見えたのは、優しい娘を不幸にしたくなかったからであり、彼は何事もなく平穏に暮らしていきたかった。たとえ貧しくつらい思いをしようと、愛娘が成長し無事結婚の日を迎えて幸せな家庭を築いてくれればそれで満足だったのだ。彼が最後に川を渡って丁一族を皆殺しにしようと思ったのは、役所や悪辣な勢力にとことん追い詰められたからである。また彼が凶行を決意したことには、李俊、倪栄との間の友情とも切り離せない関係がある。李俊と彼とは道を同じくする者で梁山でかつて共に戦ったことがあり、その絆(きずな)は極めて深いものだった。倪栄とは出会ったばかりだが、彼は悪を憎むこと仇のごとしで、二人のものの見方には数回会えば必ず刎頸(ふんけい)の友となるような共通点があった。こうした友人が精神的にも経済的にも彼を支えてくれたので、簫恩は後顧の憂いなく一切投げ打って怨みを晴らすことができたので

ある。

『哭祖廟』

　汪笑儂作。清代末期、政府は腐敗し社会は暗く、国力は衰弱し列強の武力による威嚇のもと中国は主権を奪われて辱めを受け、領土は頻繁に割譲されて賠償を求められた。作者は宮廷の君主や臣下が進取の気性なく民族や国家を考えず、ただ快楽を貪欲に追い求め権力を弄ぶ様を激しく憎んだ。そこで昔の話を借りて現代を風刺し、劉諶の言葉を通して愚昧な君主と凡庸な臣下を痛烈に風刺し、国家の命運に寄せる作者の憂国の情を表そうとした。この芝居は上演されるや大きな反響を呼び、「国破れ家も滅びた、きれいさっぱり死んでしまった」というせりふは当時の流行語になった。

　この芝居のあらすじは史実に基づいている。『三国志』に「蜀の炎興年間（263年）冬、魏の大将鄧艾は蜀の将諸葛瞻を綿竹で破り、蜀の二代目君主劉禅は光禄大夫譙周の進言に従い、鄧艾に降服することにした」。「北地王劉諶は国を失う痛みに、まず妻と子を殺し、次に自分も自殺した」とある。裴松が注をつけた『三国志』は『漢晋春秋』を引いて、この出来事をさらに詳しく描写している。

　「劉禅が譙周の策に従ったため、北地王劉諶は怒り、たとえ勢いも力もなく、恐ろしい運命が襲ってこようとも父子君臣が背水の陣で戦い、国と生死をともにするならば、先帝への面目が立つと言った。しかし劉禅はこの意見を聞き入れず、玉璽[190]を敵方に渡してしまう。劉諶は昭烈の廟で声を上げて泣き、まず妻と子を殺し自分も後を追った。これを見て周りで泣かない者はなかった」。

　小説『三国演義』の作者は劉諶の潔さに感服し、わざわざこの物語を収録した。118回である。その題名に「祖廟に哭して一王 孝に死し、西川に入りて二士功を争う」とある。小説は鄧艾が綿竹を落とした後、蜀の君臣が驚き、多くの人が成都を捨てて南中七郡に逃げた方がいいと進言する場面を描いている。かの地は地形が険しく、また南蛮の少数民族の力を借りて敵を抑えることができるからと言うのであった。譙周はそれはだめだと言った。「南蛮はずっと謀反の心を抱いている。我々も普段から彼らに恩恵を与えていない。今これに頼っては大きな禍に遭う」と。その後またある者は呉の国に身を寄せるのはどうかと進言した。譙周はそれに対して、魏は早晩呉を滅ぼす。もし呉に投降したなら、呉が破れた後また魏に投降することになり二度恥辱を受ける。魏に直接投降してしまった方がましだとし、「魏は土地を分けそこに陛下を封じるはずです。そうすれば上はよく宗廟を守ることができ、下は国民を安んじることができます」

190　君主の用いる印章。

と言う。劉禅はこの譙周の意見を聞き入れ魏に投降することを決めた。この時彼の第五子、北地王劉諶は声を荒げて譙周を罵った。「生を盗んで生きようとする腐った奴、国という大事なものをそんなに軽々しく扱っていいのか！」。また父劉禅に対しても「私が思いますに、成都にはまだ数万の兵士がおります。姜維の師団もまた剣閣におり、もし魏兵が侵略してきたことを知れば必ず救援にやってくるでしょう。内外相呼応して攻めれば大勝利を収めることができます。どうして腐れ儒者の言葉などを聞き入れる必要がありましょう！軽々しく先帝の築かれたこの国の礎を捨ててしまっていいのですか？」と言った。劉禅が息子を、このこわっぱが、身の程知らずな奴と叱りとばした時、劉諶は額を地に打ち付け声を放って泣き「もし力及ばず力尽き敗北は免れぬとなったなら、父子君臣とも背水の陣で戦い国と生死を共にして、もって先帝に相まみえましょう。どうして降服などするのです」と訴えた。しかし劉禅はすでに心を決めており、譙周らを雒城にやって降服を申し出た。劉諶はそれを聞くと妻子と壮烈な行動に出た。心揺さぶられる場面である。

　妻の崔夫人が「だんな様。今日はお顔の色が優れません。どうしたのですか？」と聞く。劉諶がそれに答えて「魏の軍がまもなくやってくる。父王はすでに降服書に判を押した。明日は君臣ともども降服し、この国はこれをもって滅びる。私は敵方に屈することなく、死んで地下で先帝にお会いしようと思う」と言った。崔夫人は「素晴らしいことです。ぜひそうすべきです。でも私を先に死なせてください。だんな様はその後でも遅くはありません」と言う。

　劉諶が「お前がなぜ死ぬのだ」と聞くと、崔夫人は「だんな様はその父のために死に、私はその夫のために死ぬのです。そこに違いはありません。夫が死に、妻が死ぬ。何の不思議もありません」こう言い終わると、柱にその身をぶつけて死んだ。劉諶は自ら三人の子供も殺し、妻の首を切り落としてそれを昭烈廟にかかげ、地に伏して慟哭した。「私は祖業を捨て去ることが恥ずかしくてなりません。ゆえにまずは妻子を殺して後顧の憂いを断ち、その後はおのれの命を先帝に捧げたいと思います。先帝にもし魂があるならば孫の心を知ることでしょう」こう言って泣き伏したがその目からは血が流れた。その後自ら首をはねて死んだ。

　ここで小説の作者は劉諶が妻を殺すのは残酷すぎると考えたのだろう。そこで忠義の夫と賢夫人の妻というストーリーが作られた。

　劉諶の壮烈な行為は不撓不屈、頑強で屈することがなく、恐れを知らない英

雄の精神を表している。このような精神は民族の危機の時代にはなくてはならないものである。それは闘争への情熱をかきたて、亡国の徒にならないために命がけで抗うようになる。それは弱気を取り除き勇気を鼓舞し、刀の山も乗り越え火の海にも跳び込んでいく情熱を人の心に注ぎ込む。一方、清末という時代にはこのような精神は極めて乏しく、とりわけこうした精神を必要としていた。そこで汪笑儂はこのような歴史物語を選んでそれを表現したわけで、極めて現実的な意義を持っていたものと言えよう。

　この芝居は全部で6場あり、どの幕の内容も比較的短く、さほど複雑なストーリーを持つものではない。基本的には史実と『三国演義』の内容に基づいてそれに肉付けされている。作者の目的は情ではなく意で人の心を捉えようというものであり、劉諶の殉国の物語を借りて、国が滅びようとしているこの時、劉諶のように我々も死をもって抗い自分たちの筋を守り、人に殺されるがままの亡国の徒にはなってはならないという自分の考えを伝えようとしたのである。

　この芝居は二人の人物像を特に心をこめて描いている。一人は劉諶であり、もう一人は二代目の君主劉禅である。またこの劉禅という役柄は「占い師に聞く」という筋を作ったがために極めてリアルなキャラクターになった。

　鄧艾の大軍団が成都を包囲した時、劉禅は何もできず、戦うべきか降服すべきかの決断もできなかった。そこで宦官の黄皓に女占い師を連れてこさせ、この女に判断をまかせた。女占い師は鄧艾に投降するように言った。「天下泰平を保証できる」と言う。一国の存亡を一人の女占い師に決めさせるということからも彼の凡庸さが分かる。しかも生きることに執着し死を恐れた。劉諶が彼に背水の陣で戦うことを進言すると、彼は腹を立て「ばか者！何かというと開戦だ。勝てばいいが、もし負けたらわしの命はどうなる？」と言った。この言葉は彼の内心の醜い魂を完膚なきまで暴露している。彼は国や民族よりも自分の命の方が重要なのだ。彼がなぜ大敵を前にしてひたすらに退却し、妥協し、最後には投降することになったのか、それは自分の手の中にあるぜいたくな生活を手放したくないからであった。身を清末の社会に置く観衆たちはこのようなあらすじとせりふを目にして、当然現代の君臣たちを連想し、このような、普段は国や民衆の利益について大いに語る人たちの本当の姿を知るのであった。

　第6場はこの芝居全体の山場で、劉諶が妻と三人の子の首を下げ先帝劉備の廟に参り、酒を供えひざまずきひとくだり唱を歌う。その節回しは高らか、激烈で、英雄の気概と悲しみに満ち、観衆はその唱で悲憤慷慨し熱い血を沸き立

たせる。その唱詞は以下の通り。

（劉諶は生首をさげ剣を持って祖廟に入る）

劉諶：【唱二簧倒板】祖廟に入り思わず悲しみに胸ふたがる。
(剣を刺す。三度に分けて四人の首を捧げる。酒を供えひざまずく。立ち上がる。叫頭[191]）

先帝よ。昭烈帝よ。皇祖よ。（回龍腔で唱う）生首を神だなに供え祖先をお祭りします。（反二簧に換える）高皇帝は手に3尺の宝剣をさげ、強い秦を滅ぼし、暴虐な楚を打ち負かし国を統一しました。孝平年間に至って国運衰え、王莽に図られ、毒薬を飲まされて先帝はこの世を去りました。光武帝は南陽に都を移して東漢とし、雲台将28人にすべてを託しました。桓霊帝が位を継ぐと宦官を重んじ、黄巾の徒が国のあちこちでのろしを上げました。先帝は黄巾の徒を滅ぼして名を高め、桃園で宴をして三兄弟の契りを結び、牛馬で天を祭りましたが、不幸にも徐州で兄弟はちりぢりとなり、その後古城でやっと再会しました。荊州に行って劉表により漢を再興せんとすも、蔡夫人がその愚かさから潭渓に飛び込み、皇祖は身の危険を味わいました。水鏡庄で夜更けに高賢に会い、壁を隔てて我が皇祖が聞き耳を立てると、伏龍鳳雛のどちらか一人でも手に入れれば天下安泰との言。そこで徐元はすぐ馬を走らせて諸葛亮を推薦します。孔明先生は三顧の礼を受けてやっと山を下り、博望坡、新野県の2回の交戦で、曹操軍を火攻めして心胆寒からしめますが、我が皇祖は長坂坡でまた大難に遭い、皇祖母は乱軍の中、井戸に飛び込んで自害しました。趙将軍はこれ全身が肝っ玉。百万の軍中から主を生還させ何重もの包囲網から脱出し、兜を脱いでよく見ると当時我が皇父はふところの中すやすやと寝息を立て、今に至るまで眠りの中にいます。抜け目ない曹操は兵将83万を率い、玄武池で水軍を訓練して江南の地を併合し、東呉の武将たちはみな戦おうとしたのに、文官たちは模様眺め。魯子敬が長江を越えて諸葛に会い、孔明先生帆を上げて江南に至ります。諸葛亮は光輝壇坫で群儒と舌戦を戦わせ、また霧の中草舟に矢を借ります。孔明先生はかつて七星台で東風を祈り、また赤壁の激戦で曹を欺き火攻めをしました。荊州をやすやすと手にしようとして至らず、張永年は地図を献上してやっと西川を手にします。弟の仇を取ろうと東呉両家と開戦し、連営700里を焼くと火炎は連日空を焦がします。兵敗れ身は白帝城に寿命を迎え、我が先帝よ！国家を興すのがどれだけ大変かよくよく身にしみます。敵の鄧艾は陰平に渡って虎視眈々、我が皇父はこれにおびえ、朝廷中の文武の将軍は開戦に踏み切る勇気

191　唱う前に悲しみの表情をしてせりふを言う。

がなく、譙周はそばで同じ話をくどくどと、私はこれを聞いて心乱れ、皇宮に入って皇父の前にひざまずきました。危急の時を迎え、君臣父子が背水の陣でやるべきですと。さもなければ昔李左車が守りを固め万全を期した陣が破られた故事の二の舞になりますと。鄧艾は孤軍で深く入り込めば利は速戦にあり、その時我が父子が成都を焼き払って深山に退き、軍民、文武の百官を率いてまた都城を包囲して戦えば、鄧艾は成都で進むも退くもならず、戦うも守るもならず、食料も飼い葉もなく三軍は自ら乱れ、こ奴らを殲滅することができましょう。しかし我が父皇は私の進言を聞き入れず、逆に私を宮中から追い出して侮辱の言葉を浴びせる始末。大勢の兄弟たちの一人一人に会わせる顔もなく万事休す、妻子を殺し先祖に捧げるに至りました。我が皇祖よ天の霊よ、皇孫が国破れ、家なく、妻また殺し、子もまた斬って身を国に捧げ、死んでも満足であることを心にかけてくださっていることでしょう。先帝を思えば悲しみが湧きます。先帝が数十年南征北戦、東でも西でも戦い、昼夜殺し、馬を走らせ、こうしてこの国土を三分した一角を手にしたのに、父は今ここでむざむざとそれを捨てようというのです。我が皇父は凡庸で進言を聞き入れず、日々宮廷の奥で生をむさぼっています。投降後にどんな顔で臣民にまみえることができるのでしょう。黄泉の国で先帝にお会いする時いったいどう申し開きができるのでしょう？かつて成都の劉璋はどんなに無念な思いをさせられたか。しかし今や我が皇父は符を焼き玉璽を捨て、後ろ手に縛られて棺をかつぎ、文武百官、軍民を率いて埃の中を匍匐してあの鄧艾に投降しようというのですから、劉璋よりもっと悲惨なことでしょう。我が漢家の命脈はすでに尽きました。ここでやっと創業も難しいが、それを守ることはもっと難しいということを知ることになりました。この祖廟で私は胆腸が引きちぎられるほど泣いております！
（揺板に転じる）耳元では太鼓の音が天を騒がせているのが聞こえます。今この時に我が父皇は鄧艾に会っているのでありましょう。堂々たる天子が敵の馬前に身を屈しひざまずいているさまをどうして見ていることができましょう。乱臣賊どもを一刀両断できないのがもどかしくてなりませぬ。この後は二度と鳳子龍孫であることを自慢などしますまい。歯噛みして龍泉宝剣を取り出し、喜んで国のために死んでいきます！
（自刎して死ぬ）
　　（劉備の幽鬼が二卒を連れて上ってくる）
劉備：皇孫よ。漢室の命運もはやこれまで。挽回はかなわぬ。わしについてまいれ。

（二人共に下がる）
『楊門女将』

　新編歴史劇。劇作家範鈞宏（1916－1989）、呂瑞明による。この芝居は楊家将シリーズの物語の一部。楊家将の物語は民間でよく知られ、今に至るまで語り継がれている。小説としては『両宋志伝（一部で楊家将の物語が描かれている）』『楊家将』『楊家府世代忠勇通俗演義』などがある。戯曲で楊家将に関する演目は数多くあるが、その多くは小説から改編したもので、京劇だけでも百を越す演目がある。その内容は楊家四代にわたる家を保ち国を守るための英雄的な戦いの物語である。第一代としては楊継業とその妻佘賽花、第二代としては楊継業の8人の息子と嫁、そして二人の娘、第三代は楊継業の第6子楊延昭の息子楊宗保とその妻穆桂英、第四代は穆桂英の息子楊文広とその娘楊金花、その他楊家に仕えた将軍たち孟良、焦贊、馬夫楊洪、飯炊き女楊排風などが描かれる。『楊門女将』は楊家の女たちが夫の死後どのように戦場に向かい、敵と戦って国を守ったかを描いている。

　この芝居の中の佘太君はこの芝居全体の魂である。脚本では第2場の『寿堂驚耗』、第4場の『霊堂請纓』、第5場の『校場比武』と第8場の『決策贈馬』が、佘太君の果断で頭脳明晰、策謀に富み、老いてますます輝きを増す人間性を描き出している。第2場では楊家が誕生祝いをしている最中に楊宗保が国のために犠牲になったという知らせが届く。佘太君は悲しみを抑え、大きな杯に換えて酒を酌み、杯を挙げて祈り杯を傾けて酒をまき、その後身をひるがえして涙をぬぐう。こうして祖母が愛する孫を失った悲しみを描くと同時に、事の大道をつかみ大義に通じた英雄的な女性の強さを描く。和平派が敵方に講和を求めようとしていると聞くと、全身を震わせて怒り、こう唱う。

　「なぜ良き将軍がいないと言うのか
　　なぜ将軍を求めるのは難中の難だと言うのか
　　まだ出兵もしていないのに落胆し
　　一枚の葉で目を覆って泰山を見ようとしない
　　朝廷が一声かけてくれさえすれば
　　元帥としてこの佘太君、戦に馳せ参じようぞ」

朝廷の君臣たちが楊門女将たちは敵に抗ってこれを倒す任務に耐える能力を持つということを信じても、講和派の代表王輝は依然としてこれを邪魔立てしようとする。楊家が出征を願っているのは私的な仇を晴らそうとしているのだ、

感情で事に及ぼうとしており、敵に勝つことなどできるわけがないと考えていた。このでたらめを聞くや佘太君は怒りに燃え、それを爆発させる。
　「この話に私の髪は燃え上がる
　王大人は言葉を慎み、我が忠良の心をみだりに推し量ることなかれ
　楊家は火塘寨で大宋に帰順して以来
　国中に忠義の一門との名を轟かせている
　遼邦が挑戦状を突き付け兵を起こして侵略してくるとは腹立たしい
　どうか楊家に出征の許可を与えたまえ
　男たちは勇を奮って敵を陥れ
　老令公は金刀を振り上げ三軍一の勇者となり
　父と子はその赤き心で国のために命を捧げ
　金沙灘で死闘を演じて鬼を泣かせ神を驚かす
　男たちは壮志未だ報いられずに戦場で怨みを飲み
　黄砂を鮮血で染めて英雄の気概長く残る
　両狼山は遼兵に幾重にも包囲され
　我が夫は李陵碑にその身を砕く
　我が楊家の将軍を傷つけなかった戦があったろうか？
　我が父子が死なずにすんだ戦があったろうか？
　ああ我が三代はことごとく傷つき戦死を遂げ
　宗保一人を残すのみ
　いまや宗保も辺境で命を落とし
　老若ひっそりと一門には孤児と寡婦を残すのみ
　しかし我は未だあきらめてはおらぬ
　楊家が仇を討たないかぎり我らの戦いは終わらぬ
　どの戦も国のため、どの戦も民のため」
楊門女将は男たちに代わって出征し、敵の挑戦や険しい環境を前に佘太君はその場で決断し、指揮を揮って指揮官としての風格を表した。
　『楊門女将』は中華民族の頑強な闘争精神を大いに称揚した。このような精神は異民族の侵略に直面している時あざやかな旗幟(きし)を示すとともに、恐れることなく人々を敵に抗う戦場へといざなう。また平和な建設の時代においては人々の愛国の情を奮い起こし、忘我の精神で祖国の建設にまい進するよう鼓舞し、個人と祖国の命運を一つに結び付ける。

『紅灯記』

現代戯曲。もとは映画『紅灯志』による。映画のシナリオが長春映画製作所発行の『電影文学』1962年第48期月刊誌に発表され、その後『後来人自ら有り』と題する映画となった。その年の年末、上海愛華滬劇団がこれをすぐさま改編し、滬劇『紅灯記』として演じた。もとの筋や人物関係はそのままに、敵との戦いを生き生きと描き、人物に肉付けをして人の心を打った。1963年11月には、中国京劇院がこの滬劇『紅灯記』を京劇の舞台に移して、翁偶虹、阿甲が改編、多くの役者や関係者が作品の完成に参与し、最終的に定稿が『劇本』1964年11期に発表された。その後京劇公演において好評を得、ついには「様板戯」の一つとなった。

『紅灯記』は中日戦争期における革命一家の絆を題材としている。鉄道労働者であり、地下共産党員であった李玉和は母の李お婆さん、娘の李鉄梅と暮らしていたが、ある日、秘密の電信暗号表を、機に乗じて柏山ゲリラ隊に送り届ける任務を受ける。しかし、裏切り者の王警尉によって敵方に売られ、日本軍憲兵隊につかまって拷問を受ける。李玉和は屈することなく、拷問に耐えて秘密を守りぬく。それを知った李お婆さんは李鉄梅に家族の秘密を教え、鉄梅は仲の良い家族であった祖母から孫までの三代の姓が、みな異なることを初めて知る。その後、李お婆さんと李玉和は日本軍に殺され、鉄梅がその遺志を継いで秘密の暗号表を柏山ゲリラ隊に送り届け、ついにこの任務を完遂する。最後にゲリラ隊は激しく戦って日本軍を殲滅し、裏切り者を処刑して敵の大将鳩山を切り殺す。

この物語は革命一家三代の栄光ある姿をみごとに描き出している。彼らの生まれは貧しく搾取階級への怨みは深いが、貧しい農民に対しては心からの愛をもって接している。彼らはすべてを民族解放と国家の独立、貧しい人民を国の主人公とするための闘争に投げ打つ決心をし、艱難や犠牲を恐れない。先人は革命のために犠牲となり、後の者はひるむことなく敵との戦いの前線に赴くのである。この芝居は共産党員の度量や勇気、無私の精神を人々に見せるという大きな教育的意義を持っている。

革命一家としての歴史を李お婆さんから聞かされ、そこから深い意味を学び取った李鉄梅は一夜にして大人になり、自分の双肩にかかる重大な責任を認識する。彼女の歌う歌は家の歴史を聞いた後の心の衝撃と、革命を受け継ごうという大きな決意を表している。

李お婆さん（唱）【二簧原板】：
　「ゼネストの時お前の実の父実の母は魔の手によって殺され
　李玉和は革命のために東奔西走
　彼は犠牲になった烈士の灯した紅灯を受け継ぐと誓い
　血の跡をぬぐって死体を埋葬し、また戦場に赴いた
　今日本軍がやってきて同胞を焼き殺し奪う
　この目でお前の父親が牢獄に入れられるのを見て
　血と涙の通帳をしっかりと書き記す」
【垛板】
「お前は必ずや強い心を持ち、大志を抱き、敵にこの帳尻を合わせ、血の決済には血で償わせるのだ！」
　李鉄梅は革命一家としての歴史を李お婆さんから聞かされ、そこから深い意味を学び取った彼女は一夜にして大人になり、自分の肩の上の重い責任を感じ取る。彼女の歌う歌詞は家の歴史を聞いた後の内心の衝撃と革命を受け継ごうという決意を表している。
【二簧原板】「お婆さんの革命英雄の悲壮な話を聞いて、
　私が革命の激動の中で育ったことを知った
　お婆さん！17年あなたに育てて頂いた恩は海よりも深い」
【垛板】「今日からは志高く持ち眼を輝かせ
　血の決済には血であがなわせ、前人の仕事を後の人間が引き継がねばならぬ！
　私はここで紅灯を掲げて光を四方に放つのだ
　お父さん！」
【快板】：「私のお父さんは松柏のように頑強な意志を持つ人
　天に向かってすっくと立つのは英邁な共産党
　私はあなたとともに前進し、決して迷ったりはしない
　紅灯を高く掲げて明るく照らし
　お父さんのようにけだものどもをやっつける
　お婆さんと孫が戦い続け
　戦場から撤退するのはけだものどもを皆殺しにした時」
　芝居の中の鉄梅は常に成長を続ける。初めは気立てがよく素直な貧乏人の子供にすぎなかった彼女は、父親と祖母の薫陶を受け、自ら革命活動に身を投じていく。しかし地下活動の経験不足から、あやうく特務の罠に陥りそうになる。

しかし厳しい闘争生活に鍛えられてだんだんと成長し、父親が捕まって祖母から革命一家としての歴史を聞くと、自らも革命家となる決心をする。典型的な人物の表現という点からこの芝居を論じるなら、李鉄梅の描き方が最も成功している。

『曹操と楊修』

　新編歴史劇。劇作者は岳陽人、陳亜先。曹操は赤壁の戦いに敗北した後、再起を図って広く人材を求め、軍の物資管理役人として自ら売り込んで来た楊修と孔融の子、孔文岱を部下にする。楊、孔の二人は曹操のために秘密裏に軍馬や糧草を準備するが、曹操は孔が敵と通じているのではないかと疑い、「夜夢で人を殺すという病にかかっている」ということを理由に、功を立てその報告に来た孔を刺し殺す。楊は曹操のあくどい計略を見抜き、曹操の妻倩娘に深夜寒さ防ぎの衣の用意をさせる企みをし、曹操は芝居を本当のことと思って妻を自殺に追い込んだが、楊修には怨みを抱いた。楊修は才を自負しておごり高ぶって人を怒らせ、また曹操のメンツも気にかけずに自分を通そうとしたため、曹操はついにある戦いにおいて軍心をかく乱させたとの罪状で楊修を斬殺した。

　この芝居は、曹操の才能を愛する心とジェラシーという矛盾した心理を描き出している。群雄を倒して割拠状態を終わらせ全国を統一したいという野心から、曹操はえり抜きの人材を大勢選んで補佐させ、この大望を実現することを心から願っていた。しかし同時に知恵も才覚も抜きん出ているこれらの人物が、自分の行為が実は私欲からだということを見抜いてしまうことを恐れていた。そこで相手がおのれに服そうとしない兆候をかぎつけると、曹操は理由を見付けて必ず殺し、そこでやっと胸をなでおろすのだった。彼はこれらの人物が凡庸のやからに比べて危険であることを知っていたがために、自分が長きにわたって作り上げた気高い領袖としてのイメージを彼らに壊されてしまい、人心が離れていくことを恐れていたのだ。

　この芝居は楊修の悲劇の理由を教えている。それはつまり青臭い書生かたぎ

と官僚の処世術との違いである。具体的に言うなら、おのれの才を見せ付けて人を侮り、自分に道理があるからといって退くことを知らず、前進する時はその危うさを知らない。一切を自分の行動原則に基づいて行動し、実際の状況に合わせて臨機応変に対応することを彼は知らなかったというところに表れている。

　この芝居は、曹操と楊修という二人の人物の悲劇を描いている。前者の悲劇は人間性の卑しさから来たものであり、後者の悲劇は性格上の欠陥から来たものである。曹操は才能ある者を疑ってはこれを殺してしまう。こうして彼はついに一流の人材を手にすることができず、その野望は実現されることなくその一生を終える。楊修もまた自分の才能をひけらかして禍を招き、その才能を発揮して一生の事業を成就することなく終わった。

　この芝居の意義はこの二人の人物とその悲劇を物語るところにあるのではない。観客にこの二人の悲劇を通して、歴史上よくあるこうした悲劇の普遍性に思いをはせ、この二つの悲劇の原因から無数の似たような悲劇の原因を探り、人間性への認識を深めてほしいということである。

第10章

役柄・くまどり・音楽
――京劇芸術の各要素について

第一節
役柄の分担

　伝統演劇になぜ役柄というものがあるのか？多くの戯曲研究者はその様式化、象徴性などの角度から述べている。それによるとこの役柄こそ中国の伝統演劇における写意[192]芸術の一大特徴であり、それは古代芸人たちの発明なのだという。中国伝統演劇は役柄によって人物を演じ分ける。それは役者たちの教養レベルが低いために考案された、次善の策から来ているのだという。昔芝居で身を立てようという人たちの多くは貧しい家庭出身の子供たちであった。彼らは

192　情趣の表現に重きを置く技法。一般に中国伝統絵画において使う用語。

基本的に文字を知らず、あるいは知っていてもごくわずかで、演劇理論、例えば異なる時代、異なる環境、異なる心境によって演じ分けるとか、どの人物も他の人物特有のものを同じように演じてはならないとか、共通性があってなお個性の鮮明な人物像を作り上げなければならないなどという演劇理論は、彼らにとっては馬の耳に念仏であり、全く理解できず、もちろんそのように演じることもできなかった。彼らに張珙、鄭元和、潘必正、蒋世隆などを区別して演じよと要求しても、どうしていいか分からないのである。班主や彼らの師匠ができるだけ早く彼らに舞台で演じさせ、金を稼げるようにするための一番手っ取り早い方法は、複雑な人物像を年齢によっていくつかのパターンにわけることだった。いわゆる生、旦、浄、末、丑である。例えば15、6歳から20代の若い女性の主要人物は旦角といい、芝居を仕込む人がこの旦角の喜怒哀楽や食事の仕方、歩き方、話し方、人との付き合い方など、表情から動作まで、一定の様式を作り上げ、旦角を演じる役者はこれをマスターしさえすれば、このパターンで万の変化に応じることができるのである。崔鶯鶯、李亜仙であれ、陳妙常、王瑞蘭であれ、彼女たちは同じように笑い、同じように泣く。歩き方もまったく同じである。そこで、役者たちは新しい芝居を演じるごとに、そのストーリーのおおよそを理解し、せりふと唱段を暗記して、どこでどんな表情をし、どんなしぐさをするかを知ってさえいれば、これで完全に演じることができるというわけである。

　この役柄制度によって芝居をするということは、当然芝居は似たり寄ったり、人物は類型化していくことを意味している。演じる人物が千人いようと同じ節回し、同じ顔である。優れた役者は「この人物だけ」の演技をする能力を持っているが、凡庸な役者は歌って動く人形にすぎなくなる。

　役柄制度は高尚な芸術的な目的から生み出されたものではないが、しかし伝統演劇が長期にわたって役柄制度によって人物を演じることで、役者も観客もその役柄から人物の善悪、貧富、貴賎、忠義と裏切りなどを理解するようになった。また観客はこの役柄というものから役者の演技の質や技量を見定めるようになっていったのである。

　京劇の役割はおおよそ生、旦、浄、丑の四つに分けられ、またそれらはさらに細かく分類することができる。

次に化粧と演技技巧という二つの面からこの役柄について具体的に紹介しよう。

　老生：生行に属する。正生、須生、胡子生などともいう。演じる人物は35歳

以上の男性なのでひげをつける。これがこの役柄の特徴である。ひげは業界用語で「髯口」という。この髯口は一般に黒、灰色、白の三色がある。老生の中でいろいろな年齢層の人物がこれをつける。例えば『坐宮』の楊延輝、『甘露寺』の劉備、『上天台』の劉秀は壮年の役柄なのでつけるのは黒髯口である。『鍘美案』の王延齢、『白帝城』の劉備、『甘露寺』の喬玄、『趙氏孤児』の程嬰は老人なのでつけるのは白髯口である。

　老生の役柄は演技の違いから唱工老生と做工老生、文武老生の三つに分類される。名前から分かるように、唱工老生は唱を得意とし、これには『文昭関』の伍子胥や『李陵碑』の楊継業、『空城計』の諸葛亮などがある。做工老生は做すなわちしぐさを得意とし、この老生はまた安工老生ともいう。例えば『四進士』の宋士傑、『南天門』の曹福などである。文武老生は唱も立ち回りもできなくてはならない。彼らが演じるのはほとんどが将軍で、身によろいをつけ手に長い槍を持ち、歌いながら立ち回りをする。『定軍山』の黄忠、『挑滑車』の岳飛などがそうである。

　老生は唱やせりふ回しの時は大嗓、つまり地声を使う。しかしこの声は深みがあって高らかでなければならない。

　老生は衣装やくまどりの違いによっても異なる呼び方がある。例えば袍帯老生——異なる地位の役人を演じることを主とする。烏紗帽[193]をかぶり蟒袍[194]を着ることからこの名で呼ぶ。箭衣老生——多く武将を演じる。箭衣を着ることからこう呼ばれる。苦条子老生——演じるのは多く貧しくぼろをまとって生きる人々である。紅生——三国演義の関羽は赤いくまどりをすることからこう呼ばれる。

　武生：生行に属する。小生の役割から派生した。演じる人物の多くは武芸に長け、戦いに長じた将軍や英雄豪傑である。年齢は多く青年壮年であるため、一般に髯口はつけない。彼らの剛毅な気概を表すため、眉のあたりに衝天炮[195]を描く。彼らが唱いせりふを言う時は地声を使うが、演じるときの重点は毯子功や把子功にある。毯子功とは役者がでんぐり返しをするなどの基本功のことで、「翻筋闘[196]」「摔槍背[197]」「竄撲虎[198]」「吊毛[199]」などがある。いわゆる把子功というのは、役者が武器などの大道具を使って立ち回りをする時の基本功のことである。例えば「小五套」「快槍」「大刀槍」「双刀槍」などである。刀や槍、剣、戟、斧、鉞、鈎、さすまたなどはみな取っ手が付いているので、こうした大道具を「把子」という。

193　役人用の帽子。　194　大臣用の礼服。　195　爆竹状のもの。　196　とんぼ返りの技。
197　跳んで背中で着地する技。　198　走って跳び、胸で着地する技。　199　走って跳び、背中で着地する技。

武生は大道具の装飾の違いによって長靠武生と短靠武生に分かれる。長靠武生は身によろい兜(かぶと)をつけ、背には四面靠旗、頭には長い羽毛を挿して、厚底のブーツを履く。靠旗は三角形で、古代の令旗の象徴である。長靠武生が手に持つのはすべて刀槍把子で、馬上での戦闘を表している。『長坂坡』の趙雲、『挑滑車』の高寵、『戦馬超』の馬超などがそれである。短打武生は短衣と長いズボンを身につけ、薄底のブーツを履き緊身衣の装いで、棍、棒、匕首などの武器を持つ。短打武生の演技は立ち回りを重んじ、演じる人物はその多くが侠客の英雄である。例えば『打虎』『打店』『獅子楼』などの中の武松や、『三岔口』の任棠恵、『連環套』の黄天覇などである。

　小生：生行に属する。主に若者を演じる。若いので髯口はつけない。かっこよくおしゃれな感じを出すために、多少白粉で化粧をする。眉間に淡いピンク色の過橋[200]を描く。唱やせりふでは地声と裏声（それぞれ大嗓、小嗓ともいう）を合わせた声を出す。この役柄で演じる人物はみな詩文の教養があり優しく多情でほれっぽく、若い女性に好かれる。

　小生はその身分の違いにより、紗帽生、扇子生、窮生、翎生などに分かれる。紗帽生は役人の身分で烏紗帽をかぶっているところからこう呼ぶ。『玉堂春』の王金龍、『奇双会』の趙寵、『望江亭』の白士中などがそうである。扇子生が演じるのは多くが才能はあるがまだ宮仕え前の若者である。彼らはさっそうとしていて教養がある。『拾玉鐲』の傅朋、『玉簪記』の潘必正、『梁山伯与祝英台』の中の梁山伯がそうである。窮生が演じるのは学問はあるが運に恵まれず困窮している書生で、彼らが着ているものは多く白や緑の布でつぎが当てられている黒い服であり、この服を「富貴衣」と呼ぶ。将来は必ずや貧乏から抜け出し富貴な暮らしをすることができるということを意味している。『連升店』の王明芳、『金玉奴』の莫稽などがそうである。翎生はいつも帽子に長い雉の尾をさしているのでこう呼ばれる。演じる人物は主にさっそうとした軍人で、多くはおしゃれで格好がいい。このほか娃娃生というのもある。これは子供の役柄である。髪冠生は稚気に満ち勇気ある人物を演じる。

　青衣：旦行に属する。正旦ともいう。旦行の中で主要な位置を占める。演じる人物は主に落ち着きがあり、しとやかだが逆境の女性である。多くは生活が苦しく着るものは黒っぽい衣装なので青衣と呼ばれる。『武家坡』の王宝釧、『三娘教子』の王春娥、『六月雪』の竇娥などがそうである。またその運命は苦しいので「苦条子旦」とも呼ばれる。もちろんすべての青衣が黒い服を着るとは限

200　橋のような太い線。

らない。例えば『大登殿』の玉宝釧は鮮やかな鳳凰の冠に刺繍された肩掛けを身に着けている。青衣は唱工を重んじ、唱やせりふは裏声を使わなければいけない。20世紀初め梅蘭芳などは唱と舞を融合させた演目を作ってこの役柄を演じ、青衣は做工も重んじるようになって、いつも腹部を押さえて重々しい風情を漂わせるだけではなくなった。

　花旦。旦行に属する。演じる人物はおきゃんで天衣無縫な若い女性である。彼女たちの衣装は華やかで、時にはスカートと上着、時にはズボンと上着、また時には長い袖の服を着る。彼女たちの演技はコミカルでせりふは京白が主である。よく知られているこの役柄としては、『花田錯』の春蘭、『西廂記』の紅娘、『鉄弓縁』の陳秀英、『売水』の梅英などがある。性格的な特徴と演技様式による分類としては、まず閨門旦。これはしとやかで慎み深く、それでいて色っぽさのある貧しい家のきれいな娘の役柄、例えば『拾玉鐲』や『棒打薄情郎』の金玉奴などがそうである。次に潑辣旦、これはおきゃんな女性の役柄で、『五彩輿』の馮蓮芳、『挑簾裁衣』の潘金蓮などである。そして玩笑旦、これは冗談が好きで口が達者な女性、例えば『一片布』の沈賽花、『打麵缸』の周臘梅、『小過年』の王小二妻などである。また刺殺旦、これは刺殺される女性の役、例えば『戦宛城』の鄒氏、『翠屏山』の潘巧雲、『坐楼殺惜』の閻惜姣などである。旗装旦、これは清代の旗装[201]を着て旗頭[202]に結った女性の役柄、『坐宮』の鉄鏡公主、『梅玉配』の韓翠玉など。貼旦、これは小旦ともいうが、幼い女児の役柄で例えば『岳家庄』の銀屏がそうである。

　武旦：旦行に属する。武芸に通じた女性を演じる。神話の中の女性も含む。『白蛇伝』の小青、『泗州城』の水母、『打焦賛』の楊排風、『打店』の孫二娘などがそうである。

　刀馬旦は武旦に似ているが、しぐさを重んじてあだっぽくもたくましい動作が求められる。『扈家庄』の扈三娘や『穆柯寨』の穆桂英などがそうである。

　老旦。旦行に属する。老女を演じることからこう呼ばれる。化粧をせず、頭の色は黒、灰色、白の三色で、服装は身分や貧富により変わる。『釣金亀』の康氏が着ているのは粗末な布の上着とスカートで、『楊門女将』の佘太君が着ているのは貴婦人の服装である。もしも唱工に重きを置くなら唱工老旦といい、做工に重きを置くなら做工老旦という。

　正浄：浄行に属する。顔にさまざまなくまどりをするので大花臉ともいう。この役柄の代表的な姿は、徐延昭の手に銅製のハンマーを持っているものや、

201　満州族の女性の服装。　　202　満州族の女性の髪の結い方。

包拯の黒いくまどりをしているものなので、「銅錘」あるいは「黒頭」ともいわれる。浄の声は高らかでよく響き、広がりを持ち雄渾かつ高らかでなければならない。しぐさもメリハリと男らしさが求められる。正浄が演じるものは、その多くが年齢が比較的高くて経験に富み地位もあり、性格が剛直な人物である。例えば『二進宮』の徐延昭や、『鍘美案』の包拯、『上天台』の姚期などがそうである。

架子花臉：浄行に属する。副浄、二花臉ともいう。この役柄が演じる人物には文官、武将、大泥棒、土地のボスなどがある。架子花臉はしぐさを重んじ、せりふと演技にはコミカルさもある。例えば『九江口』の張定辺、『盗御馬』の竇爾墩、『李逵探母』の李逵などである。

武花臉：浄行に属する。架子花臉の一派なので武二花ともいう。この役柄は立ち回りを主とし、あるいは「把子」を持って立ち回りをする。『金沙灘』の楊七郎や、立ち回りを主とする『演火棍』の焦賛などがある。武花臉には唱やせりふが少なく、この役柄で演じられる人物で有名なものとしては、『挑滑車』の金兀術、『白水灘』の青面虎などがある。

丑：コミカルな役柄。中国伝統演劇史において、この役柄は演劇の誕生とともに現れた。あるいはもっと早かったかもしれない。唐代の参軍戯の参軍と蒼鶻がその雛形であり、宋の雑劇における副浄、副末は初期における姿である。南戯における丑角は華やかな地位を占めていた。明清の伝奇になって丑という役柄はさらに発達し、一部の折子戯では丑角が主役であった。清の中期以降には花部が急速に発展し、また民間の二小、三小戯が孕み育てた花部で丑の役柄はさらに活躍した。中国演劇において喜劇的色彩が比較的濃い、あるいは欧米的な悲劇がない理由として、中国演劇では丑という役柄が比較的高い地位を占めることが関係しているのかもしれない。

丑という役柄は京白、韻白というせりふ回しが必要であるだけでなく、さらに多くの方言に習熟している必要があった。役者自身もユーモアの資質を持ち、言葉、笑い、からかい、へつらいなどの笑いの技巧に長けていなければならなかった。さもなければ言葉としぐさで人を笑わせることはできないのだから。丑は鼻梁と両目の間に白粉を一筋塗って滑稽味を出す。丑のひげの様式も笑わせることができるように、丑三、四喜、五嘴、吊搭など何種類かある。丑には袍帯丑、方巾丑、茶衣丑、彩旦、武丑がある。

袍帯丑は官丑ともいい、蟒袍を着て腰に玉を下げているのでこういう。多く

帝王や大臣、高官などにおける滑稽な人物を演じる。例えば『桃花扇』の弘光帝、『湘江会』の斉景公、『蝴蝶杯』の董温などである。

方巾丑はそのかぶりものから名付けられていて、その多くは儒者、謀士、書吏、小役人の中の滑稽な人物を演じる。演じる時は一部の小生の様式を使って、わざと文化人の優雅さを装うのだが、下品さを隠し切れないという演じ方をしたりする。よく知られている作中人物としては、『群英会』の蒋干や、『烏龍院』の張文遠などがこの役柄に属する。

茶衣丑はいつも着ている茶衣[203]と腰包[204]からその名が取られている。演じられる人物はユーモラスで快活な下層の民衆、陰険でずるがしこいならず者や品行低劣な市民などである。『吊金亀』の張義や『宋江題詩』の酒保、『一匹布』の張古董などである。

彩旦は丑旦、彩婆子、丑婆子などともいう。多くは滑稽もしくはあばずれの中老年女性役を演じる。彩旦の化粧と演技はいずれも極度に誇張され、常に年齢にそぐわない濃い化粧をして笑わせる。『鉄弓縁』の茶婆、『拾玉鐲』の劉媒婆、『鳳還巣』の程雪雁などがこの役柄である。

武丑は開口跳ともいう。演じられる人物はみな武芸に長けた任侠の豪傑である。演技では動作の軽やかさや敏捷さが重んじられ、せりふは明晰で語調はよどみない。武丑は「チビ歩きをする」や「火を食う」などの特技に習熟してなければならない。いわゆる「チビ歩きをする」とは、両足を曲げてしゃがみ、かかとを上げて腰を浮かし、息を吸い込み、足の平で移動していくことである。「火を食う」とは、円錐に巻いた紙に火をつけて口に入れること。武丑はしぐさもせりふもうまくなくてはならず、演技の難度は高い。武丑で演じる人物としては、『三岔口』の劉利華、『擋馬』の焦光普、『連環套・盗鉤』の朱光祖、『偸鶏』の時遷などがある。

第二節
人物パターンを浮き彫りにするくまどり

京劇のくまどりは京劇という芸術の重要な要素である。いわゆるくまどりとは、人物のタイプの違いや具体的な人物の性格的な特徴に基づいて、いろいろな絵の具や水粉で役者の顔にさまざまな色、線などを用いて基本的に決まった

203　京劇の舞台衣装の一つで半身の丈の服。　204　京劇の舞台衣装の一つで、ズボンの上につける短いスカート。

模様を描くことである。

くまどりの主な役割としては、観客に誰が善人で誰が悪人かはっきり分からせるということである。生と旦はともに俊扮[205]で、顔にくまどりは施さない。生と旦は芝居の中の男女の主人公なので一般には善人役であり、観客にその善悪を分からせる必要はないからだ。演劇を鑑賞するレベルの低い中国の底辺層の民衆にとって、もし善人と悪人の区別を付けなければその違いが分からず、それでは演劇への親しみが湧かない。そこでくまどりは浄角の顔に用いることが一番多い。また劇団は農村の高い草台[206]で上演するため、ほとんど照明がない。後ろに立っている観客たちは、もしマーク性の強いくまどりがなければ舞台上の人物について区別をすることができない。

くまどりの描き方の原則は、自然の形態にはこだわらず顔の筋肉の自然の皺の変化に基づいて大胆な誇張と変形を行い、人物の容貌の特徴と性格的な特徴を際立たせることだ。例えば、民間伝説における関羽の顔はなつめ色のようだというので、関羽のくまどりの色は赤である。

『捜孤救孤』の屠岸賈は異様に残虐な人物で、その手は忠義の士たちの鮮血にまみれている。そこで彼のくまどりは赤で描くのだが、この血の色は血なまぐさい人物だという意味が込められている。

京劇の舞台におけるくまどりは四、五十種類あり、まとめれば大きく十種類に分類できる。ここではそのうちの五つを紹介しよう。

一つ目は整臉である。顔全体をまず単一の色彩で塗りつぶして顔の色を誇張し、その上に眉、目、鼻、口などの各部位と顔の線を描き、人物の喜怒哀楽と性格の特徴を現す。例えば黒は公正と強さを表し、包公のような役柄にくまどりを施す際は黒を用いる。目などを黒で隠してしまわないように白で輪郭を描く。また白は陰険さやずる賢さを表す。曹操のくまどりの下地の色は白で、そこに細長い三白眼と目じりの皺を描き、この人物の疑い深さと策士ぶりを表す。

二つ目は三塊瓦臉である。これは顔の両頬と額の三カ所に主となる色を使い、その後眉、眼窩、小鼻のわきのくぼみに誇張した線を入れる。このような様式は京劇の中で非常に多く用いられ、その際左右対称でいろいろな色を使わなければならず、観客に太い眉と大きな目、眉を吊り上げ怒った目という感覚を与える。三塊瓦臉はまたいくつかに分類され、正三塊瓦は善良な人物を意味する。特徴は眉山が上に上がり、目が大きく、鼻は丸い。多く赤、白、紫の３色を用いる。尖三塊瓦は眉を横に描くか細く描く。目にはつり上がった目と垂れ下がった目

---

[205] 美男美人役用舞台化粧。　　[206] 農村で伝統劇を演じる際の粗末な舞台。

がある。色には白、赤、青、紫、黄色などが使われる。花三塊瓦臉は、眉、眼窩、鼻、小鼻のわきのくぼみ、額などに描かれる線や図案が単純なものから複雑なものとなり、そこで顔全体の模様は際立ったものとなる。老三塊瓦臉は描かれた図案は三塊瓦と同じで、ただ年老いた様を表すため眉、眼窩、鼻などの線が少し異なり、例えば眉の鼻は灰色がかり、眼窩は下に下がり、年をとって目の下の皮膚が垂れ下がる様を表す。

　三つ目は十字門臉。このくまどりは両膛臉と三塊瓦臉をもとにしてそれを変化させたものである。主となる色で額から鼻梁までまっすぐ描き、二つの眼窩と十の字を作り、額と両頬の部分をあらわにする。図案はさまざまで、あるものは眉のところに蝙蝠を描き、あるものは眉と目を蝶々のような図案で描く。またあるものは眼窩の部分を喜鵲眼窩にし、またあるものは鼻を花鼻窩にする。

　四つ目は六分臉。このくまどりは整臉を発展させたもので、塗り方としては、額を主色とは異なる色の線に変え、主色の部分は両頬で顔全体の６割を占める。人物の秀でた額と高い鼻という特徴を目立たせるために眉の線の両側を丸い形に描く。

　五つ目は砕花臉。このくまどりは花三塊瓦臉と十字門臉を元に変化を加えたもの。額のところは主色を残し、眉、目、鼻、口や両頬などはさまざまな色を用い複雑な模様を描き出す。砕花臉の名称はここから来ている。

　くまどりの図案は見たところ複雑だが、しかしその図案は顔の各部位に沿って誇張変形させたものである。原則として人物のタイプと性格的特徴を表す。

　眉についていうなら、本眉、柳葉眉、細眉、直眉、老眉、点眉、立眉、かまきり眉、凝眉、寿字眉、虎尾眉、棒槌眉、奸媚などがある。かまきり眉の形は、かまきりの大きな刀型の前足の形をしていて、二振りの太刀のようである。この眉は激しい性格の勇猛な人物を表している。また棒槌眉は真ん中が太く両端が細い棒槌[207]の形に似ている。この眉の形は殺人や放火をする僧侶や道士に用いられる。

　目の形には奸眼、直眼、尖眼、垂眼、腰子眼、老眼、覇王眼などがある。

207　洗濯棒。

第三節
西皮二簧を主たる音楽要素とする「板腔体」音楽

　ある劇種と他の劇種との大きな違いは音楽の違いにある。遡れば、どの劇種の音楽もその発生地における民謡と関係がある。また経済、地理、飲食などの要素の影響を受けるため、民謡の違いは大きく、あるものは高らかで激しく、あるものは綿々とした情緒があり、あるものは腔[208]が多くて歌詞が少なく、あるものは唱というよりおしゃべりのようである。あるものは切なく悲壮、あるものは楽しげで軽快である。京劇が普及して全国規模の劇種になってから、京劇は他の劇種に対して全面的かつ深い影響を及ぼすようになった。演目、様式、衣装、役柄など、すべてにおいて他の劇種をリードしたが、その中で唯一大きな影響を与えなかったものは音楽である。ラジオやテレビが伝統演劇の音楽の一部をちょっと流すだけで、それが京劇なのか、あるいは越劇なのか、また豫劇なのか、黄梅戯なのか一般にすぐ分かってしまう。それらの劇種の音楽的要素はそれぞれ自分の個性というものを持っているからである。もし音楽的個性が消えたら伝統演劇はたった一種類の劇種になってしまうだろう。

　それでは京劇の音楽とはどんな特徴を持つものなのだろうか？

　まず節回しから見てみよう。これは「板腔体」に属する。「板腔体」とは節回しのすべてが、原板、慢板、快板など各種の板式[209]によって構成されたもののことである。基本的な音楽的要素は変わらないが、歌唱の速さと音の運用の仕方が異なるので、リズムと結束音[210]の変化が、役柄間や同一役柄の異なる唱段の間の節回しの違いを作り上げる。簡単に言うならば、リズムの変化から新しい節回しが派生するのである。板腔体の節回しの形式は、1上句と1下句を一つの楽段とし、一つの唱段はたくさんの上下句からなっている。一般に奇数句は現れない。どの句も三つの小楽句に分かれ、1句は多く7文字あるいは10文字である。三つの小楽句の字詞構造は2、2、3あるいは3、3、4で、小楽句間や上下句間にはいずれも間奏部分がある。つまり役者が一つの小楽句を歌い終えるか1句歌い終えるとそこで休み、音楽を独奏させて次の楽句を導く。

　京劇の節回しの主な腔調には「二簧」「西皮」「反二簧」「反西皮」「南梆子」「高撥子」「四平調」「反四平」「清江引」「吹腔」などがある。

　「二簧」腔調の旋律は少しずつ発展しリズムは穏やかでゆったりしており、曲調

208　節回し。　　209　「板」と呼ばれる打楽器によって打ち出されるリズムの型。　　210　歌の最後の調べ。

は流れるようで調和が取れ、スピードは比較的遅い。胡琴の定弦は下のソからレで、節回しの後1句の多くはこの両音で終わり、前1句の句末の落音[211]は下のラ、ド、ミである。商調あるいは商、徴を合わせた調べの特徴を持っている。二簧の板式のタイプには「原板」「慢板」「快三眼」「導板」「散板」「揺板」「垛板」などがある。二簧腔調は含蓄、深み、滑らかさ、厳粛さなどの情緒を表すのに適している。

「西皮」腔調の旋律は弾むように進む。曲調は起伏に富み、抑揚があり、活発で明快。リズムは変化や対比性に富んでいてスピードは比較的速い。胡琴の定弦は下のラからミ。上句の句末落音はレ、ミ、ラで、節回しの最後は多く正宮調の音で終わり、宮調式の特徴を持っている。二簧と比べると、高らか、激しさ、活発、明快などの情緒的特徴があり、明朗で朗らか、激しさなどの気分を表すのに適している。

「反二簧」の腔調は「二簧」の基礎のもとに、調べを変えたり転調したりの方法を大量に用いて重ねたり、直接上5度を転入する宮調にしたり、独立した調べの節回し構造を直接作り上げたりしている。京胡の定弦はドからソで、上句の句末の落音は下のラ、ド、ミ、下句の句末落音はレと下のソである。「反二簧」の音域は二簧に比べて広く、旋律は曲がりくねり、抑揚があって変化に富んでいる。行きつ戻りつし、深く沈み悲しみ慨嘆する中低音の腔調を持つとともに、高音で悲憤慷慨、悲壮感あふれる思いを表す腔調も持つ。

「反西皮」腔調は西皮から派生し、楽句は「西皮」を同一宮調の中で下に4音下げ、旋律と落音を変える。上句の句末落音はドで、下句の句末落音はソである。反西皮には「二六」「散板」「揺板」などの板式がある。反西皮の色彩は陰鬱で物寂しく、憂いに沈むというものである。

「四平調」はまた平板二簧ともいい、西皮、二簧の音楽的特徴を兼ね備えている。調べの様式からは、上句の落音はレ、下句の落音はドで西皮と同じである。旋律や間奏の特徴から見ると二簧とも似ている。これを用いて軽快で飄々とした味を表すこともできるし、物寂しく悲憤の情を表すこともできる。

「清江引」は常に「反四平」と組み合わせて用いる。京胡の定弦はドからソであり、上句の句末落音はレ、下句句末の落音はドである。京劇の芝居の中では常に神話戯で神仙が雲に乗って舞台を通り過ぎていく時の音楽として用いられる。

次に伴奏楽器の観点から述べたい。楽器は打楽器と管弦楽器に分かれる。打

211　下降音。

楽器は京劇の伴奏音楽の魂である。これは演技と唱、せりふを引き立てるとともに、これをコントロールする役目も持っており、リズム、音色、音量、速さによって演劇世界を表現する。
　舞台が表す情景は、例えば『打魚殺家』の蕭恩が悪辣な月心棒と闘う時には、【急急風】の鑼経の伴奏を付け、生死をかけて闘う激しくて緊張した気分を表す。京劇の唱、せりふ、しぐさ、立ち回りはすべて規定のリズムに合わせて行われる。歌はリズミカルでなければならず、せりふは抑揚に富んでいなければならない。しぐさとは舞踊であり、舞踊ははっきりとした韻律を表現しなくてはならない。これを何によってコントロールし、リズムを表現するのかというと、それは打楽器である。京劇の世界ではさまざまな打楽器の調譜[212]を鑼経あるいは鑼鼓経という。これには「導板頭」「奪頭」「鳳点頭」「閃錘」「冒子頭」「搓錘」「収頭」「掃頭」「細糸」「抽頭」「急急風」などがある。打楽器には板、単皮鼓、大鑼、小鑼、鐃鈸などがある。
管弦楽器には京胡、京二胡、月琴、三弦があり、これを「四大件」という。
　三番目に唱の技巧を見てみよう。京劇は何代にもわたる役者たちの苦労を経て、多くの歌唱法を編み出した。音色が純正なもの、音量が高らかなもの、音質に深みがあるもの、音域が広いもの、発声がくっきりしているもの、発音がはっきりして腔がまろやかなもの、情景や心境、人物の性格に基づくもの、特集な唱法で表現するものなどがある。ここではそのうちのいくつかを紹介しよう。
　噴口。唇音で唱う時上下の唇の抵抗をうまく使って、音を力強く放ち、明晰で力強いものにする。もし抵顎韻[213]と結合させると効果はより増す。音を遠くまで届けることができ、力強い。
　脳後音。発声する時、気を丹田から出し、のどで収縮させ、後ろ寄りにして、意念の中で声を頭に流し、迂回して後頭部に至らせる。頭蓋腔を共鳴させる方法を使って発声する。
　炸音。京劇では浄角がこの発声法を常用する。役者は胸腔、頭腔、鼻腔を共鳴させ、大きな音を集めるようにして、大鐘をつくような響きを出し、人物の荒々しい性格を表す。
　調面。小生の旋律唱法の一つ。この調子は調底唱腔[214]よりもやや低いが、音区で用いる音は比較的高い。基本的に胡琴の高音に合わせて唱う。西皮に用いることもできるし、二簧に用いることもできる。節回しは柔らかいが、男っぽさもあり、ゆっくりとしている中に気迫もある。

212　ドラのための楽譜。　213　舌を上あごにつけて出す韻を踏んだ音。　214　節回しの中で一番低い音。

滑音。ある音から上または下に向かって別な音を出す唱法。上に向かうのを上滑音といい、下に向かうのを下滑音という。ある滑音は声調のために用いられる。例えば「逢上必滑」というのは、一種の上声で上滑音の典型である。またあるものは調腔技巧のために用いられ、例えば旦角節回しにおける滑音の役割は女性の登場人物の性格的特徴を強調する。

総じて、京劇の音楽が板腔体を採用したのは伝統演劇音楽の革命とも言うべきであって、音楽をストーリーと結び付けまた役柄の特徴と一致させることも可能にした。板腔体の旋律は比較的単純で音楽要素もシンプルなので、曲牌体とは異なり自分の音楽性を持つことができる。役者は音楽の創作、改造、加工に自らかかわることができ、音楽はより舞台とストーリーの要請に合わせることができるようになった。京劇の音楽ではリズムの変化が鮮明で、そのリズムはまた唱の速度と力強さを表すことができ、そしてその速度と力強さが場面の情景の緩急や喜怒哀楽を表す。鮮明なリズムはまた舞踊化されたしぐさと相まって効果を高め、歌いかつ舞う京劇の特徴をより強調する。京劇の節回しは優雅で含蓄に富み、北方の剛健さと南方の情緒性を融合し、悲しみは絶望に陥らず、喜悦は狂喜に至らず、ともに中庸の美をまっとうしている。

第11章

美を競う地方劇

第一節
莆仙戯は南戯のなごり

　莆仙戯は中国の古い劇種の一つで、「演劇の生きた化石」といわれる。もとの名を「興化戯」といい、古称を興化という地域や莆田、仙游二県、閩中、閩南など興化方言地域で流行した。
　莆仙地域には演劇の歴史的な伝統がある。唐代には民間「百戯」が非常に流行した。宋代の僧侶道原が編纂した『景徳伝灯録』によると、唐の咸通（860－

870）年間に、福州の玄沙寺の名僧宗一が「莆田に南遊すれば百戯を演じて迎える」と言ったという。当時莆仙「百戯」にはにぎやかな歌舞もあれば滑稽なお笑いもあった。

宋代になると北方の雑劇が全国的に流行し、各地の演劇の発展に大きな影響をもたらした。莆仙の「百戯」は宋の雑劇も吸収し、歌、舞、せりふを融合し、物語を演じる演劇となった。莆田、仙游は興化軍[215]に属していたので「興化雑劇」と呼ばれる。

南宋の終わり、北宋の初めに温州の雑劇が起き、東南の沿海や福建などの地域に広がり、興化雑劇は温州雑劇の戯文や演技を吸収して上演演目を増やし、演技の芸術性をレベルアップさせて当時東南沿海に流行し、後世「南戯」と呼ばれるようになった形式の一つとなった。

元末、明初、興化雑劇は南戯の諸声腔と相互に交流する中、さらに農村の小曲や宋元の詞曲、大曲の歌舞をも取り込んで融合させ、言葉や節回しや演技の面で地方色豊かな演劇的声腔を持つようになり、当時は興化腔」あるいは「興化戯」と呼ばれた。

明の中期、興化戯は隆盛を極めた。すでに「女優」たちが上演するようになっており、「まるで西施のように美しい」ばかりでなく、節回しも「行く雲を止め樹木を震わせるほど」で、観客たちは「押し合いへし合い」し、見終えた後は「大喜び」であったという。

清の初め、興化戯はさらに発展した。莆田1県だけで劇団が何十とあり、上演演目も豊富で、南戯の伝統演目、荊、劉、拝、殺[216]、『琵琶記』以外に、『呂蒙正』『高文挙』『韓朋』『李彦貴』『朱文』『姜孟道』『葉里』などの演目があった。清末、莆、仙2県の劇団は90以上あり、常時上演している演目は百を超えた。さらに現実を反映し、時代の弊害を戒める現代劇演目『紅頂掃馬糞』なども現れていた。

辛亥革命後は民主主義思想の影響を受け、興化戯は多くの劇団が争って現代劇を上演し、「文明戯」と呼ばれた。演目には『三十六送』『敲歯抜髪』『石脚桶』『桂林生』『黒籍冤魂』『破除迷信』『皇帝夢』などがあり、興化戯の節回し、演技、衣装、舞台化粧、セットなどの発展を後押しした。

中華人民共和国の成立後は、百花斉放、推陳出新[217]という文芸方針のもと、興化戯は莆仙戯と名前を変え、新しいタイプの劇団を興し、莆．仙2県では相前後して10以上の劇団が設立され、同時に創作グループや伝統演劇学校を立ち

---

215 古代の福建における軍事行政区。　216 『荊釵記』、『劉知遠白兎記』、『拝月亭記』、『殺狗記』のこと。
217 古いものの中から新しいものを出す。

上げた。また役者や一般人に呼びかけて、五千以上もの伝統演目、八千冊以上の役者の手書きによる本、九百以上の音楽曲牌を収集、記録させた。そして多くの優れた伝統演目や歴史演目、現代劇を整理改編し、上演した。現在の莆仙戯は民間の劇団を中心に上演され、どの劇団も年間三百場ほど上演し、それらは非常に人気があって観客は夢中になって鑑賞している。

　莆仙戯の芝居は古朴で優雅であり、多くのしぐさが木偶戯の影響を強く受け、独特の芸術性を持っている。

　莆仙戯の役柄は南戯のやり方を踏襲しており、もともとは生、旦、貼生、貼旦、靚粧（浄、末、丑）など七つの役柄のみで、俗に「七子班」と呼ばれていた。20世紀の50年代からは他の劇種のやり方を採用するようになり、役柄が増えた。しかし「靚粧」という役柄はなお宋代雑劇の呼称をそのまま使っている。莆仙戯の各役柄には厳しく決められた演技様式と専用のしぐさがある。手、目、体、足、歩くなどの面で各役柄には異なる基本動作があり、例えば舟をこぐ、馬に乗る、輿に乗り降りする、枷をかける、公堂で八卦を踏む、役所での振舞い、戦での陣立てなどさまざまなしぐさがある。莆仙戯の芝居は多く生、旦が主で、そのため生、旦の演技は細やかで優美であり、舞踊性に富む。靚粧の末、丑の演技は素朴で荒っぽく、誇張されている。何代もの役者たちの創意工夫を経て、莆仙戯の各役柄にはその役柄が映える演目がいくつも用意されており、例えば『王魁』の『活捉』、『蒋世隆』の『走雨』、『呂蒙王』の『拖鞋拉』、『清風亭』の『草鞋公逐子』、『打登州』の『秦瓊打銅』、『虎牢関』の『張飛祭槍』などはみな莆仙戯の教学演目である。

　莆仙戯音楽は古い伝統と豊かな節回しを持ち、今に至るまで多くの宋代元代の南戯の音楽を残している。莆仙戯の節回しは主に「興化腔」で、それらは莆仙の民間歌謡、十音八楽、仏教音楽、宋元の詞曲、そして大曲を総合して形成されたもので、方言によって歌われる地方色豊かな節回しである。唱う時に男女の役柄はみな地声を用い、南戯の「幫合唱」の特色を今に残している。独唱、掛け合い、接唱[218]、斉唱、合唱、幫腔[219]がある。生、旦の節回しは優雅で荘重、穏やかで優美であり、靚粧、末の節回しは純朴で明快、豪放、また、丑の節回しは分かりやすくコミカルである。莆仙戯の曲牌は数が多く、「大題は360、小題は720」と言われる。「大題」とは細曲のことであり、曲詞は長く、字は少なく、節回しが長くて、人物の内心の思いを吐露するのに適している。「小題」は粗曲のことで、曲詞は短く、字が多くて節回しが少なく、人物の描写や動作に

218　間を置かず一つの唱から次の唱へ移る歌い方。　　219　舞台で歌う役者に大勢が唱和する歌い方。

適している。莆仙戯の曲牌の多くは、宋元南戯でよく使われた曲牌である。例えば唐宋大曲には【降黄龍】【梁州序】【八声甘州】【新水令】【普天楽】【薄媚袞】「六么歌」【催迫】などがある。また宋元詞曲としては【沁園春】【浣渓紗】【絳都春】【勝葫蘆】【石榴花】【出墜子】などが、早期南戯『張協状元』の曲牌には【福清歌】【福州歌】【太師引】【五供養】【大影戯】【太子游四門】などがあり、今もまだ莆仙戯がこれらを踏襲している。莆仙戯の楽器は早期においては単純なもので、宋元の南戯などと同じく、ただ鑼、鼓、笛のみである。鼓は大鼓を用い、鑼は砂鑼といい、鑼鼓は舞台の演技を指揮する役割を担う。鑼鼓点は300種類以上あり、厳格な決まりがある。笛は笛管といい、葦笛と梅花の2種類がある。葦笛は頭管ともいい、古代の篳篥(ひちりき)の流れを汲み、莆仙戯独特の吹奏楽器である。梅花はチャルメラともいい、やはり莆仙戯の主要な楽器である。60年以上民間の十音八楽[220]の伴奏を吸収し、多くの楽器を増やした。管弦楽には横笛と大胡、二胡、月琴、三弦などがある。打楽器には文鼓、単皮鼓、鐘鑼、碗鑼などがあり、莆仙戯の音楽伴奏をいっそう多彩なものにしている。

　莆仙戯の伝統演目は非常に豊富で、中でも舞台の生命力にあふれた演目は一万以上もある。例えば『張協状元』『活捉主魁』『蔡伯嘴』『王十朋』『劉知遠』『蒋輅』『潘必正』『百花亭』などである。演目の内容から見ると、莆仙戯の伝統演目は古代[221]の男女の愛情と道理に合わない婚姻制度を反映したものが多く、その他のものとしては、歴史小説や事件もの、民間の物語、神話伝説などから取ったもので、さまざまなジャンルに及ぶ。この5、60年、陳仁鑑を中心とした多くの劇作家が『団円之後』など優れた作品を創作し、この劇種の全国的な影響力を強めた。

第二節
豫劇は梆子系の代表的劇種

　豫劇はかつて「河南梆子」あるいは「河南高調」などと呼ばれていたが、河南省の略称が「豫」であることから、新中国成立後は豫劇と言われるようになった。河南省の主要な劇種の一つである。

　豫劇は明末に河南に流入した「隴西梆子腔」（甘粛梆子腔、西秦腔）と現地で流行していた民間戯曲—「本地土腔」が結び付いて成立し、その過程で「羅戯」

220　莆田の民間音楽。　　221　一般にアヘン戦争以前を指す。

の影響も強く受けたと言われる。豫劇の伝統演目は約七百あり、そのうち多くは言葉の面で分かりやすく、また中州地域の言語音韻と生活化、口語化の特徴を帯び、地方色が濃く、明瞭な民族色を持ったものになっている。思想性と芸術性の高い優れた伝統演目が多く、それらはストーリーの構成や人物の造形、言葉の運用面で豫劇演目中の優れた作品となっている。代表的な作品としては『対花槍』『三上轎』『地塘板』『提寇』『鍘美案』『十二寡婦征西』などがある。新中国成立後、古いものから新しいものを生み出すという方針のもと

豫劇『穆桂英』

で、多くの優れた伝統演目が生まれた。例えば『穆桂英掛帥』『破洪州』『唐知県審誥命』などがあり、これらは広く人気を集めた。また同時に改編して上演した歴史劇『花木蘭』、神話劇『白蛇伝』、現代創作劇『朝陽溝』『劉胡蘭』『李双双』、他のジャンルからの改編上演演目である『小二黒結婚』『祥林嫂』『五姑娘』『紅色娘子軍』など多くの演目がある。音楽関係者の刷新により多くの有名な節回しも生まれ、豫劇を全国的な人気戯曲の一つに押し上げた。

　豫劇の音楽は多彩で、節回しは板腔体に属する。唱詞は分かりやすく、多くは七字句、または十字句であり、独特の板式構造と比較的完成された音楽様式を持つ。慢板、流水板、二八板、飛板の４種類があり、曲牌には笛牌と弦牌の二種類がある。笛牌には【満堂花】【風入松】【紫金杯】【娃娃】などがあり、弦牌には【苦中楽】【菠菜葉】【掛倒牆】【五龍擺尾】などがある。笛牌を演奏する時はさらに一定の様式の打楽器を加え、小鉸子[222]を使って拍子を取り、独特のムードをかもしだす。

第三節
五腔共存の川劇

　川劇は中国戯曲の宝庫の中で輝ける真珠である。その歴史は古く、多くの優れた伝統演目と豊富な楽曲、熟達の上演技術を持っている。これは四川、雲南、

222　楽器の名称。

貴州など西南の省の人々がこよなく愛する民間芸術である。

伝統演劇の節回しにおいて、川劇は高腔、昆腔、胡琴腔、弾腔など四つの節回しに本省の民間灯戯を加えてできている。この5種類は灯戯以外はみな、明末から清中期にかけてよその省の劇団が相次いで四川省に流入したことによる。外来の節回しの劇団はもとはそれぞれ別々に演じていた。その後、陝西、山西、湖南、湖北、江蘇、浙江などの省の行商人たちが四川の各地にやってきて会館[223]を建て、そこに故郷の劇団を招いて上演させた。同時に別な節回しの優れた芝居も見るために、他の省の劇団も招いて同じ舞台で演じさせた。このような合同上演は客の要求を満足させるとともに、いくつかの節回しの劇団の芸人たちが互いに芸を学ぶ良き機会にもなった。さらに清末になると、成都、重慶など大都市において、比較的正式な劇場（当時「茶園」や「戯園」などと呼ばれた）が建てられるようになった後、高、昆、胡、弾、灯などの劇種の劇団が次々と農村から大中都市に流入し、合同経営や合同上演をするようになった。こうして各劇種の劇団間の芸術交流の機会が増え、役者たちは異なる劇種の演目や歌い方や技巧を大胆に吸収するようになり、まずは言葉の面で、その後は、演技や音楽、舞台美術の面でもだんだんと融合し、共同の芸術性を持つようになった。同じ四川で流行した京劇や漢劇[224]など他の外来劇種と区別するため、これら5種の節回しを統一して上演する演劇形式を「川戯」と呼び、それは後に「川劇」と呼ばれるようになった。

川劇の演目は非常に豊富で、「唐三千、宋八百、三国東周列国時代のものは数え切れない」という言い方がある。これらの演目は「荊、劉、拝、殺」以外に、高腔系列に属するものとしては「五袍」「四柱」「江湖十八本」があり、さらに川劇界公認の「四大本頭」が、より大量にいくつかの節回しを使って唱う三国戯、列国戯と、漢、魏、六朝から宋、元、明、清にいたる各王朝の歴史物語から採った演目、明清小説と民間伝説に基づいて編集した大量の演目がある。「五袍」とは『青袍記（梁灝が発奮して学び、80歳で状元になった故事を描いた作品）』『黄袍記（宋の太祖が雪の夜趙晋を訪ねた物語）』、『白袍記（尉遅恭が薛仁貴を訪ねる物語）』『緑袍記（蕭何が月下に韓信を追い払う物語）』を指す。「四柱」

223　同じ省の出身者たちが集うための施設。宿泊も兼ねる。　224　湖北省を中心とする伝統劇。

とはみな古代の神話伝説で、『碰天柱（共工が頭を不周山にぶつけるという神話伝説）』、『無行柱（孫悟空が天宮で大暴れし、お釈迦様に取り押さえられる物語）』、『水晶柱（観音様がスッポンの妖怪を退治する話）』、『炮烙柱（殷の紂王が忠臣梅伯を殺す話）』のことである。このほかにも例えば『鬧市庭』『春陵台』『江油関』『三尽忠』『柴市節』『一品忠』などがあり、いずれも暴君に抗い、正義を叫び、国家を熱愛するという正しい意義を持つ物語である。いわゆる高腔の「四大本」とは『琵琶記』『金印記』『紅梅記』『投筆記』のことで、これらはいずれも元明古戯曲の優れた演目である。

　1949年以降は優秀な川劇作品が次々と生み出され、例えば『柳蔭記』『玉簪記』『彩楼記』『紅梅記』『和親記』『江姐』『易胆大』『潘金蓮』などがある。
川劇の昆、高、胡、弾、灯の五種類の節回しの音楽は、それぞれ自分の個性を持っている。川劇昆腔の節回しは基本的に蘇州昆劇のもともとの特徴を保っており、腔調は変化に富み滑らかで抑揚がある。リズムは比較的ゆっくりしていて、特に歯切れよい発音を重んじ、伴奏は笛を主とする。打楽器には蘇鑼や蘇鈸を用いる。

　高腔は川劇音楽の代表的な曲であり、元、明戯曲が発展してできた高腔の唱の優れた伝統を受け継いでいる。楽器の伴奏は使わず、拍板だけでリズムを調節し、必要な時は打楽器で曲を打ち出す。唱は一人が歌うと大勢がそれに和し、幫、打、唱の三者の強い結び付きを作り出している。

　幫腔は高腔音楽の中で重要な役割を果たしている。解放前幫腔は鼓師が腔をリードし、楽隊が腔に和した。その後は専門職としての幫腔隊が置かれ、男女に分かれて、幫腔が芝居の中で大きな役割を果たせるようにした。これは調子を定めてムードを作り、情景を繰り広げて劇中の人物の内心の世界を見せ、第三者（あるいは観客）として劇中人物への評価を行うなどの役目を持っている。胡琴、弾戯は板腔体に属する伝統演劇音楽で、皮黄系、梆子系と同じタイプである。

　川劇の大きな特色は、「変臉」である。これは他の演劇と異なり、演技の途中に顔の扮装を変える必要がある時、楽屋に行って新たに化粧をし、その後また登場して演技を続けるというようなことはしない。川劇では「変臉」という特技を使い、役者は舞台から下りることなく五種類の顔を作り出す。喜怒哀楽、あるいは驚きや悲しみなど、どんな表情であっても瞬間的に顔を変化させる。役者は劇中人物の感情変化をくまどりの変化で自在に表すことができる。

くまどりの方法はおおよそ三つに分けることができる。抹臉、吹臉、扯臉である。抹臉はドーランを顔の特定部位に塗り、演じる時に手で顔を一拭きすると別の色が現れる。もし全部変える必要があるならば、ドーランを顔あるいは鼻に塗っておく。吹臉は、粉状の化粧品を用いる。金粉、墨粉、銀粉などである。それらをあらかじめ小さな箱に入れておき、その後で箱を舞台の床に置く。役者は必要になった時、床に伏せる舞踊のしぐさをして、そのすきに顔を箱に近付け、口で一吹きすることで粉を顔に吹き付けると、たちまち別な色の顔が出来上がる。扯臉は複雑で、まずくまどりを1枚の布に描いておき、その後1枚1枚顔に貼る。どの布の臉譜にも糸を結んでおき、その糸を衣装の手が届いて人目につかないところに結び付け、芝居の必要に応じて、舞踊の動作でカモフラージュしながら、1枚1枚引っ張っていく。

第四節
民間小戯から黄梅戯へ

黄梅戯はもとの名を「黄梅調」あるいは「採茶戯」と言い、18世紀の終わり頃に皖[225]、鄂[226]、贛[227]付近で作られた民間小戯である。その中の一部が次第に東に向かって安徽省懐寧県を中心とした安慶地区に至り、その地の民間芸能と結び付いて現地の言葉で歌い語ることで自らの芸風を作り、「懐腔」あるいは「懐調」と呼ばれるようになった。これが今日の黄梅戯の前身である。

黄梅戯『天仙配』

黄梅戯の発展史はおおよそ三つの段階に分けることができる。第一段階は、清の乾隆年間末期から辛亥革命前後までである。皖、鄂、贛の各省に生まれ伝わった黄梅採茶調、江西調、桐城調、鳳陽歌は、その地方の伝統演劇（青陽腔、徽調）の影響を受け、「蓮湘」「高蹻」「旱船」などの民間芸能と結び付き、祭りの時などに舞台化粧をして歌うなどして、だんだんと一人芝居、両小戯、三小戯を作り上げていった。黄梅戯の中の『苦媳婦自嘆』『繡荷包』など一部の伝統演目は、その地方で流行していた民謡や小唄などをそのまま舞台にの

---

225 安徽省。　226 湖北省。　227 江西省。

せたものである。また『打猪草』『売大蒜』などの演目は、民謡、小唄を表現手段として、その地方で本当に起きた出来事を表現したものである。また『釣蛤蟆』『双伯妻』などは大劇種を持ってきたものである。その後『羅漢椎』という芸能や青陽腔、徽調から上演内容と表現形式を吸収し、ストーリーの整った本戯が生まれ、この劇種をさらに発展させた。小戯から本戯に至るにはさらに過渡期の形式があり、老役者たちはこれを「串戯」と呼んだ。串戯とはそれぞれが独立していて、しかも互いに関連のある小戯のことで、あるものは事でつながり、あるものは人でつながる。どの小戯も単独で上演することもできるし、頭に総合的な名称を付けてともに演じることもできる。例えば『三担谷』は総合名称で「串戯」である。これが総合する小戯には『報災』『逃水荒』『閙店』『李益売女』『閙官棚』『告壩費』がある。これらの小戯は相前後して、異なる作者によって異なる方法で作り演じられた。あるものは民謡や小唄で演じられ、あるものは説唱脚本に基づいて作られたのである。

　黄梅戯が本戯の上演を主とするようになった時には、すでに独立した劇種として多くの演目を擁するようになっていた。演目については「大戯三十六本、小戯七十二折」と言われている。『蕎麥記』『告糧官』『天仙配』など大戯の主な内容は、旧時における階級的圧迫、貧富の格差に対する人民の現実的不満と良い生活へのあこがれである。この中には役人の世界の腹黒さや人民の命を虫けらのように扱う様を暴露する法廷芝居がある。『点大麦』『紡棉紗』『売闘籮』などがこれに当たる。これらは善良さや勤勉、人助けなどの良き情操を讃え、ぐうたらや人をペテンにかけるなどの行為には情け容赦のない内容で、観客の愛憎を反映し人気を集めている。

　早期の黄梅戯が集めた曲調には、民謡体の「花腔」が百種以上がある。多くは一つの芝居専用の曲である。例えば『藍橋会』にはそれ専用の花腔があり、『補背搭』にも専用の花腔がある。これら、各演目の花腔が相互に融通し合うことはない。花腔の形式は自由自在で、七字句もあれば五字句もあり、長句も短句もある。また、ほとんどの句にも虚声の添え字がある。花腔は多く歌舞小戯に用いられ、一般には健全、朴訥、明快、優美などの特徴がある。ほかには板腔体に属する「平詞」類の節回しがあり、【平詞（[正板正唱]とも言う）】【火攻】【二行】【三行】【仙腔】【陰司腔】などがある。これらの節回しは多くストーリー性の強い大本戯を表すのに用いられる。上下句を反復させ、一般には比較的そろった7字句か10字句であり、このタイプの節回しは種類は少ないが豊かな表現力

を持つ。

　早期の黄梅戯の上演は歌ったり踊ったりするのが特徴で、多くは自然の生活を模したものであり、固定的な様式はなかった。一部の芝居（『天仙配』の『分別』など）には倒れたり突っかかったりというしぐさがあり、これはほかからこの演目を持ってきた時に青陽腔と徽調が伝えたものである。

　第2段階は辛亥革命から1949年までの時期で、黄梅戯の上演が次第に職業化し、田舎芝居の舞台から都市の舞台へと移っていった。黄梅戯が都市に入ってからは京劇と合体し、また上海では越劇、揚劇、淮劇や北方から来た評劇（当時「蹦蹦戯」と呼ばれた）の影響を受け、上演の内容と形式に大きな変化が起きた。新しい演目を作ったり、他のジャンルから再編したりしたが、その中には連台本戯の『文素臣』『宏碧縁』『華麗縁』『蜜蜂記』などがある。音楽面では伝統的な節回しに初歩的な改革を施し、老腔の虚声の襯字[228]を減らして、明快で流れるような、観客が聞き取りやすい内容にしていった。また幇腔をやめ、胡琴による伴奏を試した。演技の面では、京劇や他の兄弟劇種のしぐさの様式を吸収、融合し、表現の手段を増やした。そのほか衣装や舞台化粧、舞台装置などの面で田舎芝居の舞台に比べて進歩した。

　第3段階は1949年以降で、文学、演劇、音楽、美術などの面でその専門の才能ある人たちが黄梅戯の改革に参加し、老役者たちと協力し合って黄梅戯の舞台美術を一新させた。相前後して、『天仙配』『女駙馬』『羅帕記』『趙桂英』『慈母涙』『三捜国丈府』など大小の伝統演目に手を入れて改編し、神話劇『牛郎織女』、歴史劇『失刑斬』、時代劇『徽州女人』、現代劇『春暖花開』『小店春早』『蓓蕾初開』『公司』などを創作した。このうち、『天仙配』『女駙馬』『牛郎織女』は相継いで映画化され、国内外の反響を呼んだ。音楽面では大きな発展が見られ、改革を経て【平詞】類節回しの表現力を増し、一部の花腔のみに使われる状況を打破して民謡やそのほかの音楽を吸収し、伝統曲調と合う新しい節回しを数多く作り上げた。伴奏も「三打七唱」の時のように打楽器3種類ということはなく、また笛や弦楽器を加えるだけでもなく、中国音楽をメインとして西洋音楽も交えるという状況が生まれた。舞台美術もまた豊かになった。演技では歌い踊り、生活が息付いているという特色を保っている。また多くの俳優たちを育て、黄梅戯の唱に優れた成果を上げた厳鳳英や王少舫など老年世代の芸術家たちだけでなく、馬蘭、韓再芬など青年や中年の俳優たちも相継いで観客たちから評価されるようになり、黄梅戯を演じる優れた役者となっている。

228　メロディーや口調をそろえるために添えられる字。

第五節
都市で発展した越劇

越劇は浙江省紹興地方嵊県一帯（昔の越国があった場所）の農村に誕生した。これは嵊県一帯の説唱「落地唱書」という民間芸能を基礎とし、余姚鸚歌（田植え踊り）と湖劇[229]の影響のもとに発展してきたものである。1906年の春節の時、嵊県の農村のアマチュアの説唱芸人6人が、初めて舞台衣装を着けて『十件頭』『頼婚記』などの芝居を客演した。節回しは依然として「落地唱書調」（[吟哦調]のこと）が主で、篤鼓と檀板だけでリズムを取り、「ディドゥ」という音がひっきりなしに聞こえたので、「ディドゥ班」とか「小歌班」と呼ばれた。20世紀の30年代から上海でも演じられるようになり、新劇、映画、京劇やそのほかの劇種の影響を受け、また演劇文学、監督、音楽、舞台美術、演技、劇団管理などの面で一躍大戯の仲間入りをし、浙江省、上海、江蘇省、福建省などの都市において重要な劇種となった。越劇の多くの演目は都市の色彩を帯び、市民の美意識の影響を受けた。観客のほとんどは市民であった。越劇が大きく成長した理由は都市からさまざまな栄養を吸収したためだと言えよう。越劇は「小歌班」の誕生から数えるとすでに百年の歴史があり、越劇は多くの優れた演目を持つ。例えば『梁山伯与祝英台』『紅楼夢』『追魚』『碧玉簪』『情深』『柳毅伝書』『打金枝』『祥林嫂』などである。

越劇の主な曲調には【尺調】【四工調】【弦下調】などがあり、ゆったりと柔らかく優美で心に響き、叙情に適している。演技は真に迫り細やかである。花旦には袁雪芬、傅全香、戚雅仙などの流派（略して袁派、傅派、戚派ともいう）があり、小生の中には範瑞娟、徐玉蘭、尹桂芳などの流派（略して範派、徐派、尹派とも言う）がある。彼女たちの節回しや唱い方はそれぞれ特徴があり、袁派の節回しは柔らかく細やかで、朴訥で深みがあるところが優れている。袁雪

229　浙江湖州に生まれた劇種。もとは「湖州灘簧」と言った。

芳と琴師が協力し合って【尺調】節回しを完成させ、【尺調】の様式変化を豊かなものにし、流派の節回しを作り上げる上で先導者としての役割を果たした。彼女が演じた祝英台、白娘子、崔鶯鶯、祥林嫂などの女性像は、性格が浮き彫りにされ声もよく情緒豊かである。傅派の節回しは垢抜けていて抑揚に富んでいる。傅全香の演技は感情豊かで表現力に富み、彼女が演じた『情深』の敫桂英や『杜十娘』の杜十娘、『劈山救母』の三聖母はみな観客の好評を得た。戚派の節回しは素朴で派手さはなく、簡潔で洗練されている。感情は深く真摯、言葉は明晰で韻味にコクがある。戚雅仙は青衣（悲旦）を得意とし、彼女の節回しは嫋嫋として行きつ戻りつするのが特徴で、このため『血手印』の王千金、『玉堂春』の蘇三、『琵琶記』の趙五娘などの人物の善良さ、誠実さ、優しさが浮き彫りになる。範派の節回しは純朴でゆったりとし、穏やかで上品である。範瑞娟は京劇の曲調のうち【二黄】と【反二黄】の転調の手法を越劇に用い、【弦下調】を作り出し、越劇の声楽芸術を豊かなものに発展させた。彼女が演じたのは多く、『梁山伯与祝英台』の梁山伯、『白蛇伝』の許仙、『西廂記』の張生、『祥林嫂』の賀老六などの穏やかで純朴かつ上品な男たちで、演技は真に迫って感動的であり、多くの観客に賞賛された。徐派は豪壮、高らかな節回しで知られる。徐玉蘭の演技は美しく垢抜けており、『北地王』の劉湛、『春香伝』の李夢龍、『追魚』の張珍などを巧みに演じた。とりわけ『紅楼夢』の賈宝玉の影響力は大きく、国内外から高い評価を得た。尹派の節回しは純朴で味わい深く、綿々として穏やかなところに良さがある。尹桂芳は独特の風格の節回しを作り上げ、越劇界から賞賛された。彼女が演じた『西廂記』の張生、『屈原』の屈原、『盤妻索妻』の梁玉書、『何文秀』の何文秀などは高く評価されている。

第六節
現代感覚を取り入れる地方劇の演目

『団円之後』

　莆仙戯の演目。作者は陳仁鑑。陳仁鑑は1912年に福建省仙游県に生まれる。代表作としては『団円之後』のほか、『春草闖堂』などがある。

　『団円之後』はもとの作品名を『施天文』と言い、これを陳仁鑑が1956年に改編した。彼は原作にあった封建思想を賞賛から批判へと根本的に変えた。と

ある書生施佾生が状元になった後、自分の母親が18歳で寡婦となり、その後に苦労して自分を育て上げてくれたことを思って皇帝に表彰してくれるよう願い出る。皇帝は礼教をもって天下を統治していたために施の母葉氏の徳を讃えるべきだと考え、一品夫人[230]の名を与えるとともに地方政府に命じて貞節牌坊[231]を建てさせた。施佾生状元の新婚三日目、彼の妻の柳氏が姑のもとを訪れると、なんと姑の情夫に出くわして姑はこれを恥じ自殺してしまう。状元の伯父は、甥の妻が名家の生まれであることを鼻にかけ、失礼なことをして姑を怒らせ自害させたと考え、これを役人に申し出て葉氏の名誉を挽回しようとした。息子の状元は実情を知ると、施家と母親の名誉、また自分の身分のために罪を引き受けてくれるよう妻の柳氏に懇願し、三従四徳の柳氏はこれを承知した。しかし役所は彼女本人を死刑にするほか、その親や兄にまで罪を負わせることを決め、柳氏は実家と婚家のはざまで苦悩する。そうした時に知府の杜国忠はこの事件には裏があると疑い、計をめぐらして真相を見破る。状元が自分の命で全責任をあがなうため母親の棺のそばで死のうとした時、母方の叔父である鄭習成に会う。この時やっと状元は彼こそ母親の情夫だったことを知り、またこの男がすべての災いの元であったと思い至り、彼をおびき寄せて毒を飲ませる。鄭は死ぬ間際、状元に真相を告白し、自分と状元の母親は幼馴染で二人は子供の頃から愛し合っていたが、状元の祖父が貧乏な鄭を嫌って娘を施氏に嫁がせたのだと語った。状元の母親が嫁いだ時はすでに妊娠二カ月で、八カ月後には状元が生まれ、佾生と名付けられたのだという[232]。状元は自分がこの手で実の父親を殺してしまったと悔やみ、しかもこの災いが父親の過失から生まれたのではなく、「父親に罪などない、母親も恥知らずなどではない」と悟って自らもまた毒酒をあおった。釈放されて家に戻った柳氏は、彼女に贈られようとしていた貞節牌坊と愛する者の死を前にして怒りの叫びを上げる。「牌坊がなんだっていうの！姑も夫の実の父親もみなお前のために命を失った。今また私に与えようという。施家は節婦孝子の家になった。私は鄭家の嫁のはず、それなのになぜ、施家の寡婦にならなければならなかったの！」こうして最後は雷鳴が轟く中、牌坊に体当たりして死んでしまう。

　この芝居はこの5、60年来では思想的にも芸術的にも最も優れた作品の一つである。この作品には以下の三つの特徴がある。一つは、伝奇的な物語で封建礼教の残酷さを浮き彫りにしていること。芝居の中のどの人物も、多情な施の母葉氏、親孝行な状元、優しい嫁柳氏であれ、また凶暴な役人洪如海、杜国忠、

230　「一品」は最も高いランクの役人。その妻のこと。　231　女性の貞節を顕彰するために立てる門状の建造物。　232　佾 yì は古代歌舞の行列のことで一列八人を"一佾"と言った。

状元の伯父葉慶丁であれ、彼らはみな自ら儒教の綱常[233]や教えを守ってきた。彼らのこうした道徳や行為こそが家族全員を死に追いやる悲劇を作り上げたのである。この芝居には一人も礼教への反逆者が現れはしないが、しかし直接礼教と闘う演目より、さらに礼教の残酷さや醜さを露わにしている。観客はこの芝居を見た後で当然悲劇の原因を探ろうとする。もし「父母の命令、媒酌人の言葉」がなければ、葉氏は自らの思いのままに愛する鄭習成に嫁ぎ、その後の悲劇を招くことなどなかったろう。もし「寡婦は二夫にまみえず」という束縛がなければ、葉氏は夫の死後に大手を振って鄭と再婚することができ、その後こんなにも無残な人生の深淵に落ちていくことはなかったろう。もし「貞節」の二文字が状元の心に重くのしかかることがなければ、わざわざ皇帝に表彰を願い出るなどということをするはずもなかったし、母親に大きな精神的重荷を負わせることもなく、自分も皇帝を欺く罪に問われることになかった。こうした一切の元凶は礼教にあるのだ。この芝居がいくつもの封建礼教討伐の檄文に匹敵すると言ってもオーバーではない。この芝居はイメージ豊かにかつ深く、礼教が人間性を傷つける様を表現している。二つ目は、芝居の中で次々に現れるさまざまな葛藤が、この演目に大きな張力を与えていることだ。第1場から最後に幕が下りるまで、人物間のさまざまな葛藤が観客に息も付かせない。葉氏と鄭習成の葛藤、状元と妻柳氏の葛藤、状元と封建官僚、洪、杜の二人との間の葛藤、状元自身の内心の葛藤など……一つの葛藤が次の葛藤を生み、葛藤が積み重なっていく。しかし演目は時間の順序に従って進んでいき、登場人物も絞られているので、見ている観客を混乱させることはない。この芝居の限られた時間における演技の性質が、演目のストーリーを間延びさせず、せりふをだらけさせず、人物の性格もぼんやりしたものにさせていない。『団円之後』のストーリーは展開が流れるごとく、唱詞とせりふはすっきりと含蓄に富み、人物像は鮮明である。三つ目は、この芝居の曲詞が詩的な美に富み、典雅で清らかであるとともに、分かりやすいということである。第5場の『阻刑』で施佾生はこう歌う。「あっという間に雲が黒く垂れ込め、一面朦朧としてくる。悲しみの風が砂を含んで舞い上がり、ホトトギスは血を吐くように歌っている。わけも分からず足元がふらつき、方向も定かではない。ああ、元気いっぱいだった素晴らしい妻が罪なくして裁きの場で屍になる。かわいそうに。我ら母子の罪を背負って無実の怨みも晴らせない！」この曲詞は元の雑劇の中に置いてもその素晴らしさで引けをとらず、もしも作家に深い民族文化や言語の修養がな

---

[233] 三綱五常のこと。君臣、父子、夫婦の三つの道と仁義礼智信を言う。

ければ、このような境地の作品を書けるものではない。

『女駙馬』

　黄梅戯の演目。馮素珍と李兆廷は幼い頃にいいなづけとなったが、李家が没落したことで馮素珍の父親と継母は貧しくなった李を嫌い、李に破談を迫る。しかし李に拒否されたので、彼が盗みを働いたかのように見せかけ、李は牢屋に入れられてしまう。いいなづけを助けようと馮素珍は男装し、李の代わりに都に上って科挙の試験を受け、なんとトップで合格して状元になってしまう。皇帝が新しい状元を見ると才能もあり美男でもあったので、娘婿になるように命じた。新婚初夜、馮素珍は妻である姫に本当のことを打ち明けて姫の同情をかち得た。こうして姫に助けられて馮素珍は皇帝の義女となり、皇帝に李兆廷の釈放の命令を出してもらい、晴れて二人は結婚できた。

　この芝居は黄梅戯の代表的演目で、何度見ても飽きない魅力を持つ。その理由としては伝奇的なストーリーを使って社会のどこにでもある葛藤を描いたということが挙げられる。男装して科挙の試験に合格するなど、それだけで充分に奇想天外な話である。昔の中国では女性に科挙を受ける権利はなく仕官することもできなかったのにもかかわらず、ヒロインは皇帝の婿にまでなるのであるから、いっそう摩訶不思議な話である。いったいどのようにして新婚の夜を迎え、皇帝を欺く大罪を犯し、そしてまた無罪放免されるに至ったのであろうか？これらは大いに人々の興味を引く。

　金持ちになびき貧乏人を嫌うというのは、古今東西よくあることだ。人々はこうした人情の薄さ、酷薄さを憎み、とりわけ民衆を主とする伝統演劇の観客たちは、こうしたことへの切実な体験があるために、馮順卿のような金があれば尻尾を振るゲスどもに嫌悪を募らせる。一方で愛情に忠実で誠実に約束を守り、どんな人にも平等にふるまって勇敢で機知に富む馮素珍のような人物は敬愛される。人々は大切な伝統的美徳のあかしを馮素珍という人物の上に見て、大いに満足するのだ。

『易胆大』

　川劇の演目。作者は魏明倫。1941年に四川省内江に生まれた。幼い頃から芸を学び、その後のどをつぶしてしまったため、書くことを学んで劇作を始めるようになった。1980年以降、彼の創作欲は旺盛で全国的に大きな影響力を持った。著名な作品としては『易胆大』以外に、『四姑娘』『巴山秀才』『潘金蓮』『夕照祁山』『中国公主杜蘭朶』などがある。呉祖光はその脚本集『苦吟成戯』の序

の中で、魏明倫に対して以下のような評価を述べている。「驚くべき才能で世間を驚かせる作品を書く。優れた成果を挙げ、現代の名演劇作家である」。

　ストーリーの構造において、この演目は戯曲伝奇の表現手法を継承している。紆余曲折があり変幻自在である。易胆大は一計を案じて人の手により悪ボス麻大胆を殺した後、師匠の娘である花想容と逃げようとする。ところが駱善人の深慮遠謀によって、花想容は駱駝と真夜中に密会することになってしまう。しかしそこで駱を待っていたのは、刀を持ってあだ討ちしようとする麻老么であった。こうして駱善人は己の好色によって身を滅ぼすことになる。易胆大はこの機に乗じて花想容を抱きかかえて逃げようとするが、花想容は社会の闇に絶望し、生き抜こうという気力を失っていた。「羽を伸ばしても地獄の穴から逃れられず、この世は至るところに駱善人がいる。今度は兄に守ってもらえたが、次はどうやってこの身を守ろう。兄よ姉よどうか急いで逃げてください。私は夫に従ってここで死にます」。こうした結末はまったく人の意表をついたものだ。しかしこれもまた納得のいく話ではある。この芝居は人物も伝奇的、ストーリーも伝奇的。人々はこの「奇」を楽しみながら美的な快感を味わうことができる。

参考文献

《中国古典戏曲论著集成》,中国戏曲研究院编,中国戏剧出版社,1989 年。
《元曲选》,臧晋叔编,中华书局,1980 年。
《元曲选外编》,隋树森编,中华书局,1959 年。
《古本戏曲丛刊》初、二、三、四、五、九集,上海商务印书馆、上海古籍刊行社、上海古籍出版社,1954、1957、1958、1985 年。
《六十种曲》,毛晋编,中华书局,1958 年。
《后六十种曲》,朱恒夫编,复旦大学出版社,2013 年。
《缀白裘》,钱德苍编,中华书局,1955 年。
《古典戏曲存目汇考》,庄一拂编,上海古籍出版社 1982 年。
《曲海总目提要》,黄文旸著,天津市古籍书店,1992 年。
《宋元戏曲史》,王国维著,华东师范大学出版社 1995 年。
《戏文概论》,钱南扬著,上海古籍出版社 1981 年。
《中国戏曲通史》,张庚、郭汉城主编,中国戏剧出版社,1992 年。
《中国大百科全书·戏曲曲艺卷》,中国大百科全书戏曲编辑委员会,中国大百科全书出版社,1983 年。
《京剧二百年概观》,苏移著,北京燕山出版社,1989 年。
《话本与古剧》,谭正璧著,古典文学出版社,1956 年。
《宋金杂剧考》,胡忌著,古典文学出版社,1957 年。
《戏曲》,么书仪著,人民文学出版社,1994 年。
《昆剧发展史》,胡忌、刘致中著,中国戏剧出版社,1989 年。
《曲学与戏剧学》,叶长海著,学林出版社,1999 年。
《中国戏剧学通论》,赵山林著,安徽教育出版社,1995 年。
《中国戏曲演进与变革史》,蒋中崎著,中国戏剧出版社,1999 年。
《中国戏曲曲艺词典》,上海艺术研究所、上海戏剧家协会上海分会编,上海辞书出版社 1985 年。
《中国戏曲史论》,吴新雷著,江苏教育出版社,1996 年。
《论戏曲的历史与艺术》,朱恒夫著,学林出版社,2008 年。
《滩簧考论》,朱恒夫著,上海古籍出版社,2008。
《目连戏研究》,朱恒夫著,南京大学出版社,1993 年。
《中国古代戏曲简史》,俞为民著,江苏文艺出版社,1991 年。
《明清传奇史》,郭英德著,江苏古籍出版社,1999 年。
《京剧文化词典》,黄钧、徐希博主编,汉语大辞典出版社,2001 年。
《京剧》宋波、吴毓华著,中国书局,2002 年。
《京剧艺术教程》,张德林主编,华东师范大学出版社,2000 年。
《中国京剧述要》,高新著,山东大学出版社,2001 年。
《中国戏曲发展史》,廖奔、刘彦君著,山西教育出版社,2000 年。
《中国戏曲文化》,周育德著,中国友谊出版公司,1995 年。
《中国当代戏曲文学史》,谢柏梁著,中国社会科学出版社,1995 年。
《聆森戏剧论评选》,顾聆森著,香港东方艺术中心,2001 年

■ 著者プロフィール

朱 恒夫　ZHU HENGFU

上海師範大学教授。南京大学文学博士。中国教育部大学中文学科教育指導委員会委員、『中国芸術論叢』編集長、中国戯曲学会常務理事、国家重大プロジェクト『中国「儺(ついな)」脚本整理と研究』エキスパートリーダー。代表著作に『目連戯の研究』、『中国戯曲の美学』、『後六十種曲』など。中国民間文芸著作賞「山花賞」や、上海市哲学・社会科学優秀著作賞一等賞など多くの受賞経験を持つ。

■ 訳者プロフィール

芳沢 ひろ子　よしざわ ひろこ

茨城県出身。お茶の水女子大学国文科卒業。同大学大学院修士課程修了。専門は中国語学。國學院大學、成蹊大学等講師。翻訳書に『鄧小平後の中国』（共訳、三交社）。著書に『カルタ式中国語基礎成語 260』（白帝社）、『中国語 40 字で伝える日本』（共著、白帝社）、『中国語で日本のことを話してみる』（共著、中経出版）、『わかる中国語初級 1』（共著、アルク）、『中国語リスニングジム』（共著、アスク出版）、『中国語プロへの挑戦』（共著、大修館）など。

中国の伝統演劇

朱恒夫　著／芳沢ひろ子　訳／袁英明、殷秋瑞　監訳

2015 年 3 月 31 日　　初版第 1 刷発行

発行者　　原　雅久
発行所　　株式会社 朝日出版社
　　　　　〒101-0065　東京都千代田区西神田 3-3-5
　　　　　TEL (03) 3263-3321 (代表)　FAX (03) 5226-9599
印刷所　　協友印刷株式会社

乱丁・落丁本はお取り替えいたします。　Printed in Japan
ISBN978-4-255-00833-2 C0074